主编 耿元骊
宋朝往事 系列

开国皇帝：
赵匡胤

蒋金玲 著

辽宁人民出版社

© 蒋金玲 2021

图书在版编目（CIP）数据

开国皇帝：赵匡胤/蒋金玲著 . —沈阳：辽宁人民出版社，2021.8
（宋朝往事系列）
ISBN 978-7-205-10216-6

Ⅰ．①开… Ⅱ．①蒋… Ⅲ．①赵匡胤（927-976）—传记 Ⅳ．① K827=441

中国版本图书馆 CIP 数据核字（2021）第 117099 号

出版发行：辽宁人民出版社
地址：沈阳市和平区十一纬路 25 号　邮编：110003
电话：024-23284321（邮　购）　024-23284324（发行部）
传真：024-23284191（发行部）　024-23284304（办公室）
http：//www.lnpph.com.cn

印　　刷：北京长宁印刷有限公司天津分公司
幅面尺寸：165mm×235mm
印　　张：17
字　　数：245 千字
出版时间：2021 年 8 月第 1 版
印刷时间：2021 年 8 月第 1 次印刷
责任编辑：赵维宁
助理编辑：段　琼
封面设计：乐　翁
版式设计：一诺设计
责任校对：郑　佳
书　　号：ISBN 978-7-205-10216-6
定　　价：58.00 元

总序：宋朝往事，如在眼前

后周显德七年，岁在庚申，公元纪年则曰960年。这一年的"春节"，就在公历1月31日。经过了数十年的各方势力混战，天下还在大乱，百姓生活仍在苦难之中（当然，传统王朝盛世，百姓也在苦难之中，乱世倍增而已）。不过，古今一例，百姓们大过年的，假装也要假装一下，麻醉也要麻醉一下，大户小家都欢天喜地，撤旧符，换新桃，祭祖悬影，张灯结彩，宴饮欢唱。无论内忧外患如何，生活总要继续下去。可是，就在中原大地一片祥和气氛之中，突然——可以说非常非常突然，大年初一，北境传报紧急军情！北汉勾搭辽军，攻打过来！开封城内，惊慌失措的百姓，惊慌失措的大臣，还有惊慌失措的小皇帝，焦急一迭声：怎么办？怎么办？

"大周"，说起来总是中原正朔，且蓬勃之际，岂能坐以待毙！必须抵抗，必须派最富军事指挥才能的大将率军抵抗！不过，谁是具有这样能力的大将呢？当然，朝廷知道，百姓知道，只有赵匡胤一人而已。赵匡胤成竹在胸，也不推辞，安排妥当，于初三日带兵北征。走了一天，来到陈桥驿，夜色降临，驻扎下来。接下来的故事，三尺孩童以上，便无人不知、无人不晓了。"黄袍加身"的"陈桥兵变"成为古今耳熟能详的"往事"。显德七年，飞速变成了建隆元年，开启了一个全新朝代：宋朝。由此，也就进入了我们这套丛书的主题："宋朝往事"。

在中国历史上,"宋"之魅力,独树一帜,让人不停地想起它。提起宋朝往事,很多人都感觉历历如在目。那么,以后见者之明,再观察宋代,到底该如何认识宋呢?陈寅恪先生讲"华夏民族之文化,历数千载之演进,而造极于赵宋之世",就已经为它定性定向,成为我们认知宋朝的一个基底性叙述了。不过晚清民国以来,学者与世人在外敌入侵的背景下,看待宋朝总是觉得它"积贫积弱",几乎只有陈先生独具慧眼,但是随着世界的变化,研究逐步深入,观念多轮更新,世人越发理解陈先生的先见之明,发现宋朝既不贫也不弱,乃至更多强调"宋朝"有趣又有生机的那一面了。在当代中国人看来,这是一个有意思、有故事的风雅时代。

宋朝文化,偏于"雅致"一路的气象,已经有无数学者指出过了。虽然"西园雅集"其事本身未必完全符合史实,但是"雅集"精神却是宋代真实的"文化心理"。他们吟诗词而唱和,他们抚琴听音,他们绘山水而问禅风,"宋型"的文人风貌就显现于其中。从"西园雅集"的千年反复阐释与模仿当中,足见其影响之深远。而"雅集"所体现出来的"极简"美学,是宋代高雅文化的全部核心所在。扬之水先生说:"抚琴、调香、赏花、观画、弈棋、烹茶、听风、饮酒、观瀑、采菊、诗歌和绘画,携手传播着宋人躬身实践和付诸想象的种种生活情趣。"当然,这种风雅文化,也深深影响到市井文化,推动了市井文化与风雅文化同步大放异彩。甚至或者可以说,在宋人那里,市井文化就是风雅文化的变身。

宋朝经济,由以工商流转增值为主的经济运行模式,初步迈向了现代经济的门槛。又因为总掌控区域大幅度缩小,外部军事压力过大,财政供给压力倍增,不得不开拓在传统农业经济之外的财政来源,竟有意外收获,也就是发现了一条新经济之路:由工商业繁荣,进而推动生产力的提高。手工业和商业贸易,对比前朝,都有了大幅度的进步。作为衡量经济发展的一个重要指标,宋朝常年铜钱铸造数量,比唐代鼎盛高峰还多出数倍,更不用提出现"交子"这样具有现代化性质的纯信用货币。当然,受限于诸多因素,并未能或者说完全没可能实现从传统经济向现代经济的惊险一跃。

宋朝政治,在传统时代的政治大势中,堪称特例。皇帝与"士大夫"共治天下,不因政治斗争因素随意诛杀大臣,都是宋朝的独有特殊之处,因而建立了一种相对开明的政治局面。虽然我们完全了解,宋代的政治也有诸多问题,党同伐异,文字狱,争执与整肃似乎也都没少过,但是在整体上观察帝制时代的政治,完全可以确认,宋朝相对偏于宽松。从整个王朝政治史上观察,两宋还都可以说是独特的存在。而科举取士,更是奠定了读书人在政治上的进取之心,社会流动开了一个虽不宽松但也绵绵不绝的上下交通渠道。有志者,可以通过考试进入统治阶层,自认对天下有责任,亦有担当,"先天下之忧而忧,后天下之乐而乐"。

无论从哪个角度看,宋朝都是奠定中华文化最终形成的重要一环,无宋则不足以言中华文化。不过,普通读者对宋朝的印象,在经历了长期的看低之后,则有近似180度的大转弯。最近数年,欣赏宋朝,研读宋朝,描绘宋朝的生活则成为影视、阅读、游戏等各类市场上的新宠。各类时新或传统媒体,时不时地就出整本的宋代专题,制作了各种各样的音频课、视频课,坊间也在学术著作大批出版的同时,出现了无数种关于宋朝的通俗著述。在关于宋朝的叙述大繁荣之时,在这无数种关于宋代的讲述中,为什么我们还要再增加新的一种呢?这大概就是因为,宋的魅力势不可当。虽然名家大作,珠玉在前,但是我们还是想试图提供更多的维度给读者进行参考和对读。

如何提供这更多的维度?孟浩然的诗句"人事有代谢,往来成古今"

最能代表我们的心情和缘起之思。就是想通过人和事的两方面，与读者诸君讨论宋朝的独特之处。宋之风雅、政事、富庶，都体现在人和事之中了。没有那些独特的人，风雅不可见；没有那些风雅之士的行动，政事不可知；没有那些百姓的努力创造，富庶无可求。想要全方位地观察宋、了解宋、欣赏大宋之美，就请和我们一起来回首宋朝往事吧。

当然，宋代人物纷繁，我们首先选择了赵匡胤、范仲淹、寇准、沈括、岳飞这五位代表性人物。相信以读者诸君的敏锐，已经明了了我们选择的用意。赵匡胤，开国之君，没有他的布局和冒险一搏，不会有大宋的建立；没有他所奠定的基础，宋朝也许就是那个"第六代"了。范仲淹，相信没有人不知道他的名言名句，几乎每个当代中国人都会反复学习那千古名篇，没有他，宋朝就缺失了一点什么。寇准，评书演义当中的最佳人物，一句"寇老西"牵动了多少我辈凡夫俗子的心！可以说，他就是那个有棱角有缺点的最佳演员。沈括，我们了解他的大书《梦溪笔谈》，更了解他记述下来的活字印刷术。他是那个时代的文人典范，虽然后人未必赞同他的为官为人之道，但是都欣赏他作为文人士大夫而能关注于下里巴人技术进步的开放心态。岳飞，更是无数传奇小说当中的最优榜样，千百年来，不知道影响了多少英雄豪杰！宋朝有没有比他们这五位更出色的"人物"？当然有，一定是无穷无尽。司马光、苏轼、王安石……这个名单可以列出来一长串，也都是一代名臣名家，甚至有着更加巨大的影响力。不过他们得到的关注更多，已撰成的论述也更多。所以，我们设想，关于其他"人"的进一步阐发，就留待本丛书的第二辑乃至更多辑。

因人而成事，宋代历史上，几乎每天都有大事发生。这些大事如何走向，以后见之明来看，在历史上就更有关键节点的作用了。我们同样选择了五件大事，作为代表，算是尝一脔而知一鼎之味。东封西祀、熙丰新法、靖康之难、三朝内禅、开禧北伐是我们选定的第一批"大事"。读者诸君，聪明如你，当然也更明了这五件事情在宋代历史上的关键性作用。宋真宗不甘平淡，又缺雄才大略，导演了一场天书降临的闹剧，东封西祀，营造太平盛世，将宋朝引到了一条歧路上，带坏了政治风气，无谓地消耗财富积累，导致社会出现重大的方向调整。宋神宗继位之后，梦想成为一个大有为君主，有着强烈的改变现状的想法。与王安石一遇即合，君臣相得，开启了一条"改革之路"。不过这改革既艰难，又复杂，在宋人眼里更如乱来。千载之下，评说仍未有完结之期。靖康之难，更是一个朝代的伤心之史。在繁华富足当中，突然崩溃，亦是千年少见之事。再建南宋，久居钱江之畔，临安临安，已再无临意。不过相对长期稳定的政治局面之下，皇位继承这个中国传统政治的大难题，在南宋前半期又成为难上加难的超级难题。南宋前四帝，总共见过了四次内禅（高宗为皇子时，见徽钦之禅）。王朝体系下，就没有真正的家事与国事的分别，这一国事家事大难题，搅得政局翻覆，影响极大。再到开禧北伐，只好说它是虚假的反攻。韩侂冑的大冒险，最终把屠刀留给了自己。而由此导致的政局动荡，让后人感觉平添了几分萧瑟。更不幸的是，蒙古崛起，应对失当，为最终没落埋下了失败的种子。以此五事，可见宋朝历史脉络的大关节之处。除此之外，大事当然更多，不过丛书容量有限，只能留待今后继续讲述。

以上五人五事，共同构成了我们设想中的"宋朝往事"。知人论世，读人读事，把"人"和"事"立体组合起来，这是我们设想的一种新尝试，成功与否，还需要留待时间来验证。但是希望读者诸君，能看到我们11个人的共同努力，期待您与我们携手，一起走进宋朝，欣赏大宋往事，感慨世事变迁，回到大宋场景中，感受历史长河的孤独前行。

本人供职于坐落在千年古都的河南大学，日常所居之处，每日教学相长之所，就在开封的东北角，宋代遗存"铁塔"之下。这个位置，大概也是王诜的"西园"附近。无论雅集是不是真的存在，作为宋文化的象征，早已经名垂千古。在西园与宝绘堂旁，走在千年铁塔之下，不由得就会生发出思宋之情，悬想宋人生活之景之情，与二三同志研读宋史，更体悟得"雅集"之趣。也就是在这个宋文化与文明萌生的一处所在，在辽宁人民出版社蔡伟先生的盛情邀请下，本人虽不敏，但勇于任事，担下了组织撰写"宋朝往事"的工作，希望我们11个人的努力，以"轻学术"的方式，既有学术上的严谨厚重，又去掉严格脚注带来的束缚与阅读限制，能带给大家一点不一样的阅读体会。感谢陈俊达（吉林大学）、黄敏捷（广州南方学院）、蒋金玲（吉林大学）、刘广丰（湖北大学）、刘云军（河北大学）、刘芝庆（湖北经济学院）、王淳航（凤凰出版社）、王浩禹（云南师范大学）、张吉寅（山西大学）、赵龙（上海师范大学）等一众优秀青年学者（以上按姓名拼音排序）的鼎力支持，加盟此系列的撰述。

我们也知道，坊间已经有很多种宋史普及读物，我们新增这一丛小草，希望它也有同样的生命力。我们贡献全力，虽然通俗，但不媚俗，文字尽量有趣，但是绝不流于戏说，希望能为您的读书生活增添一点真正的趣味。当然，高人雅士，亦望教导指出书中不当之处。您开卷展读之时，希望我们11人没有辜负您，也没有浪费您的宝贵时间，更愿读者诸君与我们一起走进宋朝，知宋，谈宋，理解宋。

耿元骊

2021年5月20日于河南大学铁塔湖畔

目 录

总　序 / 001
引　子 / 001

第一章
将运亨通 / 014
　　一、独闯天下遇贵人 / 014
　　二、高平之战露头角 / 020
　　三、三征南唐树威名 / 028

第二章
黄袍加身 / 037
　　一、一块来历不明的木牌 / 038
　　二、一个缜密的托孤计划 / 042
　　三、一场蓄谋已久的政变 / 048
　　四、一次流血最少的改朝换代 / 059

第三章
雪夜定策 /064

　　一、速平"刺头"李筠 / 064

　　二、智取"渔翁"李重进 / 071

　　三、雪夜定策谋统一 / 077

　　四、一箭双雕并荆湖 / 080

第四章
剑指后蜀 / 088

　　一、从明君到败家子孟昶 / 088

　　二、坑后主的"当世诸葛亮" / 094

　　三、孟昶之亡与蜀地之乱 / 103

第五章
征伐两汉 / 111

　　一、首次北伐失败了 / 111

　　二、再次北伐又败了 / 116

　　三、巫宦之国南汉覆灭了 / 124

第六章
平定南唐 /135

一、从孤儿到皇帝的李昪 / 135

二、后主李煜的幸福生活 / 143

三、该来的终于来了 / 151

四、"卧榻之侧，岂容他人鼾睡" / 157

第七章
帝王仁心 / 163

一、杯酒释兵权 / 163

二、给功臣们善终 / 170

三、给百姓们实惠 / 173

四、给文化人春天 / 176

第八章
燕云遗痛 /182

一、孤注一掷的献礼 / 183

二、一厢情愿的赎买 / 196

三、一败涂地的武攻 / 204

第九章
千古之谜 /221

一、烛影斧声 / 221

二、金匮之盟 / 236

三、余音绕梁 / 247

结 语
"创业垂统"之君赵匡胤 / 256

后 记 / 259

引　子

　　翻开中国历史，盛世和乱世总是交替出现。公元10至12世纪的中国，经历了隋唐的第二次大统一之后，又进入第二次大冲突、大分裂时期。

　　在南部中原地区，公元907年，朱温在开封篡唐称帝，建国号梁，从而开启了50余年五代十国的纷争割据。直至公元960年赵匡胤建立北宋，并以"先南后北"战略统一中原，大混战才算结束。在这50余年中，仅中原地区就先后出现了后梁、后唐、后晋、后汉、后周五个王朝，其中最长的后梁存在16年，最短的后汉才3年多。皇帝换得更是频繁，一共出了14位天子，平均每人在位3.8年，但能混到自然死亡的却只有6人，另外8人中，6人被杀、1人自焚、1人被抓了俘虏，这是大乱。

　　在南方和山西，这时也先后存在过10个地方割据政权，还不包括一些更小的割据势力，由于中原打得太热闹了，大的政权顾不上和他们争地盘，所以这些地方割据势力也就得以在夹缝中生存发展，虽然也是冲突不断，但比起中原地区来只能算是小打小闹，这是小乱。

　　而在北方，游牧民族契丹族趁着中原战乱的大好时机迅速崛起。"契丹"的含义，学者一般认为是镔铁或刀剑的意思。关于契丹的起源有一个

"青牛白马"的美丽传说：相传在茫茫的北方草原上，流淌着两条河流，一条发源于内蒙古赤峰市克什克腾旗西南大兴安岭南端的大红山白槽沟河，名为"潢河"（今称西拉木伦河），另一条发源于河北省平泉县七老图山脉的光头山，名为"土河"（今称老哈河）。一天，一位骑着白马的男子顺土河而下，一位女子驾着青牛车沿潢河而来，他们在两河交汇处的木叶山相遇，一见钟情，结为夫妻，生下八个儿子，后来发展成契丹八部。公元907年，迭剌部人耶律阿保机出任契丹部落联盟首领，公元916年称帝建立辽朝，在他的统治下，辽朝东征西讨南征北战，国家势力蒸蒸日上。

耶律阿保机和他的继任者都有挺进中原的雄心壮志，中原的几次大战也都能看到契丹人的铁骑，这是边乱。

以上我们可以概括为一句话：乱得不能再乱了！

朝堂之上，为了那身龙袍、那把龙椅，父子相残、兄弟反目、权臣篡夺，一顶顶皇冠在刀光剑影中怆然落地；一个个新皇帝又在你争我夺中粉墨登基。朝堂之下，社会动荡，战乱不休，最遭殃的始终是老百姓，昔日肥沃的农田变为狼烟四起的战场，曾经繁华的城镇沦为啼饥号寒的废墟，累累白骨无人收埋，饿殍遍地妻离子散。这一幕幕丑剧和惨剧一直延续到赵匡胤建立北宋王朝才得以宣告终结。

中国古代历史上的大治和大乱总是交替出现的，所以要想说清这一切混乱的根源，还得从中国历史上有名的盛世"开元之治"讲起。唐先天元年（712），李隆基从父亲的手中接过帝国的皇位，是为唐玄宗，这一年他才27岁。小伙子在即位之初就表现出雄才大略，他励精图治、选贤任能，将大唐的国势推向了强盛的顶峰。渐渐地，他被这眼前的盛世太平麻痹了，也厌倦了勤政操劳的辛苦，于是一改执政初期的励精图治，开始沉湎于欢乐享受。正直的宰相张九龄等人被先后罢官，"口蜜腹剑"的李林甫爬上了相位。在得到自己的儿媳杨玉环后，唐玄宗的奢侈之风越来越盛，大臣、贵族、宗室为了巴结皇帝，更是无所不用其极，整个朝廷变得奸佞当道，乌烟瘴气。

大唐辉煌盛世的背后则是边患日重的现实。西北的吐蕃、突厥，东北部的奚与契丹均是唐王朝的心腹大患。为了应对边患，唐朝廷在边州置重兵，并更加依靠番兵番将来控扼边疆，所谓"外重内轻"局面就是这个时候形成。粟特—突厥混血的安禄山也是在这种背景下逐渐羽翼丰满。

这位安禄山先生是一个体重300多斤的大胖子，据说肚子大到连自己低头都看不到自己的脚，走路时得用手托着肚子，最奇葩的是每次穿衣服，得用两个人帮他托着肚子，再由一个人钻到肚子下面用头顶住，其他人才能帮他穿衣系带。按说这么一位严重的肥胖症患者应该反应迟钝才对，但安禄山的智商和情商都极高，说话机智幽默，而且最让人想不透的是这位胖兄的胡旋舞竟然跳得特别好。胡旋舞，听名字就知道是那种伴着鼓声急速旋转的舞蹈，安禄山不但能转起来，而且他的舞姿刚健轻灵，韵味十足，估计杨玉环能喜欢上他，也和彼此同是舞蹈家有关系。

有一次，李隆基想让安禄山同杨玉环的堂兄拜把子，但这位仁兄坚决不干——我不要拜什么把子，我要认干妈！于是44岁的安禄山成了29岁的杨玉环的干儿子。干妈也是妈，也得尽义务。充满母爱的杨玉环专门替这个"大儿子"举行了洗三仪式，她让人把安禄山当做婴儿放在大澡盆中，为他洗澡，李隆基爸爸不但不吃醋，还乐呵呵地给安禄山发红包，给洗儿钱。终于洗完澡后,又用锦缎做成一个大襁褓,包裹住安禄山,让宫女们把他放在一个彩轿上抬着(唐朝的女子力气真大),在后宫花园中转来转去,一边走还一边"禄儿、禄儿"地哄着,真的是母慈子孝,其乐融融。

然而四年之后,憨态可掬的"禄儿"造起了他干爸干妈的反。当时,大唐十大边镇节度使中,安禄山一人就兼任了三个,全国49万的边军他一个人就指挥20万,可李爸爸还是觉得干儿子造反的实力不够,又让这个干儿子总管全国的军马。好了,时机成熟了,这回该换干儿子安禄山过过当爹的瘾了。

唐天宝十四年(755),安禄山和他的铁哥们史思明公然竖起叛旗,叛军以风卷残云之势两个月内便攻陷长安(今陕西西安)、洛阳两京,占据半壁江山。这场叛乱持续了近八年之久,史称"安史之乱"。李隆基和他儿子李亨(唐肃宗)终其一生也没有看到叛乱平定,直到李隆基的孙子李豫(唐代宗)登基两年后这场叛乱才告一段落。

"渔阳鼙鼓动地来,惊破霓裳羽衣曲"。"安史之乱"敲响了大唐衰亡的丧钟,是唐朝由盛转衰的转折点。这场叛乱虽然以余党叛部被唐朝中央收编而告平息,但叛乱种下的恶果却肆意侵蚀着大唐王朝。为了维持来之不易的胜利,大唐朝廷不得不绥靖安史余部,纵容这些世居河朔的骄兵悍将取得半独立的割据地位,自此之后藩镇问题一直与有唐一代相始终。

中央的衰弱导致各地的节度使们开始坐大,他们总揽自己辖区的军权、行政和财权,朝廷逐渐变成了一个有名无实的空架子,虽然中间也有几位有作为的皇帝想要改变这一状况,但都无疾而终。到了后期,大多数节度使直接变成了世袭,如果高兴了,他们可以找到几个相邻的节度使一起发动个叛乱，叫板一下中央；如果因为利益瓜分起了矛盾，节度使们就互相亮出刀枪，彼此征伐一下，搅得大唐后期的政局极不安定，史称"藩镇割据"。

朝廷外面是一群大多不太听话的节度使，朝廷里面也没闲着，宦官开始从幕后走向台前，而且掌握的权力发展到不可思议的地步。"安史之乱"彻底打破了唐朝之前的政治结构，唐至德元年（756），太子李亨在灵武即位，是为唐肃宗，一直跟随李亨的宦官李辅国因"拥立之功"被封为元帅府行军司马，开始掌握兵权，最后竟然做到了中书令，成了唐朝历史上第一个宦官宰相，最后因为李辅国嘴贱，对唐代宗李豫说了一句："皇上您在里边坐着就行，外面的事儿都由我处理就好了"，戳了李豫的肺管子，唐代宗李豫才下决心派人暗地里把李辅国给杀了，结果换汤不换药，取而代之的程元振一样权势滔天。自此，宦官正式登上了权力核心的舞台，他们在军队有神策军中尉统兵，在中央有枢密使参与决策，在地方藩镇有监军使，同时宦官还广泛参与政务工作，宦官担任的使职有几十种之多，史称"宦官专权"。到了后来，唐僖宗李儇甚至直接认大宦官田令孜为干爹（阿父）。

宦官的权力这么大，那么作为朝廷中坚力量的朝臣们在做什么呢？答：要么在与宦官的斗争中失败，要么在与宦官相互扶持中，各取所需。如唐太和九年（835），唐文宗李昂任用宰相李训、凤翔节度使郑注，布下了伏兵准备诛杀宦官，但被宦官仇士良、鱼志弘发觉，李训、郑注以下的朝臣有一千几百人被杀害，文宗本人也从此受到宦官的监视，失去自由。最后唐文宗李昂仰天长叹：我比汉献帝还窝囊啊——人家好歹还是被正常人挟持的，而我的自由却是被一群太监给夺走的。此事史称"甘露之变"。

朝臣们自己也不团结。唐朝时，官员主要来源于两个途径：一些人是通过科举考中进士而当官的，认为自己是凭真才实学入仕；还有一些人，是通过父祖门荫而当官的，以门第清高自居。时间久了，就形成了泾渭分明的两个集团，两派势不两立，斗争的原则只有一个：只要你支持的，我就反对；只要你反对的，我一定支持。这场斗争一共持续了40多年，因为这两个集团各涌现了一位杰出代表，牛僧儒、李德裕，史称"牛李党争"。

再强大的帝国也经不住这么折腾！大唐这曾经强壮伟岸的身躯如今已气息奄奄、江河日下，大厦之倾，必然之势矣！

唐乾符二年（875），黄河以北大旱，粮食颗粒无收，而朝廷和节度使们的横征暴敛却没有丝毫改变，私盐商人王仙芝和落第书生黄巢先后揭竿而起，给了大唐帝国最后的致命一击。唐中和元年（881），黄巢军进入长安，唐僖宗李儇逃亡四川。可刚一坐上龙椅，黄巢就变成了唐朝皇帝的翻版，甚至还让宫里的宦官当自己义军的监军。这个举动让跟随黄巢拼死拼活打江山的将军们很不高兴。负责长安东面防务的大将朱温直接向唐军投降，李儇对这个天上掉下来的馅饼兴奋不已，又是封官又是许愿，还赐给了朱温一个响亮的名字——朱全忠！

唐僖宗李儇大概不常捡馅饼，因为天上掉下来的馅饼不是圈套就是陷阱，这次也不例外。25年后，正是这位"完全忠诚"的朱温亲手结束了延续了289年的唐帝国。事情是这样的：朱温投降以后，至少在一段时间内表现得"完全忠诚"，凭借自身的枭雄天赋，通过和自己的前任老板黄巢作战不断扩大地盘，成了一个相当有实力的节度使。就在这时，他接到了宰相崔胤的密信，皇帝被宦官挟持了，你赶快进京救驾。朱温马上意识到这是一个千载难逢的良机，一下子变成了东汉末年袁绍、曹操和董卓的合体，迅速带领部队进入长安。他先像袁绍一样带兵将宫里的宦官杀绝，终结了持续一百多年的宦官专权；然后又像曹操一样"挟天子以令诸侯"，获得了最稀缺的政治资源；唐天祐元年（904），他又像董卓一样，将手中的傀儡皇帝唐昭宗杀掉，立13岁的李柷为帝；唐天祐四年（907），朱温正式称帝，国号"大梁"，史称后梁。第二年，年仅17岁的唐哀帝李柷也没能躲过被杀的宿命。

这下天下彻底乱了！

以前虽然各藩镇不太买朝廷的账，但人家毕竟是根红苗正的皇帝呀，最起码的面子还是要给的，但朱温把大唐的皇帝弄死了，自己当起了"大梁"皇帝，这个问题就得说道说道了，大家都是藩镇，凭什么听你的！

最先站出来反对的是朱温最大的死对头沙陀人李克用。沙陀是突厥人的一支，李克用本姓朱邪，他父亲朱邪赤心因为战功被唐懿宗赐姓名李国昌。李克用早年就跟着他爸爸东征西讨，因为经常冲锋陷阵，得到了一个响亮的外号"飞虎子"；又因为打仗太勇猛瞎了一只眼睛，得到了第二个外号"独眼龙"；又因为他的部队都穿黑衣，号称"鸦军"，得到了第三个外号"李鸦儿"。

一个有这么多外号的人肯定不是好惹的，但当时的朱温还真就惹了。那还是在镇压黄巢起义的时候，李克用带着自己的鸦军把黄巢赶出了长安，追着黄巢满世界跑，跑着跑着，就跑到了以前的老部下、现在的死对头朱温的防区——开封（今河南开封），在李克用和朱温的共同努力下，黄巢又继续跑路了。朱温作为地主，就想尽一下地主之谊，请李克用喝酒，感谢他帮助自己赶跑了黄巢，结果这顿酒喝出了问题。可能朱温早就看出了这个沙陀人以后会和自己捣乱，就决定先下手为强，关了城门，派兵去杀李克用，要不是李克用的亲兵发现情况危急，用冷水泼醒了喝得不省人事的李克用，李克用就真得永远留在开封了，最后只有李克用和身边的几个人逃了出来，和他一起进城的三百亲兵无一幸免。

这个梁子结死了。虽然后来李克用也向朝廷申过诉，但因为朱温都从中做了手脚，最后反倒让李克用背上了一个反乱朝廷的黑锅。这次朱温竟敢称帝，还杀死了大唐的两位皇帝，于公于私这对冤家肯定是不共戴天了。

结果只过了一年，坚决要和朱温死磕到底的李克用就带着万分遗憾在太原死去，他的儿子李存勖继承父亲的遗志，继续和朱温死磕。由于李克用父子的势力范围只有太原这一块地方，虽然部队的战斗力强于后梁，但整体实力还有很大差距，双方打打停停，进入了对峙状态。又过了四年，病榻上的梁太祖朱温在次子朱友珪发动的政变中被杀，而篡了老爹皇位的朱友珪也只当了243天皇帝，就又被自己的弟弟朱友贞篡位，朱友珪看大势已去，让亲信冯廷谔结束了自己夫妻二人的性命，冯廷谔也随即自刎。顺便说一句，这位冯先生也是够本儿了，加上朱温，他这辈子一共亲手杀死了两位皇帝。发动叛乱的朱友贞踩着自己同父异母哥哥的尸体登上皇位，成为后梁的最后一位皇帝。

后梁这么一折腾，本就不怎么雄厚的家底更单薄了。后梁龙德三年（923），晋王李存勖称帝，仍沿用"唐"的国号，史称后唐，李存勖是为唐庄宗。这年10月，后唐对后梁发动总攻。此时的后梁早已是一盘散沙，臣子纷纷逃离，连传国玉玺也被部下盗走，众叛亲离，军无斗志。在后唐军攻入开封前夕，朱友贞也算有些骨气，命亲信皇甫麟将他杀死，后梁随之亡国。

后梁，一个所有皇帝都起于篡位，也全都死于非命的短命皇朝。

李存勖英勇善战，打仗是把好手，革了朱家的命建立李家王朝后，却对治国一窍不通。李存勖还是一位艺术家，喜好演戏，即使当了皇帝也仍然不下戏台，还给自己取了一个艺名"李天下"，按说喜欢演戏也算是正常的文化爱好，可这位仁兄却不一样，将那些和他一起演出的戏子们都封为大臣，不是戏封，而是真封。这些戏子们演戏还行，治国就只能是越治越乱，使中国历史上出现了极其少见的伶人乱政现象。同时，李存勖还是一位非常怀旧的人，认为没有宦官乱政的大唐还能叫大唐吗？于是那些年从朱温的屠刀下逃脱，隐匿在民间的太监们纷纷回到朝廷，继续之前未完成的祸国殃民的把戏。李存勖两口子还都是财迷，为了捞钱连底线都不要了，百姓怨声载道，李存勖却认为这是在替我赚钱啊，有什么不对，还赐给孔谦"丰财赡国功臣"荣誉称号。还有一次要打仗了，宰相豆卢革去申请经费，李存勖的媳妇刘皇后拿了两个银盆牵了三个儿子走出来，对着宰相撒泼，老娘就这点儿东西了，你们要是想要就都拿去，一看这架势宰相也尿了，到底没把钱要出来。而作为军队最高指挥官的枢密使郭崇韬却只是因为贪污的谣言，查都没查就被斩杀了。

李天下就这么理天下，不乱才怪。三年后，唐庄宗李存勖死于兵变。李克用的养子李嗣源在兵变中被拥立为天子。李嗣源绝对算得上五代时的明君，在他的治下，后唐轻徭薄赋，恢复生产，一连八年没有战争，连年风调雨顺，老百姓日渐富裕，朝政呈现"中兴"的局面。

但老李真的老了，在当了七年的太平天子后，后唐长兴四年（933），67岁的唐明宗李嗣源病逝，儿子李从厚即位。短暂的春天过后，又开始乱了。后唐应顺元年（934），凤翔节度使李从珂废黜李从厚，自己当上了皇帝。后唐清泰三年（936）十一月，河东节度使石敬瑭以燕云十六州为筹码，换来辽太宗耶律德光的倾国入援，灭了后唐，建立了后晋。

石敬瑭非常小心、恭谨地奉侍契丹，不仅向契丹上表称臣，而且称耶律德光为"父皇帝"。后晋天福七年（942），当了六年皇帝的石儿子好歹是死在自己家里，而即位的石孙子就没这么幸运了。石敬瑭的继承者石重贵是一位能力一般且分不清大小王的皇帝，在辅臣的怂恿下，他开始不满意自己的"臣孙"身份，不仅强硬地向契丹表示从此"称孙不称臣"，还傲慢地放出话来："翁怒则来战，孙有十万横磨剑，足以相待！只是他日如为孙所败，被天下人取笑，不要后悔！"孙子如此不孝，爷爷耶律德光很生气，那就打吧。后晋天福九年（944），契丹第一次伐晋，辽晋两国开始交恶。后晋天运三年（946），辽朝第三次伐晋，且由耶律德光亲自带队，誓将叛贼铲除。十二月，契丹兵临后晋首都开封城下，曾经很爷们的石重贵奉表投降，后晋灭亡，这个短命王朝存在了不到12年。耶律德光没有杀石重贵，而是将他封为"负义侯"，并命令将他举家北迁至辽国黄龙府（今吉林农安）。石重贵后又遭遇多次辗转迁徙，在北国度过近30年的阶下囚生活后，于公元976年凄惨病逝。

此时的太原守将刘知远是一位非常有头脑的节度使，在石敬瑭割让燕云十六州和认干爹的事情上都旗帜鲜明地发表过反对意见，但石敬瑭没听。在耶律德光南征之时，刘知远始终保持着冷静的头脑：契丹攻入开封，他冷眼旁观；大多数藩镇向耶律德光称臣，他还是冷眼旁观，只是派人礼节性地表达一下友好；耶律德光要他表明态度，甚至给他送去一根木拐和一封直接叫儿子的信函羞辱他，他不但不生气，反而愉快地接受并开始走路架拐：不用你忽悠，我自己瘸。聪明的刘知远在等机会，他知道这个机会很快就会来到——后晋灭亡的一个月后，刘知远在太原称帝，国号汉，史称后汉。

耶律德光知道后虽然生气但也实在鞭长莫及，因为这时他的驻地开封彻底乱了。耶律德光是很想留在中原当皇帝的，这是因为他确实梦想成为中原雄主，况且在当时，中原的文化科技和生活水平不知比草原先进多少倍，所以为了将来可能成为大辽国都的开封城继续保持繁荣，他严令不准在城内打劫，但城外就不管了。在打劫过程中，耶律德光痛苦地发现中原的老百姓比石重贵的正规军还厉害，契丹兵团遭到前所未有的打击，等他想对刘知远动手时，已经是心有余而力不足了。再加上这时皇帝出来久了，国内又发生了一些事情，耶律德光只得下令撤军。

这样的机会刘知远怎能放过，他顺势起兵，一路畅通无阻，兵不血刃地进入开封。为了证明自己是真命天子，这位仁兄在自家的宗庙里供奉起汉高祖刘邦和光武帝刘秀，自称是汉家的后代，但其实，他和李存勖、石敬瑭一样，都是沙陀人。

刘知远只有当皇帝的命，却没有享受皇权的命，在位不到一年就病死了，后汉乾祐元年（948）二月，由他18岁的次子刘承祐即位。这下糟了，那些曾经和他爹一起出生入死的叔叔大爷们根本不把这个小刘皇帝放在眼里，甚至在上朝时公然让小皇帝住口。眼看着自己要被架空，刘承祐开始组织反击，后汉乾祐三年（950）十一月，他抓住机会把他爹留给他的五位重臣一口气杀了三个，只剩下宰相苏逢吉和枢密使郭威。苏逢吉还算听话，下一个该杀指挥军队的郭威了。

郭威，字文仲，出身寒微，身材魁梧，勇力过人，年轻时从李存勖的亲军干起，后来协助刘知远称帝，功勋卓著。刘承祐动手时，郭威正在邺城驻守，一看这形势，直接就带兵造反了。为了报复，刘承祐杀光了郭威留在开封的所有亲族，怀着毁家之恨的郭威不久带兵抵达开封，刘承祐在逃跑途中被杀。

按照以往的惯例，现在轮到郭威踩着刘承祐的尸体登基做皇帝了，但郭威却做了一个让所有人都琢磨不透的决定：进宫面见李太后，请太后临朝听政，又立了镇守太原的刘崇之子刘赟为帝。当时刘赟是徐州节度使，一听说自己要当皇帝了，乐得马上向首都开封出发，可刚走到宋州（今河南商丘），局势却又变了。

原来，公元951年正月，后汉朝廷收到契丹大举来侵的消息，郭威当仁不让地率军去和契丹打仗，可走到一百多里外的澶州（今河南濮阳），跟着郭威的大兵们不干了：我们辛辛苦苦跟着您造反，杀了姓刘的皇帝，您自己不当皇帝就算了，竟然又找了一个姓刘的当皇帝，我们以后还能有好日子过吗？接着，几个带头的拿了一面黄旗披在了郭威的身上，这下好了，穿了皇家的颜色，想不当皇帝也不行了。于是郭威称帝，国号周，史称后周。

那位急着赶去当皇帝的刘赟不仅没当成皇帝，还被郭威控制起来。刘赟的爹爹刘崇是刘知远的弟弟，一看郭威称帝，他也不甘示弱地称帝了，仍沿用汉的国号，史称北汉。郭威怕留着刘赟出麻烦，干脆就把他毒死了。国仇家恨，后周和北汉的世仇结死了。

在郭威称帝的过程中，一名方面大耳的小兵默默注视着这一切，并将之深深印在脑海中，他的名字叫赵匡胤，虽然这次在郭威导演的"黄旗加身"大戏中他只是"路人甲"，但在9年后那场翻拍续集中他将是总导演和男主角，绵延50多年的五代乱世也将因他而终结，一个繁华盛世在等着他去开创，努力吧，赵匡胤！

第一章

将运亨通

据记载,后唐明宗李嗣源经常会在自己的皇宫里焚香拜月,向上天祈求降下一位圣人,来取代自己这个胡人治理天下。不管祈祷的事儿是真是假,反正赵匡胤就在李嗣源当皇帝的第二年出生了。

后唐天成二年(927)二月十六日,赵匡胤出生于当时首都洛阳的夹马营,据说赵匡胤出生时红光绕室,异香经宿不散,体有金色三日不变,他也因此得了一个"香孩儿"的乳名。此说真假难辨。总之一句话,这个孩子生来就与众不同!没办法,谁让人家后来当皇帝了呢,"天子"嘛,降临人间都得有异象,史官们也就"入乡随俗",怎么出神入化就怎么编吧。

在遇到柴荣之前,赵匡胤的人生很平凡。遇到柴荣之后,凭借自己的智慧与果敢,赵匡胤平步青云、将运亨通。

一、独闯天下遇贵人

这位"香孩儿"是河北涿州人,他的高祖赵朓,当过唐朝永清(今河北永清县）、幽都（今北京市城西南隅）县令，官六品左右；曾祖赵珽，累官至御史中丞，为唐朝最高监察部门御史台的二把手，官正四品下；祖父赵敬，历任营州（今辽宁朝阳）、蓟州（今天津蓟县）、幽州（今北京）刺史，官正四品至从三品。可见从其高祖到祖父，赵氏家族是世代簪缨，且实现了官品的三连跳，从低中级官员晋升为高级官员。

但赵家不知发生了什么变故，至其父亲赵弘殷时，家道已经中落，故史书中并未留下赵弘殷的生年。倒是他媳妇杜氏，史书明载生于902年，估计赵弘殷跟杜氏也就差个三两岁。杜氏父亲名杜爽。一天，雪虐风饕，赵弘殷来到河北定州安喜县的杜府外避雪，守院人看他生得状貌奇伟性勤谨，便偷偷给他饭吃，大雪纷飞多日，赵弘殷也就滞留不发，真可谓"天留人"也。杜爽知晓此事后出来见赵弘殷，一见倾心，故延请入室以贵宾之礼待之，几个月后，就将大女儿许配给他，于是留下一段"雪为媒"的佳话，那年杜氏芳龄约十五。据学者考证，杜氏家境大大强于赵氏，赵弘殷当时应是入赘杜家。杜爽选婿之眼光，可与吕雉之父相媲美，且比吕公还长远，草莽英雄刘邦后来成了汉高祖，而赵弘殷的儿子则分别成了宋太祖、宋太宗，赵弘殷也被追封为宣祖皇帝。

除了长相奇伟不凡外，赵弘殷更是骁勇体健、善骑射，年轻时曾带领五百骑兵前往黄河边救援被后梁军围困的晋王李存勖，李存勖一看这小伙儿挺能打的，就把他留在身边"典禁军"，任飞捷指挥使，是禁军中的中下层军官。公元923年，李存勖建立后唐，赵弘殷仍跟随左右，其具体功绩无载，估计是乏善可陈，倒是在20余年后的后汉乾祐年间（948—950），赵弘殷有过一次特别勇猛的经历。那是在讨伐王景的时候，赵弘殷被箭射中左眼，他虽然没有夏侯惇拔矢啖睛的壮举，但依然沉着应战气势如虹，最后敌军大败，赵弘殷被提拔为护圣都指挥使。当然，这是后话。

五代政权更迭迅速，最高领导换了好几茬儿，但赵弘殷一直担任飞捷指挥使，仕途虽无起色倒也稳定。927年，在洛阳的夹马营中，杜氏诞下了"香孩儿"这个未来能给赵氏家族带来无上荣耀的孩子。赵弘殷夫妇之前有过一个儿子，可惜夭折了，抱着这个望穿秋水才盼来的儿子，赵氏夫妇给他取名"匡胤"，胤是后代的意思。

虽然赵弘殷仕途淹滞，但在五代那个皇帝走马灯般频繁更换的混乱背景下，能好好活着且有一份"稳定"的工作已经十分不容易了。作为一名中下层军官，赵弘殷为赵匡胤的成长提供了一个不算优越但绝对安全、幸福的童年。赵匡胤一天天长大，容貌雄伟、气度不凡，到了上学年龄，赵弘殷给小匡胤请了一位叫辛文悦的先生教他读书。赵匡胤书读得好不好没有明确的记载，但由于他生于军营长于军营，受父亲影响，习得了一身好武艺，弓马娴熟、胆识过人。有一次，有人拉来一匹没有驯化的烈马，赵匡胤也不等套上马鞍、马镫，直接翻上马背，那恶马撒蹄狂奔，结果赵匡胤的额头重重撞上了城楼的门楣，坠落马下，围观的人群都以为他的头肯定会被撞碎，不禁大惊失色，哪知赵匡胤慢慢爬起来就向那马追去，一跃而上最终将烈马驯服。这种一不怕死二不服输的倔劲儿令人佩服。当然，跟所有年轻人一样，赵匡胤也爱玩儿，他曾经跟人在一个土房子里赌博，窗外的麻雀叽喳斗架，扰了两人的雅兴，两人争起抓雀，结果把房子撞塌了。

18岁那年，赵匡胤应父母之命迎娶了将军贺景思的长女，新婚燕尔、儿女情长，赵匡胤度过了一段温馨而平静的日子。但赵弘殷家的日子却越来越拮据了，20多年，赵弘殷的职务始终没有升迁，涨薪的空间也不大，而家里吃饭的嘴却越来越多，添了儿子赵匡义、赵匡美和一个女儿，再加上赵匡胤两口子，每月那点儿薪俸根本就入不敷出。深知要依靠祖宗荫护觅得一个好前程是断不可能，大好青年赵匡胤做出了一个具有历史意义的决定：我要靠自己的双拳打出一片天下！

于是，赵匡胤拜别了父母和结发三年的妻子，一个人踏上未知的江湖路。他怀着满腔豪气，先沿着黄河向西走，在河南、陕西、甘肃一带转了一圈，不仅没遇到什么好机会，倒是经历了不少艰辛，受了不少侮辱。他又转而向东，来到复州（今湖北天门）投奔他父亲的一个老战友、时任复州刺史的王彦超，结果这位王大人根本就没给赵匡胤展示自己的机会，直接给了点儿钱打发他走人，碰了一鼻子灰的赵匡胤悻悻地离开了。

赵匡胤是一条好汉，不折不扣的好汉，好汉的第一个标准就是心胸开阔、有容人的雅量。数年后，已经是皇帝的赵匡胤在一次酒宴中看到王彦超，笑着问他当年为什么没能给他一份工作，面对皇帝和自己翻旧账，老油条王彦超立即回答："小臣我当年就是一个州刺史，就那么一小勺水怎么能养得下您这条神龙，要是当年您真的留在复州了，还能有今天的成就吗？"赵匡胤听了哈哈大笑，此事就此作罢，赵匡胤继续当他的皇帝，王彦超也继续做他的官。

离开复州的赵匡胤又来到随州（今湖北随州），投靠他父亲的另一个老战友随州刺史董宗本，这位董叔叔明显比王叔叔仗义，收留了赵匡胤。可赵匡胤安稳日子没过几天就又离开了，原来董宗本的儿子董遵诲也是一个能力十分出众的人物，可偏偏来了一个能力比他更出众的赵匡胤，两个人有时候谈论问题、讨论兵法，赵匡胤总是比董遵诲高明，这下可惹麻烦了，董遵诲没有赵匡胤的容人雅量，就处处给赵匡胤穿小鞋，弄得赵匡胤只得继续卷铺盖走人。后来赵匡胤当了皇帝，而董遵诲也成为一名边将，赵匡胤不但没有因为当年的小鞋记恨报复他，还处处照顾提拔他，并帮他赎回了被契丹人掳走的生母，董遵诲彻底被赵匡胤的人格魅力征服，死心塌地为大宋效力。

从随州出来的赵匡胤继续他的流浪生涯，这时他已经离家两年，还是一事无成。之后他来到了襄阳（今湖北襄樊），在一家寺院投宿，寺中的老僧善术数，看到相貌不凡却穷困潦倒的赵匡胤，告诉他现在南方的藩镇都比较太平，不容易出人头地，坐镇北方的后汉枢密使郭威正在招兵买马，可以到那里试试，并送给了赵匡胤一些旅费。几经周折，赵匡胤终于投靠在枢密使郭威帐下，成了普通一兵，这年他23岁。就这样，对的时间碰到对的人，从此赵匡胤开启了飞一般的人生。

公元951，郭威称帝改国号为周，史称后周。赵匡胤在澶州（今河南濮阳）亲历了那场众将士撤下一面黄旗披在郭威身上的兵变，事后，他被提拔为禁军东西班行首。虽然"行首"这个职务是兵头将尾，但却是皇帝最信任的人才能担任，天天在皇帝面前晃悠，脸熟不说，能力水平也容易被皇帝发现，两年后，郭威任命赵匡胤为滑州（今河南滑县）副指挥使。命运之神再一次眷顾，赵匡胤马上就要迎来他人生中最重要的贵人柴荣。

周太祖郭威为了当皇帝，付出了血的代价，阖家老小包括他爱妻柴氏在内被汉隐帝刘承祐赶尽杀绝，当了皇帝的老郭媳妇可以再娶，却不能生下一个可以直接接班的继承人，面对自己的年龄和眼前的乱世，郭威决定将自己的养子，也就是原配媳妇柴皇后的侄子柴荣立为皇子，作为自己的接班人。要说郭威能有现在的地位，还真是多亏了他的这位原配夫人。这位眼光独到的柴夫人原来是后唐庄宗李存勖的妃嫔，明宗李嗣源登基后，遣散李存勖的后宫，这位柴夫人在回家的路上遇到郭威，那时的郭威还被大家叫做"郭雀儿"，因为在军中打死了无赖，亡命江湖，居无定所，身无分文，可柴家小姐独具慧眼，非郭威不嫁，父母无奈也只得同意了。

有了家的郭威一改以前的各种不良习惯，在媳妇的全力支持下开启了后人熟悉的打怪升级模式，20多年间从普通一兵成长为后汉军界第一人，夫唱妇随，相濡以沫。可惜这个浪漫励志的爱情故事只有一个完美的开头，却没有一个圆满的结局。因为猜忌功高震主的郭威会有不臣之心，隐帝刘承祐下诏杀之，郭威以"清君侧"的名义愤然起兵，于是刘承祐杀死了郭威留在国都开封的所有家属，死亡名单中包括柴氏，以及柴氏给郭威诞下的两子一女，悲恸欲绝的郭威登基后也没有再立皇后，死后终于与柴氏合葬一处。

柴氏的侄子柴荣不仅气度不凡、材优干济，且为人谨慎笃厚，一直是郭威的左右手，郭威也将之视为己出。公元951年，郭威建立后周，柴荣被立为皇子。成为皇子的柴荣先是被留在邺都（今河北大名）帮助郭威稳定后方，两年后被调回京城开封任开封府尹，相当于现在的北京市市长，职高权重。柴荣之前就对作战勇猛、屡立战功的赵匡胤早有耳闻，知道他是个不可多得的人才，这时刚回开封，身边正缺能办事儿的人手，就把赵匡胤调到自己身边，任开封府马直军使，管理后周首都开封府的骑兵，此职位不可谓不重要。从此，赵匡胤成了柴荣的左膀右臂，他的命运将与柴荣紧紧捆绑在一起，他的人生轨迹也将发生重大改变。

后周显德元年（954），只当了三年皇帝的郭威病故，新皇帝柴荣刚刚即位，就把赵匡胤调到中央禁军，成为一名中级将领，和他爹赵弘殷同属一个单位。从一名普通士兵走到今天这个职位，赵匡胤用了不到五年的时间，而赵弘殷却用了二十多年。不得不说，人这一辈子，真有"时也""运也"的差距。

二、高平之战露头角

赵匡胤崭露头角的机会来了！

话说后汉乾祐三年（950）十一月郭威起兵造反，后汉隐帝刘承祐被杀，郭威先是假意拥立后汉高祖刘知远之侄刘赟为帝，待时机成熟，公元951年正月，郭威自己称帝建立了后周，并将刘赟囚禁起来。刘知远的弟弟、刘赟的父亲、河东节度使刘崇闻知郭威灭汉，便在晋阳（今山西太原）称帝，国号北汉，并向北方民族契丹族建立的辽朝称藩，而刘赟也就被郭威毒杀。故后周和北汉是世仇。郭威活着的时候，北汉畏惧郭威一直还算克制，但郭威一死，北汉认为报仇雪恨的机会来了，立即联合契丹，向后周发起了进攻。

消息传来，后周朝廷一片混乱。

当时后周最重要的文官叫冯道，这位冯老先生是中国历史上著名的"政治不倒翁"，在李存勖还是晋王的时候，冯道就投奔到他的麾下，担任掌书记。此后的几十年间，无论五代的政权更迭多么频繁，这位仁兄凭借超强的"政治智慧"和无与伦比的"混功",先后效力从李存勖到柴荣的四个朝廷、十位皇帝,其间还向辽太宗耶律德光称臣,始终担任将相、三公、三师之位,欧阳修骂他"不知廉耻",司马光斥他"奸臣之尤",但不管怎么样,冯道才是最明白乱世生存法则的人,他活到了最后,也笑到了最后,死后还被柴荣封王,只能说,他是一个绝无仅有的异数和奇人。

面对来势汹汹的北汉与契丹的四万联军,被后世誉为"五代第一明君"的柴荣敏锐地意识到这是关乎后周国运的一场关键之战,他决定亲征。但冯老先生却跳出来坚决阻止,劝谏皇帝不要意气用事,朝廷的其他大臣也都附和冯道的意见,结果适得其反,群臣的反对更加坚定了柴荣的决心,他太需要一场胜利来巩固自己的皇位。

柴荣率领后周近三万军队与北汉在高平(今山西晋城)摆开了战场,赵匡胤作为宿卫将领,和他的上司、殿前都指挥使张永德各带领两千名殿前军守护在柴荣身边,张永德是郭威的女婿,也就是柴荣的表姐夫,能和张永德一起留在柴荣身边,说明了柴荣对赵匡胤的赏识和信任。

北汉皇帝刘崇看到自己的人数多于后周,也想在契丹面前逞个强,便让契丹的一万军队先不要参加战斗,信心满满地以为仅靠北汉军队就完全可以消灭后周军。刚一开打,战场形势也确实像刘崇预想的那样顺利,北汉军队左翼猛冲后周军右翼,后周的两个统帅樊爱能、何徽一下就尿了,魂飞魄散地带着所部掉头就跑,还边跑边散布谣言:"辽兵来了,我们被打败了,大家快跑啊!"

右翼的溃败,打乱了整个后周军队的布置,形势岌岌可危,如果没有什么意外,柴荣即位后的第一战肯定要以惨败收场。

但是意外出现了。

面对颓势，柴荣临危不乱，依然率领亲军苦苦支撑，一直跟在柴荣身边的赵匡胤虽然是第一次参加这样大规模的战役，但他始终镇定自若，在确定战场形势后，他对张永德说："您麾下的这两千人多是弓箭手，您现在带领他们迅速占领战场左侧的高地，居高临下放箭射杀敌军，我带领另外两千人从右翼攻击敌军，国家的安危，就看这一招奇兵能不能制胜了！"张永德马上同意了赵匡胤的策略，带领弓箭手向左翼进攻。

赵匡胤大声对剩下的两千人说："主公危难至此，我们拼死立功的时候到了，大家跟我一起冲啊！"说完，便一马当先冲入敌阵。后面的将士看到赵匡胤玩命了，也都抖擞精神，跟着赵匡胤一起往前冲，战斗中赵匡胤的左臂受伤，流血不止，但他却浑然不觉，冲杀向前，手下的将士们被这一幕激励得热血沸腾，无不以一当百，北汉的军队被这支突如其来、人人只知往前冲的"敢死队"一下子打蒙了。正在这时，北汉的先锋大将张元徽突然坠下马来，一下就被后周军杀死，北汉军队彻底乱了，兵士们纷纷败逃，战场形势终于逆转，在一旁当预备队的一万契丹军队看到这阵势也不敢救援，引兵退去，刘崇则带着残兵败将逃回太原，此后再也不敢侵扰后周。

在这场事关后周生死存亡的决战中，柴荣声威大震，皇位得到巩固，而赵匡胤以他对柴荣的无比忠诚和卓越的军事才能崭露锋芒。战后，柴荣提拔赵匡胤为殿前都虞候、领严州（今四川西昌）刺史。至此，赵匡胤进入了后周高级将领的行列，高平之战也成为他日后"肇基皇业"的开始。

高平之战的胜利是柴荣的得意之举。但是，作为一个头脑清醒的政治家，柴荣并没有盲目自满、忘乎所以。这位胸怀大志的皇帝明智地看到，他的三万大军在此战中表现得并不出色，特别是统率右军的樊爱能、何徽两位老将简直太让他失望，对于这样无勇无谋、畏敌如虎，还没开打就领着部队先跑路的老兵油子，务必军法从事以儆效尤。柴荣毫不留情地将樊、何两人及部将70余人斩首，并授命赵匡胤整顿后周军队，严肃军纪，汰弱留强。

读到这里可能有的同志要问，这樊、何二将又不是傻子，临阵脱逃肯定难逃一死，当时的政权除了后周，北有北汉、契丹，南有南唐、吴越、南平等，他们为什么要留在后周等死，而不是率军另谋高就？那是因为他们压根儿就没觉得这是个事儿。原来在五代十国时期，有枪便是草头王，像樊、何二将这种统兵将领，将悍兵骄，士兵只知长官不知朝廷，将领更是反复无常，有高官厚禄便为之所用，没有的话就改换门庭，像这种打仗逃跑更是常事儿，早已司空见惯，反正手里有兵，皇帝也不敢把我怎么样，只要我能再把兵带回来就行。但这次他们错了，柴荣是一个眼里不揉沙子的人，事情既然做错了，就一定得付出代价。

赵匡胤现在的职务是殿前都虞候，这个职位大概相当于现在直属卫戍部队的参谋长。这里插叙一下五代时期的军制。

后梁代唐以后，皇帝身边的禁军日益强大，成为国家的基本武装，一改中唐以来内轻外重的军力部署。朱温开始设置侍卫亲军，作为皇帝亲兵的一支，到后晋时逐渐成为皇帝亲兵的总称。侍卫亲军的管理机构叫侍卫司或侍卫亲军司，全称叫侍卫亲军马步军都指挥使司，其统官是侍卫亲军马步军都指挥使、侍卫亲军马步军副都指挥使以及侍卫亲军马步军都虞候，下设马军都指挥使统率骑兵，步军都指挥使统率步兵。侍卫亲军的指挥机构叫枢密院，长官是枢密使、枢密副使，辅佐宰相，分掌军政，一般由文官担任。

这个体制看似合理，统兵权和调兵权分离，以文制武，有效防止了武夫专权，但在实际执行中却完全不是一回事儿。由于侍卫司头目独掌禁军，军权过于集中，平时又和将士在一起，一呼百应，所以造起反来也格外便利，李嗣源、石敬瑭、刘知远都是以禁军统帅的身份夺得皇位。而本该由文官担任的枢密使五代时也多以武将担任，虽然平时不直接管理部队，但人家有指挥权，只要能把兵带出去也是一样，郭威就是在枢密使位置上黄旗加身的。

有鉴于此，郭威当上皇帝后便将从前的各支侍卫部队整合到一起，设立了殿前军，统官为殿前都指挥使、殿前副都指挥使和殿前都虞候，一把手殿前都指挥使由他的外甥李重进担任，由于郭威全家都被后汉隐帝杀死，所以后周开国后李重进就是和郭威血缘关系最近的了，可见郭威对这支新组建部队的重视程度。在他的支持下，侍卫亲军一家独大的情况被打破，形成了殿前军与侍卫亲军并峙的局面，殿前司也与侍卫亲军司合称"两司"，但这时殿前军的主要职能还是皇帝的警卫部队，在外面打仗的事儿还归侍卫亲军负责。

高平之战结果彻底改变了这种军力布置，侍卫亲军的逃跑溃败与殿前军的奋勇表现，使柴荣下定决心扩充殿前军，整顿侍卫亲军。赵匡胤在柴荣的支持下，对侍卫、殿前这两支禁军部队大力整顿，老弱病残的该回家的回家，该分流的分流，为了招募到年轻力壮能打仗的兵源，朝廷命令地方招募包括所谓"群盗"在内的山林亡命之徒，送到开封以充实禁军，称为"强人"；又从外面藩镇的部队里挑选人高马大、会打仗的充实到禁军当中。尤其是殿前军，这次大整顿后更是得到极大扩充，由只负责保卫皇帝安全警卫的部队变成了平时保卫皇帝、战时出征打仗的精锐禁军。

柴荣对这次的整军成果相当满意，又设置了殿前都点检、副都点检，位在侍卫亲军马步军都指挥使之上，其中殿前都点检由郭威的女婿，也就是赵匡胤的老领导张永德担任，首任长官李重进这时已被安排到了侍卫司担任一把手。至此，殿前军的创建基本完成，地位也凌驾于侍卫亲军之上。同时，柴荣还惊喜地看到，通过这次整军，天下精兵强将集中到皇帝手中，唐以来拥兵自重尾大不掉的藩镇军事实力也被大大削弱。

这次整军最大的受益者当然是柴荣，他从此拥有了一支"士卒精强，近代无比，征伐四方，所向皆捷"（《资治通鉴》语）的雄师劲旅，但实际上，得到实惠最大的却是赵匡胤。

如果说赵匡胤在高平之战中是以惊人的智勇名传后周军，那么在这次整军中赵匡胤则以非凡的治军能力令人刮目相看。由于拥有了人事任免权，赵匡胤不仅在禁军中树立了威信，还为将自己的影响渗透到禁军之中，埋下了种子。

说到赵匡胤的"铁杆儿"弟兄，就不得不说著名的"义社十兄弟"，他们是赵匡胤、杨光义、石守信、李继勋、王审琦、刘庆义、刘守忠、刘廷让、韩重赟、王政忠。赵匡胤投奔郭威的时候，郭威还是后汉的枢密使，率领着大军正打算去潼关讨伐叛变的节度使李守节。有一种说法认为"义社十兄弟"就是在这一时期形成的，还有一种说法则认为是赵匡胤在奉命整军时形成的。不管是哪种说法，这些人的关系很"铁"是肯定的，他们有着相似的经历，起初都是郭威帐下的小兵或小头目，同是起于行伍、血战于沙场，而因为智力、武力、胆魄、运气等各种因素的不同，他们的人生轨迹也便有了不同。幸运的是，他们中竟没有一人在腥风血雨中丧生，这不得不说也是个奇迹了。这些人大都在赵匡胤整军中被提拔到重要岗位，并且在6年后那场代周建宋的政变中发挥了重要作用。作为带头大哥的赵匡胤也非常宽仁大度，没有遵循古代帝王"狡兔死，走狗烹"的老路，而是尽量保全了他们，让他们大都能在有生之年，尽享荣华，富贵终年。

后周世宗柴荣不是一个守成的皇帝，在五代帝王中，他是最具雄才大略的一位，即使是在整个中国历史上，也可算是一位很有作为的政治家。他的前任郭威在位期间，虚怀纳谏，生活节俭，革除弊政，惩治贪官，废除苛捐杂税，奖励发展生产。柴荣在继承郭威改革的基础上，把改革进一步推向深入。即位的第二年，他便下令朝官，每人撰写一篇《为君难为臣不易论》、一篇《平边策》，对治理国家和统一全国提出自己的建议，以便在决策中作为参考。

从唐末藩镇割据到后周建立，长期社会动荡、战乱频仍、田地荒芜、百姓流离，所以柴荣首先要解决的就是民生问题，他鼓励百姓耕种荒地，颁布新的土地政策使大批流民重归田亩。他还下令严厉整顿佛教团体，停废寺院3万多所，勒令僧尼还俗数十万人，全国仅余不到2700所寺院，6万多僧尼，解放了大量劳动人口，减轻了国家负担。针对五代时期天下法治混乱，藩镇草菅人命、官吏徇私舞弊的情况，柴荣在全国制定颁行《大周刑统》，作为官员行为的准绳。经过一番整饬吏治，后周的政治风气日益清明，也给他平定天下的梦想创造了前提条件。

柴荣该准备的都准备好了，下一步就开打吧。赵匡胤是他的勇将，也是他的智囊。

柴荣的兵锋，首先指向了后蜀的秦州（今甘肃天水）、凤州（今陕西凤县）、成州（今甘肃成县）、阶州（今甘肃武都）四州之地。后蜀是后唐的剑南节度使孟知祥建立的国家，首府成都。后晋末年，后蜀趁中原内乱，将这四州占为己有，由于后蜀认为这几块土地反正是趁乱白捡的，所以统治得并不上心，弄得民不聊生，怨声载道。后周建立后，不断有人逃到开封，要求出兵赶走后蜀。

后周显德二年（955），柴荣任命大将向训、王景领兵出发，收复四州之地。后周军队先攻下了秦州以东黄牛寨等地，后因蜀将坚守，加之地形复杂，运输困难，战争进入相持状态。这时，朝臣中罢战之声响起，很多人主张收兵回朝。但柴荣却不甘心就这样撤回，于是派赵匡胤前去观察形势以决定是否撤军。赵匡胤星夜兼程赶到前线后，深入前沿，经过细致的调查研究，认为四州之地不难攻取。回朝后赵匡胤据实上报，使柴荣坚定了信心，并根据赵匡胤的建议，调整了兵力部署。

而后，重振士气的后周军队又擂响了进军的战鼓，一战大败蜀兵，俘获将卒三百。同时，后蜀派来救援的部队也被后周军击败。秦州节度使韩继勋见后周军势大，弃众逃回成都，部下随即开城投降。成、阶二州的守军见秦州投降，也相继请降。三个月后，凤州也被攻克。至此，四州尽入后周的版图，周世宗柴荣进行的统一战争，首战告捷。赵匡胤虽然没有直接领兵作战，但他在前线的考察和向柴荣的建议都起到了十分重要的作用。

在夺取后蜀的四州后，柴荣又将下一个进攻目标瞄准了南唐。

三、三征南唐树威名

南唐是五代十国时期李昪在江南建立的政权，是十国中版图最大的。李昪原是当时南方割据政权吴国的权臣徐温的养子，被改名为徐知诰。徐温虽然有好几个亲儿子，但没一个比得过徐知诰。最终，徐知诰夺位成功，建立了齐朝。两年后，徐知诰自称唐朝之后，复名李昪，国名易齐为唐，定都金陵，史称南唐，李昪也被后世称为"南唐先主"。

李昪死后，他的长子，也就是被后世称为"南唐中主"的李璟即位，李璟执政初期着力向外扩张，当时中原正乱得厉害，也没人理会这个小国，结果南唐一下子成了当时数一数二的强国，疆域东及衢婺，南及五岭，西及湖湘，北及长淮，割据三十多个州，广阔数千里。

由于连年征战，南唐国库消耗殆尽，同时那些新征服的地区又反叛四起，使军队疲于奔命，对军事完全外行的李璟也就逐渐对扩大疆域的事失去了兴趣，他甚至天真地发誓要终身不言兵、不用兵，只要"保境息民"就好，平平安安过完这一辈子。

政治家的天真十有八九会铸成大错。

后周的建立，使李璟一厢情愿但求安稳的愿望化为泡影。南唐不想统一中国，后周却胸怀壮志，准备拿实力最强的南唐开刀了。柴荣先后三征南唐，而赵匡胤，则是柴荣的智将、勇将与福将。

一开始，柴荣任命将军李谷率军进攻南唐，李谷是一位很有能力的将领，一路顺利，进军到淮河北岸的重要渡口正阳（今安徽寿县西），本以为会在淮河边与南唐军队进行一场恶战，结果后周军惊喜地发现正阳并没有南唐军队。这下尴尬了，原来，每年冬季淮河浅涸，南唐都要发兵戍守，称为"把浅兵"。可在军事重镇寿州（今安徽寿县）驻守的监军吴廷绍不顾寿州守将刘仁赡的坚决反对，以疆场无事，奏请撤戍，而糊涂的李璟竟然批准了。

遇到这样的大便宜事，后周军马上在正阳赶造浮桥，畅通无阻地来到寿州城下。但在寿州城下，后周军却遇到了最顽强的抵抗。镇守寿州的刘仁赡不负名将之名，他精通兵法、治军有方，面对如潮而至的后周军，镇定自若，不慌不忙地部署着守城事宜，随之，南唐三方援军各就各位。李谷看见形势不妙，为避免后周军陷入内外合围的困境，于是赶紧焚烧粮草，退守淮水西岸的西正阳。

看到寿州的战局陷入僵持不下的境地，柴荣坐不住了，他又一次决定亲征，当然赵匡胤肯定也得随同出征。柴荣命令李重进先率领部队出发，迎击寿州援军，解李谷之困。李重进刚率领部队渡过淮河，就和南唐所派援军刘彦贞的两万部队遭遇，刚刚经过整军的后周军队士气大盛，锐不可当，南唐军被斩首万余级，伏尸三十里，主将刘彦贞战死。

柴荣到达寿州城下后，命令各军继续围困寿州，攻城昼夜不息。但刘仁赡拼命死守，后周军久攻不下，柴荣一看这么僵持下去也不是办法，于是决定先分兵攻取寿州周围的其他州县，扫清外围，切断外援，孤立寿州，待其弹尽粮绝、孤立无援时，再一鼓而下。柴荣将外围的打击目标首先确定在滁山，这里驻扎着万余南唐兵，柴荣将这个重要的任务交给了他最赏识的赵匡胤。

这是史书记载的赵匡胤第一次独立带兵打仗。

而赵匡胤也向柴荣展示了他不仅勇猛过人，玩起谋略来也是一把好手。

赵匡胤先在涡口（今安徽怀远东北）布设埋伏，然后派遣百多名骑兵直冲敌阵，边战边退，引蛇出洞。南唐军不知是计，随后尾追，一下钻进了赵匡胤的口袋之中。赵匡胤率领伏兵一齐冲出，大败南唐军，杀死统军将领何延锡，夺得战船五十多艘，后周军大获全胜。

后周要切断寿州外援，首先必须攻克滁州（今安徽滁县）。滁州不但是淮河南岸军事重镇，更是南唐都城金陵（今江苏南京）西北的天然屏障。攻克滁州，不仅可以断绝寿州外援，更重要的是控制了南下长江的门户，南唐在此驻有重兵。关于滁州的地势，欧阳修曾在他的千古名篇《醉翁亭记》开篇指出："环滁皆山也。"尤其是后周军队即将攻打的清流关，形势险要，易守难攻，且有刚从正阳东面撤退下来的皇甫晖、姚凤率部把守，因此，攻克滁州并非易事。

这一重担，再次落到了赵匡胤的肩上。

赵匡胤从涡口向东南进军，急进奔袭清流关。南唐守将皇甫晖听说后周军前来，布阵于山下，准备截击赵匡胤。看到南唐军有所准备，赵匡胤决定还是玩儿点谋略，他一面命令部队就地扎营，做出与南唐军决战的架势，一面亲率一支精兵抄小路埋伏到南唐军的后面，然后突然发起攻击，皇甫晖猝不及防，仓皇逃入滁州城。

赵匡胤率领部队追到城下，要皇甫晖赶快投降。皇甫晖站在城头，高声叫道："我俩各为其主，要我投降那是万万不可能的。但如果你还是个英雄，就让我率部出城，列好阵势，堂堂正正地一决高下，像刚才那样靠玩弄阴谋诡计取胜，算得哪门子好汉！"赵匡胤一听，微微一笑："那好，我就答应你，等你出城列阵，我们再一决雌雄。"于是，一根筋的皇甫晖先生觉得报仇雪恨的时候终于来了，便让手下打开城门，率众而出，哪承想由于人马众多，城门附近拥挤不堪，乱成一团。赵匡胤一看敌军乱了，这么好的时机稍纵即逝，等着人家列好阵再打黄花菜都凉了，于是他跃马直冲皇甫晖，他的部队紧随其后猛扑南唐军。赵匡胤左冲右突，一面砍杀一面高声叫喊："我只取皇甫晖一人首级，与其他人无关，赶紧放下武器！"南唐军毫无准备，在骤然打击下，六神无主，惊慌失措。赵匡胤乘机冲到皇甫晖面前，一剑砍中他的头部，士兵们一拥而上，将其活捉。南唐另一主将姚凤，也稀里糊涂地当了俘虏。南唐军见主将被俘，一哄而散，后周军一举攻下滁州城。

各地后周军乘胜追击，连下数城，一时之间，淮南之地有一半都被后周占领了。这下轮到南唐的中主李璟坐不住了，派使者商请柴荣退兵，并答应将南唐在长江以北的十四个州中割让六个，但柴荣的胃口可不止这么小，眼看着战局对后周有利，他提的条件是将这十四个州都给我的话就罢兵，结果李璟不干了，谈不拢的话就接着打吧。

南唐派大将陆孟俊展开反攻，进逼扬州。后周在扬州的守将是韩令坤，韩令坤是赵匡胤的发小，就是前面说到跟赵匡胤一起赌博并争相捉雀弄塌房子的那哥们儿，虽然不是"义社十兄弟"的一员，却也是赵匡胤最亲密和信任的朋友之一。韩令坤本是一位很能打的将领，但看到陆孟俊来势凶猛，再看看自己手底下的这点人马，经过一番激烈的思想斗争后，他还是决定舍弃扬州逃跑。

扬州是江北重镇，一旦被后唐军复夺，前面的胜利可能都会付诸东流。柴荣一面命张永德领兵救援，一面派赵匡胤进驻六合（今扬州西北），兼援扬州。赵匡胤率步骑两千，星夜兼程驰至六合。刚到六合就听说韩令坤已弃城西走，赵匡胤马上命令全部两千步骑军扼守要冲，阻住扬州溃军，传令道："扬州军左足踏上六合地界者，砍去左足！右足踏上六合地界者，砍去右足！双足踏上六合地界者，双足俱砍！"

赵匡胤又马上派人给韩令坤送信，以报主效忠、友情乡谊和气节名声晓以利害，韩令坤知道赵匡胤从小到大都是一个说到做到的人，而且在这样的关键局面下肯定不会徇私情放自己一马，正在思前想后，恰巧张永德援军开到，于是韩令坤复入扬州，坚意固守。第二天陆孟俊率军到达扬州，韩令坤为将功折罪，异常勇猛，陆孟俊反被韩令坤打败。

南唐军一看扬州难惹，就把目标转到了六合。李璟的弟弟，齐王李景达率军两万来到距六合二十里处，不走了，就地挖坑埋桩、安营扎寨，准备和后周军打持久战。

这种情况使赵匡胤的一些部将产生错觉，以为南唐军被后周打怕了，李景达不敢与后周军交锋，所以他们便极力请求马上出击敌军。身为统帅的赵匡胤却很冷静，看看自己手下的两千士兵，他没有盲目附和这种轻敌情绪。他告诉下属，敌军设营扎寨，停滞不前，是摸不清我军底细而产生畏惧，我军就这么点人，如果马上主动出击，敌人就会知道我军人数不多，势必以多打少，拼命进攻，到时场面可能就没法收拾了，我们不如等等，等敌军沉不住气向我们主动进攻后，我们便可以出奇兵制胜。

老狐狸赵匡胤的这种以逸待劳、后发制人的策略是完全正确的。几天后，李景达沉不住气了，决定主动开始进攻。赵匡胤见时机已到，立即号令全军出击、一鼓作气将南唐军的进攻队伍冲乱，李景达见后周军如此不要命地往前冲，也不知后周军到底有多少，顿时乱了方寸，竟不知如何指挥了，南唐军队阵容随之大乱。赵匡胤一面指挥部队作战，一面仔细留意战场局势的变化，发现作战不力或者胆小怯战的士兵，他便赶到那名士兵的身边，用剑在士兵头戴的皮笠上划个记号。

第一天战斗结束，由于交战双方一边人数占绝对优势，一边战斗力超强，所以互有胜负。赵匡胤收兵后的第一件事就是查看哪些士兵的皮笠上有剑痕，一下子查出几十个，赵匡胤在向全军将士宣布原因后，将这几十人全部斩首，这一下全军震动，剩下的一千多士兵再也不敢贪生怕死。

第二天，多少摸到一些赵匡胤底细的李景达继续率军进攻，可两军刚一接触，李景达就发现情况不一样了，后周军明显比昨天更玩命，一味拼命死战——这也没办法，如果谁的帽子上再被赵匡胤划上一下也得没命，这么算一下还不如拼命杀敌呢，打赢了有奖赏，战死了还有抚恤金，结果南唐军大败，五千多人被杀，剩下的渡江逃跑，因为争船而落水者不计其数。

赵匡胤凭借冷静的头脑和卓越的指挥技术、治军本领，以两千兵力，打败了南唐两万精锐部队，创造了以少胜多的奇迹。至此，南唐救援寿州的军队基本被全部打残。尽管外围作战取得了胜利，但由于刘仁赡的坚守，柴荣意识到要拿下寿州还不可能在短期内实现，于是他留下李重进继续围困寿州，自己带着赵匡胤回到开封，柴荣第一次征南唐告一段落。通过这次战争，柴荣发现后周竟然还没有一支能拿得出手的水军，这在与南唐的战争中始终处于劣势,于是他开始建立水军,并在汴河边设立造船厂,边造船边训练水军。

在后周与南唐的第一次较量中表现最耀眼的明星无疑是赵匡胤了,他先后在涡口、清流关、滁州、六合四地,四战四捷,以少胜多,并成功制止了扬州撤退。柴荣回到汴京后,马上提拔赵匡胤为殿前都指挥使,由殿前司的第五把手晋升为第三把手。到第二年二月,柴荣看到船造好了,水军也训练得差不多了,那就继续拿南唐开刀吧。

柴荣第二次来到寿州前线,亲自指挥作战。在仔细研究战况之后,柴荣发现刘仁赡之所以能守住寿州,最大的原因就是还能得到外围的补给。原来,上次打了败仗的李景达又卷土重来,从濠州(今安徽凤阳东)派来了援兵,驻扎在寿州城南的制高点紫金山上,联结了十多个营寨,与城中声息相通,互相呼应,并修筑了一条通道通往寿州城,运送粮草,接济城中。柴荣决定首先切断这条运输线,最终实现对寿州的铁壁合围。

这一次,赵匡胤的表现依旧出色。他率军进攻的目标是紫金山下南唐的先锋营寨以及山北面的另一个营寨,将南唐军切成两段,使其首尾无法互相救援。

赵匡胤率领他的精兵果断出击,斩首三千,两寨皆破,寿州城顿时变成了一座孤城。一看目前的阵势,南唐军内部又发生分裂,万余士兵向后周军投降,其余部队顿时慌乱,柴荣抓住这一有利战机,乘势向寿州城外的南唐军发动全面进攻,在开封训练的水军也初露锋芒,水陆两路夹击,使南唐援助寿州的外围部队被包了饺子,几乎遭遇全歼。这次战役,后周军共消灭和俘虏南唐四万余人,缴获战船、兵器不计其数。

苦苦支撑了一年多的寿州孤军再也撑不下去了，而此时的守将刘仁赡也是心力交瘁、诸病缠身，听到援兵被歼的消息后，仰天长叹，病情骤然加重，不省人事。刘仁赡的部下趁机开城投降，淮南重镇寿州终于被后周军占取。柴荣凯旋，班师回京。

半年后，柴荣第三次亲征南唐，矛头指向尚未征服的濠州和泗州。赵匡胤率部任前锋，向濠州进发。南唐军在城东北的十八里滩上建立营寨，这里四面环水，是一道天然屏障。柴荣见水深难渡，便命令士卒乘坐北方运来的骆驼向营寨发起进攻，因为骆驼腿长，渡河比战马涉水深，放在队伍最前面保护后面的部队，同时命赵匡胤带领骑兵跟在后面。结果赵匡胤直接策马跃入河中，反而跑到了骆驼的前面，跟在他后面的骑兵一看前锋将军如此神勇，也都争先恐后策马向前，营寨一下就被攻破。南唐战船见状急忙上前包围，却被赵匡胤杀得七零八落，七十多艘战船化为灰烬。接着后周军沿淮河水陆齐进，逼近泗州城（今安徽盱眙北）。赵匡胤率领前锋，先焚烧了城门，泗州守将被迫投降，泗州被后周军占领。

后周军从这里向东，兵分两路，柴荣亲自率军在淮河之北，赵匡胤率军在淮河之南，在两岸夹河而进，一路上浩浩荡荡，所经之处，南唐兵闻风而逃。在楚州（今江苏淮安）附近，赵匡胤又打了一次胜仗，缴获战船三百余艘，俘获南唐军七千余人，还俘虏了南唐大将陈承昭，占领楚州。大军南向，势如破竹。赵匡胤率军又在迎銮口（今江苏仪征）击败唐军，乘胜追击，一直打到长江边上。不久，又在瓜步大破南唐战船一百多艘，南唐在长江以北还能打的部队基本都被后周消灭。

这回李璟被柴荣彻底打服，不得不向后周割地称臣，甚至称比自己还小五岁的柴荣为父。李璟把江北十四州全部割让给了柴荣，后周的疆域从淮河北岸推进到长江北岸，为北宋灭南唐打下基础，而伤筋动骨的南唐再无争夺天下的可能，只能混吃混喝，等着最后那一刀。

三次从征南唐，赵匡胤在后周树立了英勇无双、足智多谋的威名，他是柴荣的勇将、智将，关键时刻更是柴荣的福将，多少次，正是凭借他的智谋、勇猛，才扭转乾坤、化输为赢。柴荣对赵匡胤的信任、依赖日深。

后周三征南唐，看似赵匡胤舍生忘死地给柴荣打江山，可是当时谁又能想到，短短六年之后，这些土地却都姓了赵。所以，这个史实也告诉我们，一定要以十二万分的热情投入到工作当中，没准儿有一天，咱自己就成了老板本尊呢。

第二章

◎

黄袍加身

周世宗柴荣身边有一位深受倚重的智囊大臣，那就是博学善文、智略过人的王朴。王朴，后汉进士，公元951年时就跟随柴荣。王朴与赵匡胤这一文一武就是柴荣的左膀右臂，使柴荣统治集团既能运筹于帷幕之中，又能决胜于千里之外。王朴所献《平边策》更是让柴荣击节叹赏，他提出统一天下"先南后北，先易后难"的战略思想为柴荣所遵循。在收取了南唐淮河流域的十四州土地后，柴荣又把下一个进攻的目标对准了被契丹占领的燕云十六州。

后周显德六年（959），北伐计划开始实施。三月十五日，柴荣最倚赖的文臣、此时已官至枢密使的王朴，竟然猝逝了！史料记载柴荣听闻此噩耗后，万分骇愕，以王钺叩地，恸哭不能自已，可想而知柴荣对王朴的感情之深。柴荣化悲痛为力量，亲率大军踏上了北伐的征途。

一、一块来历不明的木牌

同年三月二十二日,柴荣命令侍卫司都虞候韩通为前锋,率领水陆两军先行。七日后,柴荣也率大军从都城开封出发。

四月十五日,韩通奏报,已经从沧州(今河北沧州)打通水道直入契丹境的瀛(今河北河间)、莫(今河北任丘)二州。次日,柴荣到达沧州,并率步骑数万从沧州出发,直趋契丹之境。

四月二十日,柴荣又以韩通为陆路都部署、赵匡胤为水路都部署,水陆并进北伐契丹。北伐异乎寻常地顺利,后周进军神速,河北百姓竟然不知道有这次军事行动。二十二日,柴荣御龙舟沿流而北上,后周水师声势浩大,舳舻相连数十里。二十六日,后周军队抵达益津关(今河北霸县),契丹守将终延辉举城投降。过了益津关往西,水路渐窄,走不了大船,柴荣便命令全军舍舟步行,继续前进。二十八日,赵匡胤率兵至瓦桥关(今河北涿县南)时,守将姚内斌投降。接着,莫州刺史、瀛州刺史也举城投降。

这样,在短短的一个多月里,幽州以南的大部分地区被后周军占领,这一意想不到的顺利使柴荣非常兴奋,就在他准备一鼓作气拿下幽州的时候,却突然感到身体不适,在休养几天还是没有好转的情况下,不得不决定回军,准备养好了身体卷土重来,结果这一走却再也没能回来。

据《宋史》记载,在柴荣患病返回开封途中,发生了一件蹊跷事。有一天他在处理公文的时候,发现有一个皮袋子,打开后里面装着一块三尺长的木牌,上面竟写着五个字"点检做天子"!然后,盛怒之下的柴荣便将时任殿前司都点检的张永德明升暗降，夺了张永德的军权，由对自己忠心耿耿的赵匡胤接任张永德的职务。赵匡胤一转身，成了殿前司的一把手，也为后来他的"黄袍加身"扫清了障碍，创造了条件。

这件事在《宋史》和《旧五代史》中都有记载，所以关于这块蹊跷木牌的说法也是众说纷纭。支持率最高的说法是，这块木牌是时任殿前司都指挥使的赵匡胤在背后向他的老上级张永德亮出了刀子，买通柴荣身边的侍从放的，然后故意让柴荣发现，结果张永德便糊里糊涂地丢了军权。

还有一种说法与此相似，只不过背后操盘的不是赵匡胤，而是李重进。说的是李重进想排挤掉张永德，便设计了这个木牌事件，结果张永德还是糊里糊涂地丢了军权。

下面，让我们戴上侦探的绅士帽，拿出放大镜，来分析一下两种说法是否成立。

我们先来追查一下这块木牌是否真的存在。柴荣发现的是一块木牌，而且是在处理公文的时候发现的，设身处地地想象一下，当时的柴荣正在回开封途中，他是在病得非常严重的情况下不得已才撤军的，所以一般鸡毛蒜皮的小事是不可能惊动柴荣的，一个病危的人最需要的是治疗和休息，非得他亲自处置不可的事一定是极其重要的军国大事，能报到他手里的公文一定都是经过随军大臣仔细酝酿和挑选的，怎么可能让一个来历不明的皮袋子出现在皇帝手中，而且那块木牌竟然还长三尺，如果是一张二指宽的字条混在公文里还说得过去。我想柴荣如果真的看到木牌，要做的第一件事肯定不是对付张永德，而是要换掉身边的侍从人员，因为如果真有这块木牌，递牌子的侍从就是最大的怀疑对象。然而在史书中，并没有关于木牌来历的任何记载。

再说柴荣。柴荣是公认的"五代第一明君",他的雄才大略和为政举措前面都详细介绍过,这是一个平生有进无退、坚忍不拔、战无不胜、不达目的决不罢休的强势皇帝。但柴荣不是刘彻,不是那个上了年纪后整天疑神疑鬼、连亲生儿子都不信任,因为几个木头人就害死自己儿子的汉武帝。刘彻怀疑自己的儿子是因为宠臣江充的诬告,好歹还有个人证物证,柴荣虽然这个时候患病,可能有些情绪波动,但怎么可能看到一块来历不明的木牌就夺了掌控国家一半禁军的张永德的军权。而且张永德是郭威的女婿,和柴荣还有亲戚关系,无论是郭威称帝还是柴荣几次亲征,张永德都表现良好,履行了一名武将应尽的责任。也许有人会说柴荣是担心自己死后张永德这个"点检做天子",那为什么他在夺了张永德军权后改派赵匡胤继续做点检,他就不怕赵匡胤这个"点检"继续"做天子"吗?而且"殿前司都点检"这个官职是柴荣几年前为了提高殿前司的地位刚刚设立的,如果怀疑"点检做天子",那么把这个职务撤掉不就没有安全隐患了吗?

还有本案的重大嫌疑人赵匡胤。赵匡胤当时的职务是殿前司都指挥使,前面介绍过,这是殿前司的三把手,如果真是赵匡胤放了一块木牌,那么凭什么他就敢断定张永德之后接任殿前司都点检的人选一定就是自己,万一是一个与他不睦的,岂不是更加糟糕。张永德一直是赵匡胤的上级,而且对赵匡胤非常好,两人的关系非常铁。赵弘殷过世不久,赵匡胤的夫人贺氏也因病去世了。赵匡胤这时已经是禁军的高级将领,来为他做媒续娶的人很多,没多久赵匡胤就准备娶将军王饶的女儿做继室,但他平时为官廉洁,又生性豪爽仗义疏财,所以积蓄不多,张永德一下子就赠送赵匡胤价值几千缗金帛,让他风风光光地办了个婚礼,这样倾力相助不是一般朋友所能做到的,后来赵匡胤当了皇帝也没有向这位前朝老臣动屠刀,而是每次见面都喊张永德"驸马",始终以兄待之。

再说说本案的另一位嫌疑人李重进。李重进是郭威的外甥,当时的职务是侍卫司都指挥使,也就是侍卫司的一把手。因为当时的禁军只有侍卫司和殿前司两支,所以他和张永德平时在工作上有个竞争打压或磕磕绊绊都很正常。因为都是军人出身,两个人的性子都很直率,《宋史》记载张永德在下蔡(今安徽凤台)驻防的时候,每次和属下将领吃饭都要大骂李重进,后来还借着酒劲说李重进这个人肯定有奸谋,听得这些手下一个个冷汗直流,您二位大人闹别扭可别牵连到我们啊!后来张永德为这事儿还专门给柴荣写了密信,但柴荣看看也就扔一边了,根本就没当回事儿。但李重进听到这事儿后却做出了一个让人意想不到的举动。他没有向柴荣打张永德的小报告,更没有带着手下找张永德理论,而是单人独骑来到张永德营中,他命人拿酒来,边喝边和张永德说:"咱们两个都是国家手握军权的重臣,应该勠力同心为国家效力,你怎么能这么怀疑我呢?"看到李重进的胆识和气魄,张永德也觉得这么做确实有些过了,于是二军皆安,这件事也就过去了。所以李重进连张永德的军营都敢一个人去,说明他是一个有胆量、直爽的人,也犯不上用木牌这么下作的手段来设计张永德,有啥事儿直接说就完了。

所以,木牌和可能作案的嫌疑人都分析过了,我更认可另一种说法:这块木牌根本就不存在,是后人为了增加赵匡胤当皇帝合法性的又一种杜撰而已,以这种谶言的方式说明赵匡胤当皇帝是天意,至于为什么能正儿八经地写入史书,连出生身带异香这么神奇的事件都能写进去,一块普通的木牌又有什么不能的呢?

不管这块蹊跷的木牌是不是真的存在,但这个悬案的受害者张永德却实实在在地被柴荣解除了兵权,这又是怎么回事呢?这还得从柴荣的托孤计划说起。

二、一个缜密的托孤计划

柴荣的病情恶化得非常迅速,他自己也意识到将不久于人世,最让柴荣放心不下的是他的继承人问题。没办法,柴荣当年跟着他的姑父郭威打江山,后汉隐帝刘承祐在杀害郭威一家的时候,把柴荣的妻子和两个儿子一个女儿也都杀掉了,后来柴荣虽然续娶并连生了四个儿子,但此时年龄最大的柴宗训只有7岁,在五代十国这样一个乱世,让一个乳臭未干的小孩子当皇帝,主少国疑,整个后周王朝也可能陷入风雨飘摇之中。于是,柴荣拖着病体,开始谋划他的托孤大计,尽自己的最大努力延续柴氏江山。

柴荣首先将符氏立为皇后,封年幼的皇长子柴宗训为梁王,准备接班。柴荣登基后所立的皇后也姓符,是这位符氏的姐姐,可惜这位符姐姐只当了两年皇后就驾鹤归西,之后柴荣一直没有再立后,在柴荣生命的最后日子,柴荣立了符氏的妹妹为皇后,当然,并不是因为柴荣和两位符皇后感情有多深,而是因为她们的父亲、魏王兼天雄军(今河北大名)节度使符彦卿是个非一般的人物。

这位符彦卿也是五代十国时期的一位传奇人物,如果说冯道是五代十国时期最成功的文官,那符彦卿绝对是五代宋初最成功的武将。这位符彦卿从 13 岁被李存勖看中召为贴身护卫开始，一直到赵匡胤的弟弟赵光义当皇帝，始终以武将的身份为各位皇帝效命。符彦卿忠于皇帝，但不限于某一位皇帝，而且他每次都能出色完成皇帝交给的任务，尤其是在和契丹的战争中，符彦卿作战勇敢，几乎每战必胜，以至于契丹军对符彦卿畏之如虎，连遇上马匹生病都会怀疑是否是符彦卿在作怪。所以，虽然皇帝像走马灯一样经常更换，但每位皇帝都对符彦卿特别器重，他先后三次封王，两个女儿成为柴荣的皇后，一个女儿成为赵光义的皇后，77 岁时寿终正寝，可谓绝对的人生赢家。

柴荣当皇帝时，老丈人符彦卿出任天雄军节度使，天雄军地理位置重要，北可抵御契丹入侵，往南可牵制京城开封兵变。柴荣在临终时再次将符彦卿的女儿立为皇后，也是想拉拢符彦卿，希望这位老丈人能帮助外孙守好北大门。不过柴荣也不可能让老丈人一家独大，他也为儿子物色好了几位顾命大臣。

柴荣最信任和倚重的文官是王朴，可惜王朴已经猝逝，"蜀中无大将，廖化作先锋"，柴荣于是挑定范质、王溥、魏仁浦三人并列为相，组成了托孤的文臣班子。这三位宰相中，排名第一的范质博学强记，清正廉洁，当官多年从不收受贿赂，还常常将自己的俸禄和赏赐赠送给孤寡之人，就连他的侄子想求他在仕途上帮忙提携一下，也被范质婉言拒绝。范质优点突出，但缺点是性格暴躁，爱当面驳责同僚，使对方屈服。因此，范质在人品上虽无可挑剔，但在处理人际关系上却存在弱项。

排名第二的王溥是一位史学大家，编撰了《世宗实录》《唐会要》《五代会要》三部史籍，他为人宽厚，也非常廉洁，但缺点是吝啬，柴荣正是看中王溥这个缺点，认定他不会拉帮结派搞小团体，所以让他担任托孤大臣。

排名第三的魏仁浦是一位谦谦君子，他的优点很多，如清静俭朴、廉洁忠诚、宽容大度、能言善辩、足智多谋、与人为善等，除了这些，柴荣还觉得魏仁浦起身于刀笔小吏，没有过多的政治背景，更不容易形成政治集团威胁到国家政权。

托孤的文臣介绍完了，下面介绍一下武将。

柴荣首先夺了张永德的军权，却并不是因为那一块来历不明的蹊跷木牌，其中真正的原因，我更相信南宋人徐度在其笔记《却扫编》中记录的一个故事。《却扫编》多载宋代朝廷典章和人物逸事，对五代事也有所涉及，具有较高的史料价值。此书写到，柴荣因病回军走到澶州（今河南濮阳）时，在这里停留休息了几天，因为病得很严重，所以柴荣连宰相近臣都不接见，张永德既是殿前司的一把手，又是郭威的女婿，只有他可以进入卧室面见柴荣。看到柴荣的病情没有好转的迹象，群臣就对张永德说："现在天下还没有平定，四周的小国和一些地方势力还对我们虎视眈眈，澶州离开封甚远，如果京师发生什么变故，我们肯定鞭长莫及，不如赶快返回，才可以安定人心。"张永德也觉得很有道理，便把这话告诉柴荣，希望他可以尽快返回开封。柴荣听了后就问张永德："这话是谁让你说的？"张永德回答："群臣都这么说，大家都希望赶紧回京。"柴荣久久地盯着张永德，长叹一声说："我就知道这话肯定是有人教你说的，你太不了解我了！你这人太没主心骨，这是你最大的毛病！"

柴荣说这番话的语气很重，明显表现出对张永德的不满和失望，他认为张永德太缺少主见了，这种人太容易被人蛊惑利用，柴荣如果活着当然不怕，但如果是7岁的柴宗训做皇帝，用这样没主见的人掌管禁军实在太危险了，也许张永德本人没有野心，但在旁人的唆使下却太有可能做出不臣之举。所以柴荣下令立即回京，到京后便任命张永德为检校太尉、同中书门下平章事，解除了张永德的军权。

接着，柴荣任命赵匡胤接任殿前司都点检，使赵匡胤由殿前司的三把手一跃成为一把手。柴荣从始至终都信任赵匡胤，使赵匡胤从普通士兵到掌管禁军只用了不到十年时间，而赵匡胤也用他的忠诚和勇武帮助柴荣开疆拓土，从高平之战到北征契丹，每每在关键时刻发挥着别人无法替代的作用。最重要的是，赵匡胤给柴荣的印象始终是一个纯粹军人的形象，不参与政治，而且廉洁自律（收到李璟的3000两白金如数上交），公而忘私（老爹半夜来了也不肯违反法纪开城门），这样十全十美的好干部如果还得不到信任简直就没有天理了，所以柴荣万分放心地用赵匡胤取代了张永德。

《宋史》记载了赵匡胤的一段话，说赵匡胤刚当上皇帝时，喜欢微服出巡，一些大臣出于安全考虑就劝他不要总出去，赵匡胤却说："我能当上皇帝，那是天命所归，以前柴荣在位时，担心有人谋夺天下，见到将领中有长得方面大耳的，都会找个理由杀掉，我也是方面大耳，而且整天在柴荣身边转来转去，却没有被杀。"从这以后，赵匡胤微服出访更加频繁。

这个故事后来又被演绎得更加详细。据说有一次，柴荣请赵匡胤进宫喝酒，两人正喝得高兴时，柴荣仔细打量着已经喝醉的赵匡胤，突然说道："你这小子方面大耳，天生一副帝王之相，说不定以后能够当上皇帝呢！"赵匡胤顿时吓得汗流浃背，酒也醒了，立即跪地诚恳地说道："陛下！臣不仅长得方面大耳,而且还体壮如牛呢,但这些都是皇上您的,只要您需要,我随时都可以贡献出这一切。"这话让柴荣听了很受用,接着,赵匡胤又说:"我这副长相是父母生的,您能成为天子是天命所归,臣不能违抗父母之命,就如同皇上不能违背天命一样!还请皇上指点迷津,臣该如何做才妥当?"柴荣听后哈哈大笑:"这不过是酒后戏言,你何必当真!"

关于上面记载的真实性我们暂且不论,总之赵匡胤凭借着他在刀尖上跳舞的高超本领赢得了柴荣的信任。当然,对于表现良好的赵匡胤,柴荣也并不是完全信任,也做了防范预案。侍卫司的都指挥使李重进位高权重,虽然侍卫司的一把手在地位上略低于殿前司的一把手,但李重进是郭威的外甥,足以和赵匡胤互相制衡。他还将侍卫司都虞候韩通提拔为侍卫司副都指挥使,后来都指挥使李重进出镇扬州,韩通就成了二把手主持工作。韩通也是柴荣所倚重的重要将领,前文提过,柴荣北征契丹时,韩通先是作为前锋为柴荣开道,后水陆并进时,赵匡胤为水路都部署,韩通则为陆路都部署。韩通不仅战功卓著,而且被称为"明君心腹,圣代爪牙",对柴荣绝对忠诚。但韩通的缺点和优点一样明显,虽然勇武善战,却缺少谋略,而且说话特别直,不给别人留情面,一生气就瞪大眼睛,因此得了一个外号"韩瞠眼"。

柴荣深信,韩通这样的人更不可能拉帮结派,所以柴荣将调兵的权力交给了韩通,整个京城侍卫司和殿前军的部队只有韩通一个人可以调动。赵匡胤虽然成为殿前司的一把手,却没有调兵权,这就是柴荣对赵匡胤的防范和牵制。

以上就是柴荣在他生命的最后一个月绞尽脑汁设计的托孤方案,外有老丈人符彦卿这样的功臣宿将抵御契丹，内有文武两套班子维护政权稳定，而且这套方案还似乎能相互平衡牵制：如符彦卿既不会造自己女儿的反，其威信还能震慑其他地方节度使乖乖听话；三位辅政宰相虽然手握重权但都是文官，不掌控军队；赵匡胤虽然地位高、能力强，但是没有调兵权，能调兵的是一个脾气暴躁的武夫韩通，也成不了什么大气候。

柴荣用他最后的政治智慧编织了一张托孤的大网，希望可以将后周的天下延续下去。

柴荣试图创造一个地方节度使、宰相、禁军首领三方辅政的局面，但是他却忽略了最重要的一个因素——计划赶不上变化，且现在还是一个乱世，天下还没有归于一统，而且在经历了王朝的频繁更迭之后，更多的人选择了像冯道、符彦卿那样的生存方式：只忠于皇帝，但不是忠于哪位皇帝！也就是谁有能力当皇帝我就跟着谁干！所以指望一个幼小的皇帝和一个年轻的太后来统御群臣、治理天下，只能是柴荣一厢情愿的想法。

虽然这张大网只维持了半年，但是柴荣尽了一个帝王所能做的、最后的、也是全部的努力。后周显德六年（959）六月十八日，这位年仅39岁的皇帝匆匆走完了自己的人生路程。

柴荣曾问过王朴："你看我能当几年皇帝？"王朴精通玄学，答道："以我所学预测，可以当三十年。三十年后，我就不知道了。"柴荣听了非常高兴，向王朴吐露了他的理想："如果真的如你所说，我当以十年开拓天下，十年养百姓，十年致太平，足矣！"

柴荣计划用三十年经略天下，可老天只给了五年半。

如果柴荣不死，中国历史会怎样呢？

三、一场蓄谋已久的政变

后周显德七年（960）正月初一，这是柴宗训登基后的第一个新春佳节，朝廷大臣建议，打破新皇帝即位后次年改元的惯例，继续沿用柴荣的年号"显德"，希望柴宗训能够承继他父亲柴荣的事业，把后周江山一代一代传下去。

京城开封洋溢着一派节日气氛，正在这时，一份关于镇（今河北正定）、定（今河北定州）二州边关军情的紧急警报传到朝廷：契丹大军入侵，北汉也出军配合，联军正直奔开封而来！

刚刚8岁的柴宗训顿时吓得慌了神，辅政的两位书生宰相范质、王溥情急之下，也没有想到核实一下军情是否属实，便以柴宗训的名义下诏，命令赵匡胤率禁军北上御敌。不料，平时带兵打仗没二话的赵匡胤这次却说自己兵少将寡，朝廷还是派别人出征吧。此时已经方寸大乱的范质哪里会想太多，只要能让赵匡胤出征就行，于是他将韩通的调兵权赋予赵匡胤，可以自由调动全国的兵马。赵匡胤这才"勉为其难"地表示马上出征。

正月初二，赵匡胤先派遣他的副手、殿前司副都点检慕容延钊作为先锋领军出征。紧接着，开封城内就传出了"将以出军之日，策点检做天子"的爆炸性新闻，一时之间人心惶惶，满城风雨，老百姓心惊胆战，争抢着四处逃窜，京城陷入一片混乱之中。

不过说来也怪，这个消息在整个京城都传得沸沸扬扬，却偏偏没有传到太后、皇帝和宰相的耳朵里。正月初三，赵匡胤带着弟弟赵光义和主要幕僚赵普、楚昭辅等，率领大军浩浩荡荡地开出京城。为了稳住京城山雨欲来风满楼的紧张局面，赵匡胤对军队严加约束，军纪甚严，浮动的人心逐渐安定下来。

这时一个号称知天文、懂术数的军校苗训突然指着天上的太阳大喊，说他看见冉冉升起的太阳下面又显现一个太阳，二者相互缠斗了好一阵子，后来下面的太阳终于战胜了上面的太阳。

到了傍晚时分，这支队伍经过一天慢吞吞的行军，到达开封东北四十里的陈桥驿。大军刚驻扎下来，早晨"一日克一日"的说法就在军中流传开来，整个军营闹得沸沸扬扬。一些将士聚在一起大吵大叫："如今皇上年幼无知，不能亲自处理军国大事。我们这些当兵的在疆场冲锋陷阵，拼死为国效力杀敌，可又有谁知道我们的功劳？不如先立点检为天子，然后北征，也不算晚。"士兵纷纷喝彩附和。

当禁军的主要将领李处耘、李汉超、马仁瑀等鼓噪要拥立赵匡胤当皇帝时，赵普等人先是说赵匡胤对后周忠诚，谁提出拥立，就是十恶不赦的大罪。一看吓唬不住这群当兵的，赵普继而又说回师京城再议拥立的事。

最后，赵普对众人说："改朝换代，虽说是天命所决定的事情，但目前形势并不乐观，尤其开封更是乱不得，如果京城发生动乱，不仅会引来敌军入侵，还有可能会引起国内节度使的连锁动乱，这对我们大家都不利。所以无论发生什么，你们都必须严厉约束将士，不干抢劫百姓的事，只有汴京局面稳定，那么全国才会安定，大家也可以长保富贵。"这些将领一听觉得赵普的话讲得在理，都表示同意和支持。然后，一场兵变正式拉开帷幕。

当天夜里，赵匡胤的亲信郭延赟秘密返回汴京，通知留守的殿前司都指挥使石守信和副都指挥使王审琦把守好进出京城的大门，并做好迎接大军回京的一切准备。

然后赵匡胤手下的将士们环列军营，等待新的一天到来。外面折腾得这么热闹，身为主帅的赵匡胤在干什么呢？

答：昨晚喝多了，还没睡醒呢！

正月初四清晨，陈桥驿的军营响起欢呼声，声震原野，赵光义和赵普走入室内向赵匡胤报告。这时，诸位将领全副武装汇集到赵匡胤门前，一边叩门一边大喊："我们没有别的意思，就是要您来做天子！"

睡得迷迷糊糊的赵匡胤听见叫喊，赶紧披衣而起，醉意犹在地愣了一会儿，还没答话，就被诸将一齐簇拥至院子中庭。紧接着几名将士冲上前来，把一件绣龙黄袍披在赵匡胤的身上。就在这一刹那，庭院中欢声雷动，众将士一齐跪倒在地，高呼"万岁"，营寨的军士也群起响应，声传数里。

黄袍加身的赵匡胤在惊天动地的万岁声中被扶上战马，身边站着赵光义和赵普等一班亲信，他们将充满希望的目光投射到赵匡胤的身上，等待这位新皇帝发号施令。坐在马背上的赵匡胤先是清醒了一下，接着拉着马的缰绳高声说道："你们能听从我的号令吗？"众将士齐声回答说："我们一定服从命令！"

赵匡胤接着说道："现在朝中的小皇帝和太后，我以前曾经是他们的臣子，你们不得惊犯！朝廷文武百官，也都是我以前的同事，你们不得欺凌！进入京城后，你们不准肆意抢劫、为害百姓！听令者一定重赏，违令者格杀勿论！"

众将士当然无不允诺，于是赵匡胤整肃部队准备还京，并先派客省使潘美和心腹谋士楚昭辅快马先行。潘美负责到朝中通报"兵变"消息，楚昭辅负责到赵匡胤家中告知消息并安顿保护好家人。

这位潘美就是后来家喻户晓的潘仁美的原型，拜评书、小说《杨家将》不负责任的胡编乱写之赐，这位智勇双全、忠义宽厚的名将（后面会详细讲述）却硬被人扣上了大奸臣大奸相的帽子，实在是比窦娥还冤。

潘美入朝，这一天的朝会还没有结束，知道发生如此巨变后，满朝文武一下都没了主意，宰相范质抓住王溥的手腕，恨急交加地说："是我们仓促派兵出征，才导致了这样的后果，我们有罪啊！"由于范质用力过大，他的指甲深深掐入王溥的肉中，而王溥则呆若木鸡，对手上的疼痛浑然不觉。

得到郭延赟密报的石守信和王审琦早已做好准备，赵匡胤带领部队畅通无阻地回到开封城中。缓过神来的侍卫司副都指挥使韩通赶紧往家中跑去，准备先组织起家里的力量抵抗赵匡胤，不料刚跑到家门口，就和赵匡胤的部将王彦升撞个正着，王彦升跃马追上韩通，将其一刀杀死，而后杀其全家，这是此次兵变中唯一的流血事件。

赵匡胤的大军进入京城，果然军纪严明，秋毫无犯，全城秩序井然。赵匡胤命令将士解甲回营待命，他自己也带着几个亲随回殿前司府衙休息。

不一会儿，一些将士将范质、王溥拥到殿前司。赵匡胤一看见他们，就呜咽流涕道："我受先皇的大恩，但现在却被六军逼迫做出这么出格的事儿，实在愧对天地啊，但我是被逼迫的，请问两位宰相，我该怎么办啊？"

还没等范质和王溥说话，一名叫罗彦環的武将直接按剑上前，大喝一声说："我们这些当兵的没有主上，今天必须得有个人给我们当天子！"

赵匡胤斥责罗彦環退下，但罗彦環根本不听，依然拿着宝剑恶狠狠地盯着范质和王溥。范、王二人都是读书人出身，哪里见过这样的场面，吓得腿都软了，一时间不知如何是好。王溥的反应比范质快一些，见状先后退了几个台阶，向赵匡胤下拜，范质也明白了事情已经不可逆转，也跟着跪了下去，无可奈何地接受了这个事实。

范质不愧是经历过五代历练的老臣，在这种别无选择的形势下，他迅速调整了自己的思维，转到赵匡胤一边，对赵匡胤说："小皇帝柴宗训将他的皇位禅让给您以后，您应该像对待自己的儿子一样对待柴宗训，更应该像对待自己母亲那样敬重符太后，这才算对得起先帝对您的恩义。"赵匡胤郑重允诺，于是范质和王溥两人一起出来召集文武百官，举行禅位大典。

剩下宫中的寡妇孤儿，唯一能做的就是乖乖听话拱手让出江山。

可正当大家都忙活完准备进行皇位交接的时候却发生了一件尴尬的事情——没有禅位诏书。这就像我们现代人开会，到最后却发现需要会议讨论通过的文件却没有事先准备。正在笑话即将发生的时候，只见翰林学士承旨陶榖不慌不忙从袖中抽出一纸，说："禅位诏书我已经写完了。"于是，赵匡胤顺利加冕，登上皇帝的宝座。由于赵匡胤当初任归德节度使的地方在宋州（今河南商丘），于是定国号为宋，改元建隆，赵匡胤成为宋朝的开国皇帝，史称宋太祖。

以上是各类史书对赵匡胤黄袍加身的记载：无辜的赵匡胤在毫不知情的情况下被哗变的将士挟持，为了平息将士不满不得已而成为皇帝。

当然，这只是后代史官对胜利者完美人格的塑造，事实上，为了这一天，赵匡胤和他的幕僚们已经精心准备了很久。

柴荣最信任的武将是韩通和赵匡胤，一个他选对了人，一个他看走了眼。韩通是一个简单的武人，所以他将对后周的忠诚保持到了生命的最后一刻。而赵匡胤却不是一个简单的武将，他不仅作战勇敢、身先士卒，而且还急公好义、仗义疏财，有头脑，好读书，在军营里这很容易就能将一大群人团结在自己身边。

在高平之战后，赵匡胤担任殿前司都虞候，他先是利用奉旨整军的机会将一批中下级军官团结在自己身边，如著名的"义社十兄弟"，其中石守信、王审琦更是在赵匡胤黄袍加身返回京城时，帮助赵匡胤兵不血刃地进入开封。

柴荣病重时担心背景深厚但却没有主见的张永德可能受人指使而对柴家的天下构成威胁，所以选择了士兵出身的赵匡胤接替张永德，但实际上，此时赵匡胤的关系网比柴荣所知道的要复杂得多。

赵匡胤担任殿前司都点检以后，副都点检一职由慕容延钊出任，他们的关系非同一般，对慕容延钊，赵匡胤一直都是以兄待之，即便后来当了皇帝也依然如此。这时的殿前司都指挥使是石守信，都虞候是王审琦，副都指挥使没有记载，很有可能是空缺，这样整个殿前司的所有高级将领都是和赵匡胤关系很铁或者是赵匡胤势力圈子中的核心人物。

在侍卫司系统，原来只有韩令坤与赵匡胤有"兄弟"之谊，柴荣去世后，韩令坤出任侍卫司都虞候一职，同时，高怀德出任侍卫马军都指挥使，张令铎出任侍卫步军都指挥使，这两人一年后都与赵匡胤结为姻亲：高怀德成了赵匡胤的妹夫，张令铎的女儿嫁给了赵匡胤的三弟赵光美（赵光义即位后改为赵廷美），由此可见他们与赵匡胤关系之密切。这样，在侍卫司系统的五个高级职务中，赵匡胤的亲朋故友就占了三位。余下的两位，一位是侍卫司的马步军都指挥使李重进，他虽然是侍卫司的一把手，但"陈桥兵变"时正领兵驻守淮南扬州，京师中只剩下二把手、副都指挥使韩通，这位只会瞪眼的一介武夫当然难以同赵匡胤相抗衡。

不仅结交了一大批武将，赵匡胤又将一大批有本事的文臣用各种方法搜罗到自己身边。除了和他最亲密的赵普外，还将同为五代名将刘词幕僚的王仁赡和楚昭辅收罗到自己身边。王仁赡，字子丰，在刘词身边追随多年，赵匡胤很早以前就知道王仁赡的大名，刘词死后，赵匡胤请示柴荣后延纳王仁赡至其门下。

刘词的另一幕僚楚昭辅，前面提到过，在陈桥兵变时赵匡胤能派他提前进城保护自己的家人，可见对这个人的信任。楚昭辅，字拱辰，也是在刘词死后被赵匡胤安排到自己身边，《宋史》记载他以才干著称。

除了原来刘词的班底外，另有几位谋士也先后来到赵匡胤身边。一个是吕馀庆。吕馀庆历仕后晋、后汉、后周三朝，其才干被柴荣所知。后来赵匡胤领同州（今陕西大荔）节度使，听说吕馀庆有才，就用他为从事（州僚佐之名）。此后赵匡胤在别的州任节度使时，也都要把吕馀庆调到自己身边。一个是刘熙古。刘熙古善骑射，文武双全，赵匡胤领宋州节度使时，刘熙古出任节度判官，进入赵匡胤的班底。另一个是沈伦。沈伦初以教书为业，后来充当幕僚。赵匡胤领同州节度时，沈伦经人推荐来到赵匡胤身边，后来沈伦一直在赵匡胤身边担任从事，帮助掌理财货，颇为称职。还有一个是李处耘。李处耘以军事才能见长，曾是后汉及后周大将折从阮幕僚，后来折从阮死时，写遗表将李处耘推荐给赵匡胤任都押衙，是陈桥兵变的重要谋士之一。

经过多年的"有心栽花"，赵匡胤的身边可谓人才济济，既有冲锋陷阵的勇武将军，又有运筹帷幄的谋者智士。尽管他们有各自的特点，能力高下也不一般，但他们全都对赵匡胤忠心耿耿，为后来赵匡胤夺权固权奠定了基础。

俗话说"世上没有不透风的墙"，赵匡胤的这些动作当然不可能遮住所有人的眼睛。当时就有一个叫杨徽之的人向柴荣进谏，说赵匡胤在禁军中人缘实在太好了，这样的人不宜再担任禁军中的高级军官。但柴荣十分信任赵匡胤，况且赵匡胤那时还非常老实，这件事也就过去了。还有一个叫郑起的谏官也这样劝范质，范质同样不听。

这其中最值得一提的是韩通的儿子韩微。别看韩通本人是一介武夫，胸无点墨，可他的儿子韩微却足智多谋、心思缜密。韩微小时生病，落下终生残疾，成了驼背，京城人都称他为"橐驼儿"。他虽身有残疾，却很有谋略，经常劝他爹韩通早日下手除掉赵匡胤，否则将悔之不及。甚至在赵匡胤发动陈桥兵变前领军"出征"，到韩通家里辞行，韩微还劝告他爹这是除掉赵匡胤的最后机会，但韩通依旧不听，最后韩家父子都被王彦升所杀。

陈桥兵变，黄袍加身，尽管赵匡胤一再辩白，而且几乎所有的史料中都记载，他在整个过程中是被迫的，是无辜的，但当拨开历史的层层迷雾，从已经被修改得面目全非的史料中寻找真相的蛛丝马迹，就会发现，真实的历史可能会被修改，但绝对不能被掩盖。所以，尽管赵匡胤从当上皇帝就开始修改史书，篡改史料，但这又怎防得住众生之口，真相早已大白于天下。

这是一场蓄谋已久的军事政变。

证据一：黄袍。黄袍是什么？黄袍是皇权的象征，旧时百姓虽然也可以穿黄，但那是土黄、麻黄，与皇帝穿的黄袍完全是两码事，在皇权专制的时代，除了皇帝本人外，别说穿黄袍，就是自己做一件收藏也是灭族的大罪。所以赵匡胤手下的将士竟然能将一件做好的黄袍披在他身上，说明这件黄袍一定是事先准备好的，是早有预谋。相比之下，七年前郭威的那场"黄旗加身"倒更像是真的，因为毫无准备，只能将代表天子仪仗的黄旗扯下来应付一下。而赵匡胤则更像是配合大家演了一出好戏，连龙袍这样的违禁品道具都提前准备好了。至于他要这玩意儿干什么用，结果也就不言自明了。

明代人岳正对这件黄袍专门写了一首诗，正是对这件事情最好的注解：

仓卒陈桥兵变时，都知不与恐难辞。
黄袍不是寻常物，谁信军中偶得之。

证据二：辽朝和北汉的联军。如果追溯源头的话，赵匡胤这场陈桥兵变的导火索，就是契丹与北汉的联合入侵。那么，这场军事行动到底有没有呢？

遍翻史料，《旧五代史》《宋太祖实录》《资治通鉴》《续资治通鉴长编》与《宋史》，包括《契丹国志》，都清楚地记录了这件事情：后周显德七年（960）正月，北汉国主刘钧联合契丹一起入侵后周。在敌国权力交接、主少国疑之际，北汉联合契丹想一起占个便宜，的确很有可能。

但是这些书籍中,《旧五代史》是赵匡胤派人编纂的书籍;《宋太祖实录》,赵匡胤的弟弟赵光义和赵光义的儿子宋真宗各编了一本;其他如《宋史》《资治通鉴》《续资治通鉴长编》都是以前两本书的史料为基础。至于《契丹国志》,是南宋人叶隆礼编纂的,也有学者说是元朝书贾托名于叶隆礼,无论怎样,反正不是辽国人写的,其主要内容也是照搬《旧五代史》《宋太祖实录》等书,所以这些书籍里面的史料是存疑的。

而以辽朝皇帝实录为基础的《辽史》里又是怎么记载的呢?

后周显德六年是辽穆宗应历九年,我们来看看这年十二月至次年正月,当时的辽国皇帝辽穆宗都在忙些什么呢。辽穆宗就是每天喝了睡、睡醒了接着喝的"睡王"耶律璟,《辽史》关于这一个月事迹的全部记载只有80余字:"冬十二月戊寅,还上京。庚辰,王子敌烈、前宣徽使海思及萧达干等谋反,事觉鞫之。辛巳,祀天地、祖考,告逆党事败。丙申,召群臣议时政。十年春正月,周殿前都点检赵匡胤废周立,建国号宋。"可见,这一个月,辽朝廷忙着镇压内乱及善后,也知晓了赵匡胤废周建宋的事,《辽史》压根就没提及辽朝与北汉联合出兵的事儿。按理说,南伐这等大事应该是要记载的,只字没提,只能说明这事根本就没发生。

更蹊跷的事情还在后面,宋方史料记载,当赵匡胤的黄袍一加身,来势汹汹的契丹和北汉联军马上遁逃——竟然是被吓跑了。这样的事情你信吗?反正我不信。如果我是契丹将领,得知敌方发生如此惊天大事,不趁机入侵捞一票才怪,哪能空手而归。所以,契丹与北汉联合入侵这条紧急军情也是赵匡胤他们蓄谋已久策划出来的。

证据三:禅位制书。当一场突如其来的军事政变发展到最高潮时,竟然出现了早已经准备好的禅位制书。黄袍加身的赵匡胤被众将士"拥逼"着返回京城后，举行禅位大典，却发现少了将天下"过户"给赵匡胤的手续——禅位制书，在这个关键时刻，翰林学士承旨陶穀却从袖中取出早已准备好的禅位制书。虽然陶穀的官职是翰林学士承旨，撰写诏书本身就是他的专职，但试问谁又能没事儿写个皇帝将天下拱手送人的制书，这种东西就和黄袍一样，自己私藏都是灭族的大罪，所以这位陶翰林不是对赵匡胤的政变早有察觉就是赵匡胤集团的一员，早有预谋地备好了这篇关键的文章。

证据四：赵家人的反应。根据史料的记载，当赵匡胤黄袍加身的消息传到京城后，赵匡胤的母亲杜老太太竟然没有一点儿惊慌失措，而是气定神闲地说道："我就知道我的儿子是一个胸怀大志的人，今天果然成功了。"所以，如果不是事先知情，哪有儿子领兵造反，母亲还在家里谈笑风生的道理。正是"家母素知儿有志，他人却道帝无心。史官兼载非相牾，后世那知费讨寻。"（明·岳正）

不只是赵匡胤的母亲，他妹妹的反应也值得一提。在赵匡胤出征前夕，由于"点检做天子"的消息传得满天飞，最后连赵匡胤都知道了，这让他感到十分惊慌。没办法，历来搞个阴谋政变什么的，保密工作永远是最重要的，所以赵匡胤一看自己的保密工作做成这样，不郁闷恐慌才怪，于是就跑回家和家人诉苦，结果被他正在厨房擀面条的妹妹听见了，妹妹拎着擀面杖跑出来就给了她哥几下子，边打还边说："你们大男人在外面做事情，无论发生什么心里都应该有个数，怎么能跑回家里用这种事吓唬我们妇女呢？"从这个"女汉子"的话里，我们看出她比她大哥要镇定得多，而且对即将发生的事情也做足了心理准备。

证据五：政变成功后封赏。赵匡胤称帝后对禁军指挥系统进行了调整，晋升了直接参与兵变拥立他的六位主要将领：石守信、高怀德、张令铎、王审琦、张光翰、赵彦徽，但获得最高封赏的却是没有直接参与政变的韩令坤和慕容延钊两人。韩令坤被晋升为侍卫司的一把手侍卫司都指挥使，而慕容延钊替补了赵匡胤的空缺，担任殿前司都点检。

原来，早在赵匡胤发动政变的前一年冬天，赵匡胤就派韩令坤带兵去了河北巡边，因为河北对河南的影响太大了，而且还连着契丹，必须稳定。到陈桥兵变时，又派了慕容延钊带领先锋部队去了河北真定（今河北正定），既然没有契丹和北汉的联军入侵，那么他们在河北的唯一目的只能是将河北的局面控制住，赵匡胤才能放心地实施兵变。所以，从赵匡胤当了皇帝后的人事安排看，韩令坤和慕容延钊能得到如此晋升，他们在外围的保障作用实在至关重要。

至此，通过列举这几项证据可以证明，整个陈桥兵变就是赵匡胤蓄谋已久、自导自演的一场篡权大剧，虽然这是整个中国历史上"最文明"的一场军事政变，但它还是让赵匡胤背上了欺负小孩儿寡妇的名声。

四、一次流血最少的改朝换代

赵匡胤终于如愿以偿地登上了皇帝的宝座。这时，摆在他面前要他处理的事情实在是太多太多，然而最最紧迫的就是如何处置后周的皇室和旧臣。如果像以前的改朝换代一样杀的杀，贬的贬，那么势必会造成国家的动乱，宋朝就有可能成为继后梁、后唐、后晋、后汉、后周之后的第六个短命王朝。所以，维护朝廷和社会的稳定，在后周开创的事业基础上把大宋推上一个更高峰才是一个成熟政治家的选择。

赵匡胤采纳了臣僚的建议，奉柴宗训为郑王，尊符太后为周太后，迁居西宫，在生活上予以优待。郭氏、柴氏的后代，分别封官晋爵。若干年后，赵匡胤在一块石碑上留下三条遗训，其中一条就是："柴氏子孙如有罪也不得加刑，即使犯了谋逆罪也只能在监狱里赐他自尽，不能到刑场杀头，也不能连坐其家属族人。"后来的宋朝皇帝基本上都遵守了此遗训，柴家子孙与宋朝共同存亡。

柴宗训被迁往房州（今湖北房县）安置，后来赵匡胤又将他的启蒙老师辛文悦安排在房州任知州，他认为辛老先生是位忠厚长者，可以就近照顾和教导柴宗训。宋开宝六年（973），柴宗训病逝于房州，这位被夺了皇位的年轻人死后得到了皇帝的待遇，谥号恭帝。

除了柴宗训外，当时柴荣活着的孩子还有三个，柴熙让、柴熙谨、柴熙海。

《新五代史》记载，宋乾德二年（964）十月，"熙谨卒，熙让、熙海，不知其所终。"但据浙南各地卢氏族谱记载，柴熙海在陈桥兵变时由荣禄大夫、开国上将军卢琰收养为义子，改名卢璇，后来担任殿前防御使，并非不知所终。

也有人说柴熙谨被大将潘美收养为侄子，改名潘惟吉。据宋人王巩的《随手杂录》记载，陈桥兵变后赵匡胤带着范质、赵普、潘美等来到后宫，看到一个宫女抱着个小孩儿，就问这是谁？宫女回答说是周世宗的儿子，赵匡胤看了看范质和赵普，范质没说话，赵普说了声"杀了吧"，赵匡胤又问潘美,潘美不敢答话。赵匡胤叹了口气说:"拿了人家的皇位,又要杀人家的儿子,这种事儿我实在干不出来。"这时潘美才说道:"我和您当年都是周世宗柴荣的手下,对这个孩子我要是说杀吧,自己于心不忍;要说不杀吧,又怕您怀疑我有二心。"最后赵匡胤决定把这个孩子交给潘美抚养,之后,对这个事儿再也没有过问,后来柴熙谨改名潘惟吉,宋真宗时还被朝廷任命为生辰副使出使辽朝。但是也有学者质疑此记载不靠谱,所以,柴熙谨到底是不是潘惟吉,暂不敢断言。但此记载所反映的赵匡胤对于柴氏子孙的宽容应该是真的。

对于后周的臣子,赵匡胤全部予以录用。连宰相也是由范质、王溥、魏仁浦继续担任,几乎是"两朝天子一朝臣",保持了朝廷的稳定。对拥立有功的人,论功行赏,但对其中居功自傲的人,当即予以惩处。一天夜里,京城巡检使王彦升来到宰相王溥家,非要王溥接风慰劳,也就是想敲个竹杠发点小财。这位王溥我们前面介绍过,他非常吝啬,也就是抠门,王彦升欺负谁不好,非得欺负一个视财如命的人,那还不和你玩命?王溥硬是扛着没给,第二天还到赵匡胤面前告了王彦升的御状,赵匡胤毫不客气地将王彦升贬出京城。这一下举朝震动,留用的后周旧臣感到自己的地位有了保障,因而更死心塌地地跟着新皇帝干,朝中秩序很快安定下来。

说实话,对于这位王彦升,我一直觉得很无奈,兵变时候就是他替赵匡胤杀了一个必须除掉的人,结果却因为"杀人罪"没有得到提拔,估计是赵匡胤可能想等风头过了,政局稳定下来再提拔他,结果这位仁兄又在赵匡胤想收买后周旧臣人心的时候闯了个大祸,成了杀鸡儆猴的那只倒霉的鸡。

甚至对忠于后周臣子的不满情绪，赵匡胤也表现出足够的宽容。陈桥兵变后，宰相范质见到赵匡胤的第一句话就是："先帝尸骨未寒，你却夺了人家儿子的江山，你还算是个人吗？"就这么骂赵匡胤，赵匡胤除了边哭边说自己是被官兵逼迫外，愣是没剁了范质。后来范质服软拥护新朝廷，赵匡胤又给了他大量的赏赐。另一位宰相魏仁浦生病，赵匡胤亲自到府上看望，关怀得无微不至。

翰林学士王著，在后周时期深为柴荣赏识。有一次赵匡胤举行宴会，也不知这位王著是喝醉了还是故意让赵匡胤难堪，在宴会上大吵大闹，痛哭柴荣，赵匡胤让人将他扶了出去。后来有人说要处理王著，却被赵匡胤阻止，只是说："这个人就是个酒鬼，以前就这样，不用理他。"后来这事儿也就不了了之。赵匡胤对后周官员们的宽容举措，使朝廷迅速恢复到了日常的办公秩序，团结了社会精英阶层的力量。

对京城的百姓，赵匡胤采取的也是保护办法。赵匡胤虽然是向郭威学的军事政变，但他却并没有什么都学，比如纵兵抢劫这么缺德的事儿赵匡胤就没学。当年郭威黄旗加身后便公开许诺手下部队，攻下京城可以公开抢劫数日。后来部队开进开封，郭威手下的这群士兵几乎把京城抢成了一座空城，差点酿成灾难。

所以这次兵变，赵匡胤吸取教训，未入京城前就与官兵"约法三章"，不得欺负太后和小皇帝，不得欺辱大臣，不得惊扰百姓。所以赵匡胤的大军进入开封后，军纪严明，无所惊扰，迅速稳住了京城百姓的恐慌情绪，使京城百姓的日常生活几乎没有受到影响，得到了百姓的拥戴。所以陈桥兵变虽然也是一次军事政变，却在赵匡胤的约束下体现了一种文明和理性，绝对是历史上的奇迹。

赵匡胤这些宽容的举措使他迅速稳固了刚刚建立的大宋政权，应该说，历史选择了雄才大略的赵匡胤是中华民族的幸运，随着大宋开国，从安史之乱起就在血腥战乱中挣扎了二百多年的中原百姓，终于重新看到了太平盛世的曙光，一个文明安定和空前繁荣的时代即将到来。

第三章

◎

雪夜定策

赵匡胤决不愿意像五代乱世国君那样成为一个匆匆来去的过客，他要扫平天下，统一环宇，让大宋江山一代一代传下去，以至无穷。

朝廷和京城都安定了，下面就该收拾不听话的藩镇了，"老资格"李筠和"皇亲"李重进的反叛，都毫无悬念地被迅速荡平。在消除大宋内部的不安定因素之后，雄才大略的赵匡胤又将目光投向了全国的统一大业。宋建隆二年（961）冬天，一个大雪纷飞的夜晚，赵匡胤与宰相赵普进行了一次意义深远的谈话，"雪夜定策"确定了"先南后北"的统一战略，于是，实力最弱的荆湖地区成为赵匡胤首个打击的目标。

一、速平"刺头"李筠

宋朝建立之初，赵匡胤就派出许多使节，前往各地传达新朝廷的诏旨。但是，要让那些有兵有枪有粮的节度使们俯首帖耳，承认赵匡胤是他们的新皇帝，则要比朝廷的文官们困难得多。

在这些藩镇节度使中，有的本来就和赵匡胤关系不错，如正在北方巡边的镇安军（今河南淮阳）节度使韩令坤，重兵驻屯真定（今河北正定）的镇宁军节度使慕容延钊等，都是赵匡胤的铁哥们，他们接到新皇帝的诏书后，自然都欣然接受了。还有一部分节度使，对赵匡胤建立的新王朝持观望态度，但他们信奉的信条是"识时务者为俊杰"，尽管心存犹疑，也不会贸然反对，尤其是当赵匡胤善待后周君臣的消息传到各地以后，他们也感到了新王朝的友善，于是大多数便承认既成事实，接受了宋朝的统治。

但还有个别节度使怀念后周时的日子，且又手握重兵，自然不甘心赵匡胤成为自己的新领导，于是便成为刺头，明里暗里同赵匡胤作对，甚至走上了公开反抗的道路，李筠就是其中之一。

李筠最初是后唐的武将，他武艺过人，善于骑射，不仅能拉开百斤硬弓，而且能连发连中，因此成为军中的一员悍将。李筠历经数朝，后来郭威黄旗加身，建立后周，他也响应郭威的号召成为"从龙之臣"，郭威投桃报李，李筠被封为节度使。这时候他的名字还不叫李筠，叫李荣，等到柴荣即位，他就不能再叫李荣了，为了避当今皇上的名讳改名李筠。李筠对后周忠心耿耿，并曾跟随柴荣出征北汉，深受柴荣的信任。

李筠在后周时任昭义军节度使，昭义军治潞州（今山西长治），长期领有今山西与河北省境内的泽、潞、邢、磁、洺五州，地理位置极其重要，承担着防备北汉、辽国的重任，其镇兵不仅人数众多，且战斗力极强，在此期间李筠立下赫赫战功，被朝廷视作"北疆长城"。

李筠在此镇守八年多，但因为这块地盘就他一个人说了算，他慢慢也就变得骄横跋扈起来，他依仗自己是后周开国功臣的身份，不仅截留中央赋税，还招纳亡命之徒扩充军队，基本属于关起门来自己当土皇帝，就连柴荣也没放在眼里。柴荣念他是郭威旧臣，且天下尚未平定，正值用人之际，也就对李筠睁一眼闭一眼地放纵，就连后来昭义军私自扩军，柴荣也只是下诏责问，并未按律问罪。现在士兵出身的赵匡胤竟然也穿黄袍当上了皇帝，要他这么个老资格的开国元老屈身称臣，他当然是心不甘情不愿，心想自己当节度使的时候赵匡胤还是个大头兵呢。

对于这点，赵匡胤也是心中有数。所以在登基后，他遣使去潞州加封李筠中书令的虚衔，试图让李筠支持新王朝。

但结果却非常糟糕。李筠先是以各种理由不见使者，后来经过左右幕僚竭力劝说，才勉强接待了使者，在跪拜接收新皇帝的诏书时，也是愤懑之情溢于言表，毫不掩饰对赵匡胤的鄙视与不满。在随后举行的酒宴上，喝到一半，李筠突然让人拿出一幅郭威的画像挂在堂前，自己对着画像放声痛哭，硬是把本来庆祝新皇帝登基与李筠升官的酒会开成了追悼会，这场面要多尴尬就有多尴尬。使者回朝后将李筠的表现告诉赵匡胤，赵匡胤一听这还了得，本想立即兴兵讨逆，但考虑到新朝初建，稳定压倒一切，也就先忍了下来。

事情闹成这样，此时的李筠也在观望。拜赵匡胤整军所赐，现在中央禁军无论数量还是综合素质，都要远远强于各藩镇的牙军，所以此时李筠虽然拥兵三万，但还是不敢轻举妄动。

正在这时，北汉不失时机地向李筠递来了橄榄枝。此时北汉开国皇帝刘崇已死，继位者是他的儿子刘钧。北汉对高平之战的耻辱一直牢记于心，刘钧听说李筠酒宴痛哭之后，觉得有机可乘，便派人给李筠送来一封密信，

第三章 雪夜定策

约李筠一同举兵攻打宋朝。李筠接到来信立刻就想兴兵响应，只是身边的人包括他的儿子李守节都不赞成这个时候起兵对抗宋朝廷，所以苦苦劝他积蓄力量以候良机。冷静下来后，李筠也觉得公开决裂的时机还不成熟，便将这封密信送给了赵匡胤，这既是在宣示自己跟随大宋的忠心，也有想麻痹赵匡胤对自己的警惕之意。赵匡胤对李筠的私下活动一直密切关注，只是双方还没到撕破脸的时候，于是亲笔写了封回信，将李筠好好称赞了一番，还任命他的儿子李守节为皇城使。李筠虽然清楚赵匡胤不过是想把他的儿子扣为人质，但他也想通过儿子探知朝廷的虚实，便接受命令，派李守节到京城任职。

李守节来到开封找赵匡胤报到，结果赵匡胤一看到李守节就装作奇怪地说："这不是李太子吗，您怎么来京城了？"李守节吓得急忙分辩说："陛下您怎么说出这样的话，这一定是有人进谗言诽谤我父亲，您可千万不能相信。"赵匡胤一看李守节被吓唬住了，随即语气一转，对他说道："我听说你数次劝你爹不要和朝廷作对，只是你爹不听你的，他这次派你来朝廷任职，无非是想让我把你杀掉，他好以此为借口举兵反叛。你回去告诉他，我没当皇帝时，他怎么干我管不着。但如今我已做了天子，难道他就不能尊重我一下吗？"

李守节赶紧连夜返回潞州，转达了赵匡胤的这番话。但李筠却没有回头的意思，他一看这阴谋搞得连皇帝都知道了，也就没必要再藏着掖着了，一不做二不休，干脆公开活动起来。可见赵匡胤的这一招敲山震虎，打乱了李筠原先的计划，使其被迫在准备不成熟的时候提前起兵。

宋建隆元年（960）四月，李筠正式叛宋。他先是扣押了朝廷派来的监军周光逊和李延玉，并将二人押送至北汉，向刘钧纳上投名状。随后李筠命其子李守节镇守潞州，自己率大军先杀泽州刺史张福，随后占领泽州（今山西晋城）。五月初，北汉国主刘钧率举国之兵而来，在太平驿与李筠会面。刘钧封李筠为西平王，赏赐他许多马匹珍玩。但李筠看到刘钧的仪仗队都没几个人，觉得刘钧实在没有皇帝的威仪，心中便后悔不已。在和刘钧的交谈中，李筠摆出了后周忠臣的架子，张口闭口地不忘后周恩义，而后周和北汉是世仇，李筠此举也惹得刘钧很不高兴。没办法，这种因为短期利益而结成的联盟自然是同床异梦，貌合神离。

李筠的幕僚建议他抢先占领天井关（今山西晋城南），凭借天险将赵匡胤大军据之关外，然后坚壁清野，逐渐积蓄力量，这样必将形成长期对峙的局面，也很可能使那些正在观望的节度使们起兵呼应，如果能让南唐起兵，南北夹击，那对于刚刚建立的大宋王朝无疑是致命一击。但关键时刻李筠又犯了爱摆老资格的毛病，认为现在朝廷禁军中的很多人都是自己当年的战友，只要自己一起兵，他们一定会拥护自己，于是便准备亲率三万大军直捣京城，一举灭亡大宋。

骄狂的李筠错误地判断了形势。整军后，朝廷的禁军此时已完全控制在赵匡胤手中，所有将领不是赵匡胤以兄待之的铁哥们（慕容延钊），就是他的发小（韩令坤），或者是他的"义社十兄弟"（石守信、王审琦等）和陈桥兵变拥护他的亲信（高怀德、张令铎等），全是赵匡胤的自己人，因此，李筠的号召在禁军中根本就没人搭理。而地方的藩镇中，也只有李重进与他暗通款曲。

得知李筠叛乱的消息后，虽然早有心理准备，但赵匡胤还是心急如焚，因为李筠目前占领的潞州和泽州位置太重要了。潞州古称上党，高居太行山之脊，所谓"居天下之肩脊，当河朔之咽喉"，是绝对的兵家必争之地。泽州在潞州之西，面向太行山，而只要李筠冲上太行山，据太行之险，一冲而下，直接就可占据黄河上游，进而控制沿岸几乎所有的重要粮仓，断绝京城的漕运之路。所以赵匡胤立即召集群臣商议对策。枢密使吴廷祚认为："潞州地势险要，如果李筠据险固守，那么短期内很难将其平定，但我们只要出兵迅速，以他的骄狂性格一定会出来迎击。只要他离开巢穴，定会被我们活捉。"赵匡胤的首席智囊、时任枢密直学士的赵普也认为："李筠以为国家刚刚建立，为了维护京城地区的稳定不会轻易动用大量军队。如果我们兵贵神速，出其不意，一定而胜。"

赵匡胤采纳了吴廷祚和赵普的建议，做了周密的五步部署：

第一步，四月十九日，先派遣他最信任的将领石守信及高怀德为先锋，迅速抢占战略要地天井关，遏制住了李筠出太行山的关隘。临行前赵匡胤向石守信和高怀德一再交代，千万不能让李筠出了太行山，只要夺下了天井关，就一定能打败李筠。四月下旬，石守信和高怀德圆满完成了这一重要任务。

第二步，五月初二，他命令从陈桥兵变就开始在河北巡视的慕容延钊率所部禁军，携同另一将领王全斌所率兵马，自东向西攻击李筠大军，与石守信军形成左右夹击之势。

第三步，五月初三，他命令在河北的郭进及李继勋防备北汉军，同时派出折德扆率军牵制北汉。正当赵匡胤忙着调兵遣将时，他的另一重要谋士李处耘带着一位来自扬州的故交翟守珣紧急觐见，翟守珣带来了一个赵匡胤最不想听到的消息：镇守扬州的李重进也造反了！

于是，赵匡胤做出了他的第四步部署：让翟守珣赶紧回扬州，想尽一切办法稳住李重进，为他集中力量平定李筠叛乱争取时间。

翟守珣领了赵匡胤的旨意，返回扬州，成功完成了说服任务，李重进真的不再行动，而是静静地坐观赵匡胤与李筠两虎相争。抓住这个宝贵战机，赵匡胤火速进行了第五步军事部署：五月十九日，他下诏亲征，留下他的弟弟赵光义镇守京城，并命韩令坤先行屯兵于河阳（今河南孟州西）。

由于石守信率军抢先占领了天井关，李筠大军不得不与宋军进行正面决战。五月初五两军初次交锋，结果李筠大败，宋军斩三千余首级。这时北汉想来救援李筠，但由于赵匡胤早就派出了牵制北汉的军队，北汉军队无法前进，所以刘钧也只有干着急的份儿。

五月二十九日，石守信、高怀德又在泽州之南大败李筠的三万大军，并俘虏北汉的河阳节度使范守图，斩杀了北汉派驻李筠军队的监军卢赞。李筠溃败逃入泽州城内，据城固守。

赵匡胤亲率部队北上，进入太行山后，道路崎岖难行，巨石挡路，为了抓紧宝贵时间，赵匡胤身先士卒下马搬石，随行的大臣和将士深受鼓舞，也都纷纷搬石开路。

六月初一，赵匡胤终于赶到泽州城下，并督军攻打泽州城。可连续十天，泽州城仍未被攻破，战局陷于胶着状态，这对劳师远征的宋军来说是相当危险的，赵匡胤焦心如焚。

关键时刻，赵匡胤找到控鹤左厢都指挥使马全义询问对策，马全义建议由他带领敢死队强攻，得到赵匡胤的同意后，马全义立即率队发起猛攻。

战斗中一支飞箭穿通马全义的手臂，他咬牙拔出箭头继续前进，赵匡胤也亲率警卫部队紧紧跟进。十三日，泽州城终于被攻破，李筠不肯投降受辱，自焚而死。

丧失主帅的叛军群龙无首，纷纷投降，北汉国主刘钧见李筠已死，也带领军队撤回太原。十九日，留守潞州的李守节率城投降。至此，李筠叛乱已被完全镇压，从反叛至平叛结束，前后不过64天。赵匡胤没有杀死李守节，而是改任和州（今安徽和县）团练使，于十一年后病故。

迅速平定李筠叛乱使大宋王朝的威望大增，而赵匡胤也可以腾出手来与李重进一较高低了。如果说，铲除李筠靠的是赵匡胤的周密部署，那么，端掉李重进则主要靠的是智谋了。

二、智取"渔翁"李重进

李重进是郭威的四姐福庆长公主的儿子，因为是郭威的外甥，所以他很早就跟随他的舅舅出生入死，并得到一个响亮的外号"黑大王"。后周建立后，李重进因为是皇亲国戚，又屡有战绩，一直担任禁军的高级将领，位高权重，仕途光明。鉴于李重进实力与野心兼具，郭威担心自己死后他可能会不服柴荣的管束，于是在离世前将李重进和柴荣召到自己病榻边，让李重进叩拜柴荣，宣誓自己的忠心，定下君臣的名分。

李重进始终牢记自己舅舅的临终嘱托，一心一意跟着柴荣，尤其在高平之战和三征南唐的战争中表现出色。柴荣也非常信任李重进，将新征占的淮南地区交给他镇守和治理。

作为后周久握兵权的宿将，面对迅速崛起的赵匡胤，李重进先是没怎么在意，但后来赵匡胤接替张永德担任殿前司都点检，在地位上超过了李重进，两人便开始貌合神离，矛盾逐渐加深。柴宗训继位后，李重进被赶出朝廷，到扬州做了淮南道节度使。李重进知道是赵匡胤做的手脚，心中更是对他充满怨恨。

陈桥兵变时，李重进虽然是侍卫司的都指挥使，却不在京城而是在扬州驻防，替后周看守刚刚占领的淮南地区并防御南唐进攻。虽然李重进是一名难得的将领，但他是郭威的外甥，而且与后周的各方面力量都有着千丝万缕的联系。

出于对维护新生王朝安全的考虑，赵匡胤决心收回李重进手中的权力，于是坐上皇帝宝座没几天，他就下令解除了李重进的侍卫司都指挥使职务，改由发小韩令坤接替，同时加封李重进为中书令以示安抚。这种明升暗降的招数让李重进既恨又怕，于是他请求入朝觐见，以试探赵匡胤。

李重进自然"来者不善"，鉴于李重进在后周朝的崇高威望与禁军中的深厚影响，所以赵匡胤委婉地拒绝了他的请求，并命翰林学士李昉代写了一封热情洋溢的回信，由于信的内容比较直白，就直接摘录了："君为元首，臣作股肱，虽在远方，还同一体，保君臣之分，方契永图，修朝觐之仪，何须此日。"李重进从这封表面客气实际冰冷的回信中，深觉自己终将不见容于大宋，越发疑惧与不安，于是他开始在扬州招兵买马，加固城池，伺机反抗。

李筠起兵的消息传来，李重进不禁欣喜若狂，他马上派他的亲信翟守珣前往李筠处联络，希望能与李筠南北夹击大败赵匡胤。

每次读到这段历史，我都感觉这位翟守珣绝对是上天派来拯救大宋的。

他是赵匡胤的旧知,所以在接受了李重进的任务后,也没经过什么激烈的思想斗争,出了扬州就直接去了开封,将李重进的阴谋和盘托出。赵匡胤得知李重进也要造反,一下子着急了,如果"二李"同时起兵,朝廷腹背受敌,局势就危险了。

赵匡胤不愧是一位卓越的政治家,考虑再三,决定先稳住李重进,把李筠收拾掉再说,于是他对翟守珣说:"李重进想造反,无非是怕我加害他,我如果现在赐给他铁券,保证以后绝不加害,他能回心转意吗?"翟守珣却摇摇头说:"李重进对您当皇帝始终耿耿于怀,我看未必能回头。"

赵匡胤又说:"咱们相识多年,你能不忘旧情,告诉我这个秘密,我很欣慰。但现在李筠已经反了,我要派兵去潞州平叛,又怕李重进在后面捣鬼。如今之计,我马上派人去淮南赐李重进铁券,先稳住他,请你也速返扬州,想尽一切办法劝说他不要起兵,事成之后少不了你的高官厚禄。"

翟守珣领了赵匡胤的旨意,返回扬州。见到李重进后,翟守珣说了李筠的一大堆短处,说他根本没有和朝廷对着干的资本,并劝说李重进千万不要急于起兵,一旦贸然起兵,如果失败,连回头的机会都没有了,所以最好"坐山观虎斗",静观其变,等赵匡胤和李筠斗得两败俱伤时再起兵收拾残局。

李重进打仗是把好手,但性格上却有一个致命的缺点:优柔寡断。听了翟守珣这顿大忽悠之后,就真的停下脚步,傻傻地等着赵匡胤与李筠鹬蚌相争,他好渔翁得利。可是,"渔翁"李重进最终等到的消息不是李筠和朝廷两败俱伤,而是李筠叛乱被朝廷干脆利落地平定,尽管后悔,但还是悔之晚矣。

平定了李筠叛乱的赵匡胤回到开封，几天之后，就发出了诏书，将李重进由淮南节度使改封为平卢节度使，移镇青州（今山东益都），马上启程。

这条诏书一颁布，所有人都明白，赵匡胤要对李重进动手了。前面我们也讲过，在五代十国时期有一条被大家公认的准则，那就是让节度使搬家基本相当于判了节度使死刑。

但让李重进不解的是，赵匡胤在派遣六宅使陈思诲去扬州宣读诏书时，还让他给李重进带去了一份礼物——铁券丹书，这个东西又被称免死铁券，李重进一下就蒙了，让我做送死的事情却给我免死铁券，到底什么意思？其实有一件事情李重进没有搞清楚，那就是铁券虽然可以免死，但有一项罪名是免不了的，那就是谋逆。

其实这件事的道理很简单，赵匡胤赐给李重进铁券，无非是要让天下人特别是后周旧臣都看到：我对李重进无所猜忌，只是让他换个地方继续做节度使，属于正常的工作调整，为了消除他的顾虑，我连免死铁券都给他了。要是这样李重进还谋反的话就不是我对不起他，而是他对不起我了。

果然，接到诏书和铁券的李重进还是不愿离开扬州，违抗朝廷命令，不反也得反了。李重进直接扣押了朝廷派来的使者，并抓紧时间整军经武。同时，他还给南唐的国主李璟写了封密信，请求李璟暂时放下和他的矛盾，一起对付共同的敌人赵匡胤。

但这时的李璟早就被柴荣打怕了，没有了一点刚即位时的野心，整天守着自己的半壁江山，忙于诗词歌赋，哪有闲工夫管李重进和宋朝廷的这些事儿，转手就把李重进的密信送给了赵匡胤。

得不到南唐援助的李重进只能靠自己了。

虽然李重进一直在淮南任节度使，但这个地区是当年柴荣三征南唐时才打下来的，百姓大多是南唐遗民，所以李重进在当地的威望和影响力并不太高。

此时李重进的军中也是危机重重。他本人虽然富可敌国，却对部下刻薄寡恩，很多人都对他心怀怨恨。扬州都监、右屯卫将军安友规发现李重进的反意已经明显，觉得自己犯不着跟着陪葬，就带着几个亲信逃出扬州。李重进知道后大怒，立即逮捕了几十个不听话的军士。这些人愤怒不平，对李重进说："我们本是为大周来此屯戍，大人你如果真的想复兴周室，就别杀我们，让我们去阵前效命！"但此时的李重进已经被压力折磨得有些疯狂了，他根本听不进去，一气之下将他们全部杀掉。就这样，李重进外无盟友，内部也众叛亲离，他的末日就要到了。

九月二十二日，李重进反叛的消息传到朝廷，赵匡胤问赵普平叛策略，已经升任枢密副使的赵普笑着说："李重进只是凭借淮河防线，修筑一些孤垒，采取守势等着我们进攻，已经失了先机。此时的他，士卒离心，刚愎自用，外绝救援，内乏粮草，我们急攻可以战胜他，缓攻也能战胜他。"话虽如此，赵匡胤还是希望速战速决，他立即向天下发出讨伐李重进的诏书。并命令石守信为扬州行营都部署，王审琦为副手，李处耘为都监，宋延为都排阵使率领禁军南下平叛。

为了尽快结束战争，赵匡胤决定亲征。十月二十四日，宋朝大军从开封出发，乘船东下，一路上浩浩荡荡。十一月十一日，赵匡胤到达扬州北面的大仪镇，这时他接到石守信从前方传来的捷报：即将攻破扬州，请赵匡胤视察前线。赵匡胤连忙下令启程，扬州城下督战的石守信看到赵匡胤来到，随即发起总攻，当天就攻破扬州。李重进的下属劝他在城破前先杀了被他囚禁的朝廷使者陈思诲，李重进说："我现在全家都要赴死了，杀他还有什么用。"但陈思诲仍死于乱军之中，为大宋王朝献出了最后的忠诚。在扬州城被攻破时，李重进全家自焚而死，叛乱遂告平定。

当然，赵匡胤也兑现了自己当初的诺言，为平定李重进之乱立下汗马功劳的大忽悠翟守珣被补为殿直，不久又升为朝廷的供奉官。"二李"叛乱的相继平定，对于刚刚建立的北宋政权具有非常重要的意义，它等于是杀鸡儆猴，用血与拳头向那些手握兵权又采取观望态度的节度使们宣示：你们除了乖乖服从宋朝廷的统治，没有其他选择！

如成德（今河北正定）节度使郭崇，在刚听说赵匡胤陈桥兵变时，忧虑愤懑，时常痛哭流涕，他的监军将这一情况密奏赵匡胤，并提出建议：常山靠近边界，应当谨慎防范。赵匡胤随即派出使者查看情况。郭崇听说朝廷的使者来了，一时慌了手脚，担心朝廷会不会收拾自己，幸亏他手下的观察判官辛仲甫指点，告诉他用最高的礼节接待使者，表明对朝廷的忠心。又一看李筠叛乱被平定，郭崇请求入朝为官，主动交出了节度使的权力。

此后，赵匡胤又采取了一系列军政措施加强中央集权，把过去由地方节度使掌管的政权、兵权、财政统统收归中央。就这样，赵匡胤只用了一年多的时间迅速稳定了北宋国内的政治局面，下一步，他要对周边的政权下手了。

三、雪夜定策谋统一

在消灭内部不安定因素之后，雄才大略的赵匡胤又将炯炯目光投向了全国的统一大业：只有统一了全国，赵匡胤才可称得上真正的雄主，大宋才能打破五代政权频繁更迭的魔咒，千秋万代永享国祚。

然而，新生的大宋面临的形势并不乐观。大宋真正的统治区域只有黄河、淮河流域一带，而周围却是群雄并举、强敌环伺：北面有北汉和契丹，西面有后蜀，西北的党项族也正在崛起，而南面的政权更多，有南唐、吴越、荆南、湖南、南汉各国，每一个政权都是独立势力，这让赵匡胤经常有一种"卧榻之侧，皆他人家"的忧虑，要想使自己建立的政权延续下去，就必须做到真正的一统天下。

可究竟是应该先讨伐南方，还是先平复北地呢？这时摆在他面前的选择有两个：第一个是继续柴荣的轨迹，先收复燕云十六州，再消灭南方的割据势力。第二个是先平定南方的那些国家，等到国富民强，再北伐契丹。

赵匡胤最初的想法是想先对付宿敌北汉。有了这个想法后，他征求了四个人的意见。

第一个人是张永德。赵匡胤当了皇帝以后也还是非常尊重这位老领导，张永德被加官侍中，后来又任武胜军节度使。张永德进京拜见赵匡胤，被请到皇宫的后苑，两个人一边大碗喝酒，一边畅谈当年的旧事，赵匡胤从来不叫他的名字，只称呼他"驸马"。张永德也是一个聪明人，看赵匡胤对自己真的不错，也就死心塌地地为大宋效力。有一次，张永德的一个下属向赵匡胤告发张永德要谋反，赵匡胤直接把这个人交给张永德处置，由此可见他对这位老上级的信任。正逢张永德进京述职，于是赵匡胤就请他喝酒，想听听他对先攻北汉的意见。张永德也没和赵匡胤客气，直接就表示反对，理由是，北汉虽然军队数量不多，但却都是作战经验丰富的老兵，非常强悍，再加上契丹可随时支援，短时间内还真打不下来。所以他提议，可以每年派一些散兵游勇去骚扰北汉，使它不能正常生产，再派间谍离间契丹和北汉的关系，使契丹不能援助北汉，到那时就可以出兵消灭北汉了。赵匡胤听完后只说了一个字：善！

第二个人是华州团练使张晖。赵匡胤问张晖："我想打北汉，你怎么看？"张晖说，上次平定李筠叛乱后，泽州和潞州的生产生活还没有从战争的创伤中恢复过来，如果这个时候对北汉用兵，恐怕那里的百姓会承受不起，我们不如让老百姓喘口气再打。赵匡胤赏赐了张晖很多东西，让他回地方工作了。

第三个人是宰相魏仁浦。有一次他们在一起喝酒，赵匡胤笑着对魏仁浦说："你怎么不过来敬我一杯酒呢？"于是魏仁浦领命上前敬酒，赵匡胤趁机问道："我想亲征北汉，你怎么看？"魏仁浦思考了一下回答："欲速则不达，陛下还应该再考虑考虑。"魏仁浦也不同意先打北汉。

第四个人是赵普，也是最后促成赵匡胤定下统一战略的人。建隆二年（961）的冬天，一个大雪飘飞的寒夜，赵普在家脱下朝服准备歇息了，没想到，夜深之时，突然想起了急促的敲门声，赵普笑了："皇上来了！"果不其然！原来，赵匡胤当皇帝后有个习惯，喜欢微服私访，也不知道会去到谁家，所以，谨慎的赵普每次退朝回家都不敢脱掉朝服。这天晚上，赵普心想，如此天气，皇上应该不会出来了，没想到皇上还真来了。赵普连忙迎出去，只见赵匡胤头顶大雪立在他家门口，赵普便惶恐地拜请赵匡胤进屋，赵匡胤说："先稍等一下，我弟弟光义也马上就到。"不一会儿，开封府尹赵光义也来了，赵普赶紧铺设厚厚的垫褥，他们席地而坐，一边烧炭烤肉一边喝酒，赵普的夫人则亲自给他们斟酒。因为赵普比赵匡胤大五岁，所以赵匡胤每次见到赵普的夫人都叫嫂子，当了皇上依然如此，可见两人私交甚好。

喝着酒，赵普也平静下来了，他问赵匡胤："夜这么深了，寒冷异常，陛下您怎么还出宫啊？"赵匡胤回答说："我睡不着啊，我的卧榻之旁睡的都是别人，所以我来找你商量一下。"赵普回答说："陛下是否觉得咱们大宋的领土过于狭小，需要开疆拓土？现在无论北方还是南方的各个政权都很暗弱，正是一统天下的最好时机，不知陛下您是准备先向谁用兵？"赵匡胤说道："我想先攻太原征北汉。"赵普沉默了很长一段时间，才说："这我就不明白了。"赵匡胤知道赵普这是委婉地表示反对，便问为什么。赵普说："北汉替我们大宋挡着西北和北部的各股势力，如果把它灭了，那么这个压力就会直接压到我们身上，不如暂且留下北汉，等扫平了南方诸国，北汉这区区弹丸之地，又能逃到哪里去呢？"

赵匡胤听完后哈哈大笑，说道："英雄所见略同啊，我也是这么想的，刚才不过是试探你罢了。"一席夜谈，赵匡胤正式确立了"先南后北、先易后难"统一全国的战略方针——这就是历史上著名的"雪夜定策"。

当然，这么一个关乎宋朝千秋万代的战略方针，绝不是一次喝酒一次谈话就能一锤定音的，而是赵匡胤君臣在细细分析当时各方形势的基础上，经过长时间的酝酿和反复求证才最终确定的，"雪夜定策"不过是其中一次求证的浪漫化表述罢了。

在大宋确定了"先南后北"的战略后,实力最弱的荆湖地区成为北宋牛刀小试的首选目标。

四、一箭双雕并荆湖

顾名思义,荆湖地区就是现在的湖北和湖南两省,当时这里存在着两个政权:一个是南平,又称荆南;一个是武平节度使,简称武平军。南平是后梁开平元年(907)由高季兴所建立的割据政权,李存勖当皇帝时被封为南平王,南平国小,只统辖荆州(今湖北江陵)、归州(今湖北秭归)、峡州(今湖北宜昌)三州之地,而且周围强国林立,北面是大宋,西面是后蜀,东面是南唐,南面是武平军和南汉。

但就是这样一个国小兵弱的政权竟然在五代十国的乱世中存在了50多年,最主要的原因是南平实行了"谁强我就依附谁"的现实主义外交策略,在周边大国互相敌对的情况下充分发挥了"缓冲地带"的作用。另外,南平的地理位置非常重要,地处长江中游,是当时天下各地的交通要道,由于经常要向周边的大国交"保护费",故财政状况经常捉襟见肘,所以从高季兴开始,南平就开始利用自己得天独厚的地理位置抢劫通行的各方使臣,贴补朝廷用度。而面对各方的兴师问罪,南平就直接装孙子,抢了再赔、赔了再抢,该硬的时候硬,该软的时候软,这些周边的大国也不想为了点儿小钱就失去这块战略缓冲地带,所以南平就这样一直坚强地存在着。赵匡胤黄袍加身后,当时的统治者高保融一年三次入贡,后来高保融病死,他的弟弟高保勖即位,被赵匡胤封为南平节度使。

第三章　雪夜定策

南平往南是武平军，要说武平军，就要先说南楚。南楚是唐朝末年武安军节度使马殷建立的政权，也是中国历史上唯一一个以湖南为势力中心的割据政权。马殷死后，几个儿子为争夺王位而爆发战乱，史称"众驹争槽"，南唐趁机发兵灭了南楚，结果南唐还没在湖南站稳脚跟，原南楚部将刘言不满南唐，起兵将南唐军队逐出了楚境，按照过去维持下来的宗藩关系，后周郭威封刘言为武平节度使，不久刘言又被部下杀害，后来又经过多次夺权，到赵匡胤登基时，这时的武平节度使叫周行逢。

周行逢出身农家，曾经因为犯罪脸上被刺了字，他掌权后一些臣僚劝他用药洗去脸上的刺字，但这位仁兄却自豪地说："汉朝的开国功臣英布脸上也有刺字，世人都说他是英雄，我为什么要以脸上的刺字为耻辱呢？"周行逢的女婿唐德还在老家务农，看见老丈人当了武平节度使，也想求个官做，直接被周行逢当面拒绝，说以他的才能根本当不了官，然后给了些农具就把女婿打发回家了。周行逢治理湖南以严酷著称，老百姓犯了什么过失，无论大小一律格杀勿论。他的原配夫人苦劝无果，也一气之下回乡种田去了。

在赵匡胤登基后的第三年（962）九月，周行逢得了重病，他知道自己将不久于人世，于是召来诸位大臣，准备传位给只有11岁的儿子周保权。周行逢说："当年在南楚的军中，我和王进逵、潘叔嗣、张文表等人结为十兄弟，这么多年明争暗斗，他们大多都先我死去，唯独剩下衡州刺史张文表。当年他想当行军司马，我没有同意，他一定很不满意。我死之后，张文表必定造反，到时让杨师璠带兵讨伐他。如果他不肯出征，你们就坚守城池，然后归宋称臣。"

不出周行逢所料，他刚一离世，张文表就起兵反叛了。张文表听说周保权接位，还听说周行逢死前部署了讨伐他的事宜，不禁怒火中烧，当年他与周行逢都是士兵出身，还是义兄弟，怎么可能心甘情愿做一个11岁的小孩儿的臣下，于是下了决心要与周保权决一雌雄。

张文表趁少主周保权派兵换防路过衡州，强行缴获了这支部队。然后，张文表下令将士穿上白衣，借为周行逢奔丧之名来到潭州（今湖南长沙）。当时的潭州守将、行军司马廖简素来瞧不起张文表，觉得一个刺史兵微将寡的，还能起兵造反吗？张文表出其不意，迅速杀掉廖简，占领潭州，然后向周保权的驻地朗州（今湖南常德）进发。

按照周行逢的遗嘱，周保权即命杨师璠领兵讨伐张文表，临行前，周保权哭着对杨师璠说："我父亲看人看得太准了，现在他坟头上的土还没干，张文表就造反了，现在我们整个武平军的安危，就寄托在您的身上了。"听到一个只有11岁的小孩子说出这样一番话，杨师璠不禁落泪，他对部下说："我们的主公这么小却能说出这样的话，真是一位贤明的人。"众人都受到感动，愿与张文表决一死战。

杨师璠带兵平叛，但起初进展得并不顺利，周保权听说后，一下子不知道该如何对付，后来也不知道是谁提议，让周保权向大宋求援，结果给了赵匡胤一个出兵的完美借口。

前面介绍过，南平的地理位置非常重要，大宋要想平叛武平军，就必须得经过南平。对南平这个邻居，赵匡胤早就有征服的想法。内酒坊副使卢怀忠奉命出使南平的时候，赵匡胤就吩咐他在出使时要仔细察看南平地区的山川地形和人情世事。卢怀忠回来后就向赵匡胤汇报，说南平的军队虽然装备整齐，但人数较少，不超过三万人；本来今年年景好，粮食丰收，但那里赋税太沉重，百姓在丰年也仍然异常贫困，总之，南平的形势岌岌可危，灭掉它易如反掌。

现在，武平军正好来求援了。虽然这属于人家武平军的内乱，但周保权的求援让一个一箭双雕、假道灭虢的行动计划在赵匡胤心中酝酿而生。

乾德元年（963）正月初七，赵匡胤任命山南东道节度使兼侍中慕容延钊为湖南道行营都部署，枢密副使李处耘为行营都监，率领十州的兵马前往湖南讨伐张文表。

这时南平的节度使叫高继冲，李处耘派阁门使丁德裕前往江陵，告诉高继冲，宋军要借道南平，到湖南去征讨张文表。高继冲顿时警觉起来，因为南平常年处于强国环伺之下，历代国主都保有着高度的警惕心。高继冲立即召集臣僚商讨对策，是同意借道还是不借，臣僚们争论不休。兵马副使李景威认为，宋军的架势咄咄逼人，分明就是以大欺小，如果同意借路，就等于把自己放入虎口，非灭亡不可。

衙内指挥使梁延嗣持不同意见，他的看法比较实际，宋军要讨伐张文表，必然经过江陵，人家能派个人过来提前告诉你借道算是客气了，如果我们不同意的话，无疑给对方留下抗拒皇命的口实，我们就这不到三万人的兵力，怎么可能是宋军的对手？

但凡遇到这种问题，每个朝廷都会自觉不自觉地分成两派，南平的朝廷虽小，但也不例外，两边互不相让，唇枪舌剑，甚至动起手来。每到这时，朝廷又都会有一个和稀泥的出来稳住双方情绪，高继冲的叔父高保寅充当了这一重要角色，他提出一个折中方案，不如我们派人带上牛和酒，借慰劳之名，到宋军大营探个虚实，也好再行计议。高继冲也拿不定主意，只好接受了这个方案，并派高保寅为使臣，前去荆门（今湖北荆门）慰劳宋军。

而那位坚决不同意借路的李景威认为此举说明南平的懦弱至极，一时绝望，大吼一声"天亡我也"，居然拔剑自刎了。第二天，高保寅带着牛酒赶到荆门。慕容延钊大喜，便与李处耘一合计，两人设计了一套"明修栈道，暗度陈仓"的办法。

当晚，慕容延钊设宴为高保寅接风。高保寅受宠若惊，频频举杯致谢，几杯就把李处耘灌醉了，慕容延钊赶紧命人扶他休息，自己陪着高保寅继续喝。离开酒宴的李处耘马上恢复清醒，直接带着数千轻骑突奔江陵。高保寅这边也暗中派人溜回荆州禀报，让高继冲放心，说事情进展顺利。

结果高继冲还没高兴一会儿，就接到奏报，说宋军人马即将到达江陵。高继冲大吃一惊，但也无计可施，不得不率领梁延嗣等大臣出城去迎接。两队人马相遇，李处耘告诉高继冲，慕容延钊随后就到，让他在这里等待，他自己则继续率军向江陵奔驰。

这下高继冲尴尬了，去不是，不去也不是，等了许久终于看到慕容延钊在高保寅陪同下缓缓而来。等到高继冲陪着慕容延钊的大军回到江陵时，城中战略要地早已被李处耘所控制，宋军兵不血刃占领南平，荆南三州十五县划入大宋版图。

而此时武平军的局势也发生了变化。大宋出兵讨伐张文表的消息传来，张文表的部下便开始军心涣散，而张文表也真的害怕了，别看这位仁兄在湖南也算是一个人物，但他清楚地知道，在大宋王朝的军队面前，他的那些手下只能算是宴席前的开胃菜，根本不值一提，所以张文表马上派人向宋朝使者解释，说他是带部下路过潭州去朗州奔丧，由于受到廖简的侮辱，双方私斗才失手杀了廖简夺了潭州城，并不是蓄意造反等。

同时，张文表急忙带兵出城找杨师璠决战，希望赶快打败杨师璠，这样就能灭掉周家，那时就算宋军到了，看到周保权已死，可能还会封自己为新的武平节度使。

结果是张文表的算盘打得太好，可仗却打得不太漂亮，一出城就被早有准备的杨师璠打得大败，潭州直接被收复，他自己也成了俘虏。

此时，大宋朝廷派来的使者赵璲尚在赶赴潭州的路上。原来，张文表向大宋朝廷承认错误后，也表示愿意归顺，宋廷就派赵璲过来招抚。杨师璠率兵攻入潭州后，正领着部下烧杀抢劫。赵璲正好这个时候来到潭州，看到杨师璠的所作所为十分不满。赵璲问张文表现在何处，杨师璠说已经被关押起来了，赵璲要见张文表，杨师璠说先吃饭，吃完饭就把他带过来。

赵璲此时也是比较尴尬。本身是来招抚张文表的，但事已至此只好临时改变，设宴抚慰杨师璠的部下。由于事情有点儿乱，所以赵璲的脑子也一直没有适应过来，总是觉得自己是来招抚张文表的，如果张文表有个什么三长两短自己没法向朝廷交差，就想向杨师璠要了张文表带回开封，结果这个本可以救张文表一命的想法却要了张文表的命。

杨师璠部下一个叫高超的指挥使，在酒席间听到赵璲老是问张文表，就悄悄出去找来他的手下，对他们说："我听这位赵使者话里的意思是要把张文表带到京城，好像还要释放张文表，万一他以后在京城当了官，咱们这些弟兄还有活路吗？"于是为了免除后患，高超带人先杀了张文表。

下面的情节就有些过于行为艺术和让人反胃了。由于当时湖南的经济文化发展水平还比较落后，士卒野蛮成风，高超带人将张文表拉到市中心，用刀碎割而死，还将他的肉割下吃尽。宴会散后，赵璲还惦记着要见张文表，高超回答说："张文表想要逃跑，还杀了看守他的卫士，已经死在乱刀之下。"赵璲只惊得目瞪口呆，无话可说。

面对目前的局面，周保权后悔没听他老爹的话，人家周行逢先生在死前说得明明白白，如果杨师璠不出征再归顺大宋，可后来杨师璠出征了啊！周保权本来是希望宋军帮忙平定张文表的叛乱，可是谁能想到，宋军还没到张文表就被灭了，而再看看宋军的意思，先是灭了南平，估计下一个就是要消灭自己啊，这可怎么办，自己给自己找了一个"灭国"的大麻烦。而且宋军兵锋所指，即便自己想割地求和也没机会了。

显然宋军没打算给周保权任何残喘的机会。在得知张文表叛乱被平定之后，宋军立即日夜兼程，朝着朗州而来。

面对武平军现在的恐慌局面，指挥使张从富勇敢地站了出来，他带兵把宋军入湘必经之路上的桥梁全部拆毁，船只全部凿沉，企图以此阻挡宋军。但慕容延钊和李处耘从刚刚平定的南平征调船只，赵匡胤也发布了对周保权的最后通牒：是你们先来求援，大宋才发兵帮你们平叛。现在叛乱已平，你们不图回报反而抗拒王师，这是自取灭亡！

周保权没有办法，硬着头皮让张从富率军抵抗，这时武平军还敢打的也就只有张从富了。而慕容延钊和李处耘不负名将之名，在三江口大破武平军，缴获战船七百余艘，斩四千余首级。此后又在澧江击败张从富，斩获甚丰。但这时李处耘却做了一件让人十分不齿的事。为了恐吓敌军，李处耘从俘虏中选择了几十个膀大腰圆身体肥胖的，处死后煮熟，让士兵用作下酒菜。他还找了一些年轻力壮的俘虏，在脸上刺字，然后再放回朗州。这些俘虏死里逃生，回到朗州，把这个令人恐怖的消息传播开来，顿时全城混乱。然后宋军趁机长驱直入，进入朗州，张从富被擒遭斩首，周保权被擒后率家族投降，武平军十四州一监五十二县也全部纳入了大宋的版图。

平定荆湖，不但使刚刚建立的北宋政权扩充了领土和人口，更使其在统一全国的战略上取得了主动，这时无论是平灭后蜀还是南唐，都可以形成夹击之势，后来这里也成为赵匡胤扫平南方的一个重要军事基地，为北宋实现基本统一打下了良好的基础。

第四章

剑指后蜀

四川自古便被称为"天府之国",五代十国时期这里先后存在两个政权,即前蜀和后蜀。前蜀于925年亡于后唐,后蜀建于934年,赵匡胤在963年并入荆湖地区后,下一个攻伐目标即指向了富庶的后蜀。

一、从明君到败家子孟昶

前蜀国是王建建立。王建,河南舞阳人,年少时是一个市井无赖,唐末,应募从军。唐广明元年(880),黄巢起义军攻陷长安时,唐僖宗逃亡四川,王建护驾有功。唐光启元年(885),唐僖宗返回长安后,王建被封为神策军将领,宿卫宫中。次年,王建又被排挤出朝,任利州(今四川广元)刺史,此后不断趁乱兼并土地。至唐大顺二年(891),王建已占据四川的绝大部分地区,唐天复三年(903)被唐昭宗封为蜀王,成为当时最大的割据势力。公元907年朱温代唐后,王建也趁机在成都称帝,国号蜀,史称"前蜀"。前蜀领有剑南、山南五十四州之地,物产丰富,"典章文物,有唐之遗风"。公元918年,王建病死后,他的第十一子王衍即位,史称前蜀后主。

王衍是一位非常有艺术家气质的皇帝,从小在脂粉堆里长大,当了皇帝后更是奢侈淫荡,不恤百姓,将政事全委于宦官佞臣,他作的《醉妆词》流传至今:"这边走,那边走,只是寻花柳;这边走,那边走,莫厌金杯酒。"公元925年,后唐庄宗李存勖派军攻打蜀国,从军队出发到攻入成都只用了75天。王衍带着棺材,口衔玉璧,五花大绑,跪在七里亭,投降后唐,前蜀灭亡。

后唐庄宗李存勖占领四川以后,任命孟知祥为成都尹、剑南西川节度使,统治蜀地。孟知祥为邢州龙岗(今河北邢台)人,大名鼎鼎的郭威、柴荣则是邢台隆尧人,三人还算是老乡。孟知祥少年时就与父亲一起效忠晋王李克用。孟知祥应该非常善于处理人际关系,故深得李克用赏识,李克用把侄女嫁给孟知祥,孟知祥也就成了李克用的侄女婿。而且,孟知祥与后来建立后唐的李存勖关系也非常好,所以李存勖在灭前蜀后,才会派遣他去统治蜀地。

入蜀之后,孟知祥初无割据之心,但紧接着后唐朝廷发生内乱,李存勖死于乱兵,李嗣源即位。孟知祥也渐生不臣之心,趁着后唐内忧外患之际,积极扩充个人势力。公元934年,孟知祥在成都称帝,国号仍称蜀,史称后蜀。

但是孟知祥只有打天下的命,却没有做皇帝的命,在位仅半年就撒手人寰,于是,他16岁的儿子孟昶即位为帝。孟昶在历史上留下的名声不太好听,最有名的就是那个装饰七宝的尿盆和在民间选秀女造成的"惊婚"

等,而其宠妃花蕊夫人的那首《述亡国诗》"十四万人齐解甲,更无一个是男儿",更让他颜面尽失。

但是,如果我们抛开这些先入为主的偏见,把孟昶客观置于那段特定的历史中,就会发现,他绝不是一个平庸之君。试想之,一个16岁就继位的少年,能够在五代十国那个乱世中统治蜀地三十余年,除了四川得天独厚的地理条件外,还必须具备过人的政治手腕与统摄能力。

孟知祥死的时候给孟昶留下一个由六人组成的辅政班子,他们是:司空同平章事赵季良,武信节度使李仁罕,保宁节度使赵廷隐,枢密使王处回,捧圣控鹤都指挥使张公铎,奉銮肃卫指挥副使侯弘实。这六人都是孟知祥的心腹,或是谋臣,或为武将。

这六个人中最让孟知祥不放心的是李仁罕。这位李将军确实能打,但缺点是性格太过骄横,谁都不放在眼里,得罪的人也多,所以关于李仁罕有二心的传言一直就没断过,但此时的孟知祥特别需要李仁罕这样的悍将帮他执掌军队,所以对李仁罕一直礼遇有加。有一次,李仁罕设宴招待孟知祥,有人告诉孟知祥,这是鸿门宴,不可去。孟知祥并没有轻易相信,而是仔细调查,最终查出是两个军校造谣,故将此二人腰斩,随后孟知祥不带左右,单人独骑去李仁罕府上赴宴,李仁罕被孟知祥的胆气和信任感动,一边叩头一边哭着说:"我这个老兵只能为您尽忠而死才能报答您的恩德。"军中诸将也都因此事对孟知祥心悦诚服。

到了孟昶时代就不一样了。孟昶因为年少,不亲自处理政事,而满朝的将相大臣都是孟知祥的老部下,孟知祥活着时对部下宽厚,有时甚至纵容他们做一些非法的事,所以当孟昶登基后,这些"老资格"更加无法无天，甚至连夺人良田、挖人坟墓的缺德事都干，李仁罕和他的外甥张业就是这样发家致富的。

孟昶刚即位没几天，李仁罕又犯了恃功跋扈的老毛病，直接向孟昶提出要当判六军诸卫事，这是后蜀军队的最高首领，前蜀也曾有此职，但一般是太子、宗室或者皇帝的亲信方能担任此职。嚣张的李仁罕还没等孟昶同意，就擅自到枢密院安排人起草任职命令。

面对李仁罕如此挑衅，孟昶非常愤怒，但他明白，自己刚即位，根基不深，如果公开拒绝，恐怕会引起内乱，那将对自己极为不利。于是，为稳住李仁罕，他一方面屈从李仁罕之请，一方面又任命和李仁罕怨隙极大的赵廷隐为副职来牵制他。同时，为了以防万一，孟昶加强了皇宫宿卫，并秘密通知亲信卫士见机行事。几个月后，趁李仁罕放松警惕，孟昶与赵季良、赵廷隐合谋，在李仁罕入朝时，突然命人将其擒拿，当场诛杀，并灭李仁罕族。这种隐忍和智慧，岂是昏庸之君所能有的。

昭武节度使、侍中李肇一开始也没把孟昶放在眼里，每次上朝都以足疾为由，拄拐朝见，不肯跪拜。李仁罕一死，李肇的足疾竟奇迹般地痊愈了，此后上朝丢掉拐杖，恭恭敬敬地行跪拜礼。

张业是李仁罕的外甥。李仁罕被杀时，张业正执掌禁军，孟昶怕他因此谋反，就采取笼络的办法，告诉他："你舅舅犯罪被处死那是他的事，与你无关。"为了安抚张业，孟昶还提拔他当了宰相，监管国家财政开支。但张业也骄横惯了，位高权重后，越发无法无天，不仅对百姓横征暴敛，还居然在家里私设监狱随意审判刑罚"犯人"，国人对他恨之入骨。后蜀广政十一年（948），对张业忍无可忍的孟昶，又用对付他舅舅李仁罕的老办法，在朝堂上将张业当场捉住诛杀。

辅政大臣王处回和赵廷隐一看这形势，知道再不交权早晚会轮到自己，就主动上表，请求退休。其他三位辅政大臣中，张公铎涉猎文史，为政清严，是孟昶的心腹，诛杀李仁罕时，张公铎也曾参与谋划，后蜀广政八年（945）九月，张公铎去世，孟昶哭着对他的生平做出评价："严而不猛，清而不虐，张公而已。"赵季良通敏善谋略，受孟知祥之托尽心辅佐孟昶，于后蜀广政九年（946）去世，享年64岁。侯弘实虽然也是六人之一，但史书中没有看到他参与重大政治事件的记载，应是一个低调本分之人。至张业被诛，孟昶终于凭着自己的睿智隐忍，顺利清除了专权乱政的旧臣故将，杀鸡儆猴，其他老臣们也都服服帖帖，国家政局得以稳定。

孟昶亲政后的第一件事，就是设置意见箱，鼓励朝臣进言上谏。孟昶喜欢女色，曾派人在蜀地到处挑选美女，搞得人心惶惶，吓得很多人家早早将女儿嫁人，被称为"惊婚"，枢密使韩保贞直言进谏，孟昶也觉得自己做得有些过分，就下令放还了许多宫女，并赏赐韩保贞黄金数斤。后来上书进谏的多了，更有些人趁机浑水摸鱼，孟昶也没有追究上书者的责任，他向唐太宗学习，即使谏言不满意，也都给予嘉许。孟昶还颁布劝农桑诏，要求各地地方官员把农业发展作为首要任务。孟昶又注重选贤任能，惩处贪官污吏，如眉州刺史申贵鱼肉百姓，被孟昶处死。经过几年努力，后蜀大治，史载为"蜀中繁华，斗米三钱，富甲天下"。

孟昶不仅具有很高的政治才能，也是一个很有文化修养和造诣的文人帝王。若论诗词的造诣，他也许赶不上李煜，但他的文化综合素质却明显在李煜之上。后蜀明德二年（935），孟昶创办"翰林图画院"，这是中国最早的宫廷画院。五年后，他让人收集当时的文艺辞赋、诗家词曲五百余首，分为十集刊发，名为《花间集》；第二年，孟昶又命人编辑《古今韵会》五百卷。

后来，孟昶还命人在石头上刻《论语》《周易》《尚书》《诗经》等"十一经"，并将《孟子》首次列入诸经，这可能是《孟子》被列入"经书"的开始。孟昶又命人刻成木版图书，便于流传。

孟昶的文采也非常出众，他作的《玉楼春》："冰肌玉骨清无汗，水殿风来暗香满。簾间明月独窥人，倚枕钗横云鬓乱。三更庭院悄无声，时见疏星渡河汉。屈指西风几时来？只恐流年暗中换。"文字、意境俱美。苏轼著名的《洞仙歌》就是"抄袭"孟昶的创意：

冰肌玉骨，自清凉无汗。水殿风来暗香满。绣帘开，一点明月窥人。人未寝，欹枕钗横鬓乱。

起来携素手，庭户无声，时见疏星渡河汉。试问夜如何？夜已三更，金波淡，玉绳低转。但屈指西风几时来，又不道流年暗中偷换。

如果照此发展下去，孟昶可能会成为中国历史上一位文治武功俱佳的明君贤帝，但可惜他始终摆脱不了那份艺术家的特质，虽有治世之能，但无宏图之志。

孟昶有才华，诗词音乐样样在行，加上国库富足，于是渐渐满足于安逸享乐，贪玩好色的老毛病又犯了。他开始荒于政事，整天沉湎于酒色诗词，到处选美女，建宫室，搜罗金银财宝，生活奢靡无度。那个用金、银、琉璃、砗磲、玛瑙、琥珀、珊瑚七种宝物制成的尿盆——"七宝溺"大概就制造于这个时候。

由于后宫美女太多，孟昶就将他宫中的妃嫔宫女分成十二个等级，其中最宠爱的是历史上赫赫有名的花蕊夫人。花蕊夫人姓徐（一说姓费），成都人，她貌美如花，孟昶赐名花蕊夫人，两人天天腻在一块儿，吟诗作赋，醉酒笙歌。花蕊夫人最喜欢牡丹花和芙蓉花，孟昶就命人在宫中开辟"牡丹苑"，并在成都全城种植芙蓉花，每到盛开的时节，沿城四十里远近都像铺了锦绣一般，花蕊夫人也被后世称为"芙蓉花神"。

上行下效，孟昶这么挥霍，他手下的官僚们也都帮着他败家。孟昶的全权代表知枢密使事王昭远任意挥霍国库里的财宝；宰相李昊家中的姬妾达数百人之多；翰林学士范禹主持科场大肆卖官；盐铁判官李匡远专以欣赏犯人惨叫声为乐；宰相欧阳炯每天只会填词吹笛……墙倒众人推，在孟昶和他的宠臣们的"共同努力"下，后蜀朝廷变得千疮百孔，一天不如一天。

"昶"字的意思是"日不落"，但什么样的太阳经过孟昶这么折腾还能不落下来？随着赵匡胤统一天下步伐的加快，孟昶和后蜀群臣的好日子也快到头了。

二、坑后主的"当世诸葛亮"

占据荆湖后，赵匡胤将统一天下的下一个目标定在了富得流油的蜀地，并开始进行具体的部署。

赵匡胤首先任命张晖为凤州团练使兼西面行营巡检壕寨使，负责侦察川陕一带地形,为陆路攻蜀做准备。张晖富于韬略,善于谋划,赵匡胤在制定"先南后北"战略时就征求过他的意见。随后,赵匡胤又在开封凿池引水,建造战船,编练水军,演习水战,为水路攻蜀做准备。

面对目前的形势,后蜀朝廷内部人心惶惶,主战派和主和派之间争论不休。主和的以宰相李昊为首,力主向赵匡胤纳贡称臣,向孟昶进言说:"我看现在大宋的运势,和后汉、后周不一样,将来一定会一统海内,不如我们现在就向他们朝贡,希望能换取我们国家的平安,这才是长久之策啊。"但是,枢密使王昭远却坚决反对李昊的意见,孟昶和王昭远从小一块儿长大,最信任的就是王昭远,于是定下了拒宋方针,并增兵驻屯三峡,还在长江沿岸的涪州(今四川涪陵)、泸州(今四川泸州)、戎州(今四川宜宾)操练划船手,准备抵御宋军的进攻。

王昭远,成都人,喜欢以当世"诸葛亮"自居,幼时家贫,13岁被送到附近的寺里,住持看他生得眉清目秀,聪明伶俐,便让他做了侍奉起居的童子。由于王昭远家实在是太穷了,所以他特别害怕被赶回家,便用心讨好住持,练成了一身察言观色、溜须拍马的本事。

人要是走运怎么挡也挡不住。有一次孟知祥在官署中请客,那位庙里的住持带着王昭远去赴宴,结果孟知祥一眼就看见了王昭远,见他聪明伶俐,孟知祥喜欢得不得了,于是就向住持要了王昭远,让他去给孟昶做伴读。于是,王昭远实现了人生中第一次华丽转身。从此,王昭远就和孟昶零距离地朝夕厮混在一起了,孟昶将他当最好的朋友,最铁的哥们儿。

孟昶当了后蜀皇帝后,便立即重用王昭远,不仅将军国大事都交给王昭远,就连后蜀府库里的财物也让王昭远随便拿,随便用。这不由得你不感慨吧，这才是真正的集万千宠爱于一身啊。

对孟昶这样的人事任命，他的母亲李太后提醒儿子说："当初你父亲用人有一个原则，在选择和提拔带兵的将军时，没有军功的一概不用，这样当兵的才能心服口服。而王昭远不过是你的一个仆从，既没打过仗，也没有真才实学，一旦国家有难该怎么办？"可孟昶根本听不进去。要说这位李太后也是一个见过世面的人，她最开始是李存勖的后宫侍女，后来被赏赐给孟知祥，生下孟昶，母以子贵，最终成为后蜀的太后。

而作为一名有进取心的年轻人，王昭远熟读兵书，喜欢高谈阔论，时刻准备着像自己的偶像诸葛亮一样带兵出川，建功立业。山南节度判官张廷伟想讨好王昭远，对他说："您年纪轻轻就身居高位，这是因为您德才兼备，可是从先帝起，凡是掌兵的将军都必须有军功，您没有军功，别人难免心里不服。依我看来，不如现在趁大宋刚刚立国，咱们联合北汉一起出兵，他们南下，咱们从黄花、子午谷出兵，内外夹击一定能把大宋的关右之地全部拿过来。"

王昭远一听大喜，也认为是绝妙好计，马上向孟昶汇报。孟昶随后派兴州军校赵彦韬和孙遇、杨蠲这三个他认为忠诚可靠的使臣，带着蜡丸密信穿过大宋去北汉。结果三人穿越大宋国境的时候，赵彦韬把蜡丸连同两个同伙一并交给了赵匡胤。赵匡胤看完蜡书，哈哈大笑道："我正要发兵西征，苦无借口，现在，我出师有名了！"

宋乾德二年（964）十一月，赵匡胤经过深思熟虑，调兵遣将如下：大宋共集结步、骑兵六万余人，从北、东两路夹攻后蜀；以忠武节度使王全斌为西川行营凤州路都部署，武信节度使崔彦晋为副都部署，枢密副使王仁赡为都监，组成北路军，由陕西经蜀道进攻成都；以宁江节度使刘光义为归州路副都部署，内务省使曹彬为都监，组成东路军，从刚占领的荆湖逆长江而上，先攻取重庆，后进攻成都。赵匡胤又任命给事中沈伦为随军转运使，均州刺史曹翰为西南面转运使，负责征蜀大军的后勤供应工作。

这个阵容相当强大。主帅王全斌，并州太原人，出身将门，从小就有胆有识。王全斌的父亲是李存勖手下的岢岚军使，曾私养一百多名勇士，李存勖怀疑他心存不轨，故召见他，但他害怕不敢去，王全斌当时只有12岁，对父亲说："陛下这是因为怀疑父亲心有异志，父亲您让我去做人质，陛下就不会怀疑了。"父亲听从了他的计策，果然安然无事，李存勖也因此把王全斌收在麾下。李存勖后来称帝，又经历叛乱，身边的那些文臣武将都跑了，只有王全斌和符彦卿等十数人拼死保护。后来，王全斌又历经数帝更迭，也多有军功。一直到后周时期，无论是柴荣收取秦、凤四州，还是三征淮南、北伐契丹，都能看到王全斌的身影。赵匡胤当皇帝后，王全斌又曾参与平定李筠叛乱，他与洛州防御使郭进等负责打援，率兵进入北汉境内，俘敌数千人。崔彦进、刘光义、曹翰也都在平定"二李"叛乱中表现出色。至于曹彬更是被后人誉为"两宋第一良将"，在军中威望很高。王仁赡和沈伦都是赵匡胤的亲信。因此，赵匡胤非常满意这个阵容。

强将有了，参与伐蜀的这六万宋军也都是久经沙场的老兵，战斗力相当强悍。但此时军饷却出了问题，新建的北宋没有足额钱粮以充军资。为了激励军队士气，赵匡胤在出征前向参与伐蜀的众将士承诺：这次伐蜀，朝廷只要地盘、兵甲、粮草，其余的缴获全部归前方将士所有。也就是说，只要能打胜仗，朝廷就默认军队在巴蜀烧杀掳掠，不管是金钱还是美女，谁抢到就归谁。此时的后蜀经过几代人的积累，已经是天下最富庶的地区。因此，赵匡胤送出的这项福利对军队来说无疑是一针强心剂，六万北宋士兵抱着发财梦，磨刀霍霍地杀向后蜀。

这时的赵匡胤一定不会想到，这个承诺会造成那么坏的后果！

军队出发后，赵匡胤又下了一道命令，在开封右掖门南临汴河的地方，修造一所住宅，房屋大小五百间，生活用具一应俱全，只等他的主人入住。这所房子就是为孟昶量身定做的，可见赵匡胤对于后蜀是志在必得。

孟昶听说赵匡胤出兵后，立即任命王昭远、赵崇韬率领三万将士由成都出发，急速北上，据守广远、剑门等入蜀的关口，同时派韩保正、李进则统率所部数万人驻防于兴元（今陕西汉中），与王、赵所部遥相呼应。

见识出众的李太后得知孟昶将抵御宋军的任务交给王昭远后，直接告诉她儿子：王昭远一定不能胜任，只有高彦俦才是一个可以托付的人，你即使不用高彦俦，就是问问计策也好过用王昭远。但鬼迷心窍的孟昶依然听不进去。

在给即将上战场的王昭远饯行时，孟昶对他说："出现今天这样的局面，是因为你想要和北汉联合征伐大宋，才把宋军惹来的，你可要为我立功啊！"王昭远此时志得意满，根本不把宋军放在眼里，他手执铁如意，自比诸葛亮，一派胸有成竹的儒将派头。王大将军喝得兴起，挎住宰相李昊的手臂说："我这次出征，只将来犯的宋军打败根本算不了本事，就凭我手下这两三万的'雕面恶少儿'，即使夺取中原也是易如反掌！"在众人崇拜和期许的目光中，"当世诸葛亮"王昭远先生打着酒嗝出发了。

说实话，如果不是让王昭远这样的废柴当主帅，凭借后蜀得天独厚的地理条件，孟昶还是有机会的。蜀地位于青藏高原和长江中下游平原的过渡地带，地形复杂多样，由山地、丘陵、平原盆地和高原组成，易守难攻。它东面是长江，有巫峡、瞿塘峡险要和夔州（今重庆奉节）战略要地，宋军东路军要想逆流而上发动进攻困难重重。当然还有陆路，但是在1937年川陕公路通车之前，中原地区通往四川的道路只有三条，分别是：金牛道（剑门蜀道）、米仓道、阴平道，这三条道路都极为险要，以其中最好走的金牛道为例，李白走过后就写下了千古名句"蜀道之难，难于上青天"，其他两条就更不用说了。

与王昭远的瞎闹不同，大宋远征军根本没给后蜀军队喘息的机会，上来就玩真的了。北路军在王全斌的带领下进入蜀地，他们的进攻路线是先攻下兴州（今陕西略阳），利州（今四川广元）、剑州（今四川剑阁），然后到达绵州（今四川绵阳）、汉州（今四川广汉），随后直驱成都。但这条路线上有两大天险，一个是在利州东北的大小漫天岭，一个是在利州与剑州之间的大小剑山，也就是素有"两川咽喉，蜀门锁钥"之称的剑门关。只要守住这两处天险，宋军便无法进入蜀地。

但发大财的梦想却是任何困难都无法阻挡的，北路军如猛虎下山，他们先在兴州打败了近万后蜀军，攻陷兴州后缴获蜀军囤积的粮草40余万斛，后蜀军退至保西（今陕西勉县）扼守。随后，宋军进攻保西，后蜀军又败，枢密副使韩保正被擒。

为阻止宋军进攻，后蜀军边退边烧掉了栈道，退守第一道天险大小漫天岭。这时，从成都赶来的"诸葛亮"王昭远和赵崇韬率领那两三万"雕面恶少儿"抵达利州，后蜀军分兵驻守于大、小漫天寨，据寨固守。王全斌当机立断，决定兵分两路，一路由崔彦进带领，抢修栈道，准备正面袭击小漫天寨；另一路由王全斌亲自率领，绕小路到了小漫天寨南边。两路大军相约会合在小漫天寨和大漫天寨之间。随后，小漫天寨被攻破。第二天，又破大漫天寨，第一道天险被攻克。后蜀军队随即准备与宋军决战，但那些没打过仗的新兵蛋子怎么可能是久经沙场的宋军对手，虽然王昭远一个劲儿地挥舞铁如意让部队冲锋，但后蜀军队还是一触即溃，宋军乘势进攻，王昭远带领残兵败将退守第二道天险剑门关。

在成都等待王昭远好消息的孟昶一看情况紧急，赶紧命令太子孟玄喆为主帅，统兵数万驰援剑门关。剑门关自古就是屏障蜀地的天险，因此，剑门关的得与失，直接决定后蜀的存亡。可是孟昶却将关系着生死存亡的剑门之战交给了花花公子孟玄喆。

受孟昶的言传身教，这位后蜀太子孟玄喆素不习武，和他爹一样爱好艺术，尤爱声乐，听到他爹让他带兵出去打仗，先是一百个不愿意，后来实在拖不了了，就带着几个宠妾，领着一大批乐舞优伶，吹吹打打地奔赴前线。成都的老百姓纷纷笑话，没见过这么出去打仗的，倒像是一支娶媳妇的喜庆队伍。唉，真是坑爹啊！

王全斌带领北路宋军到达剑门关。鉴于剑门关地势险恶，是绕道而行，还是正面进攻，宋军内部发生了争执。王全斌从降卒口中得知，剑门天险侧面有条小路，叫来苏小路，只要通过它，翻过嘉陵江东的几重大山，就可以直达渡口，江对岸只有少量后蜀兵把守，很容易渡江，绕过去之后，就已经是剑门以南二十里。所以部分将领认为，大部队应该沿着来苏小路继续行军，绕到剑门以南。但部将康延泽却认为，现在后蜀军一败如水，士气低落，大部队没有必要舍近求远走小路，只派一支精兵走小路迂回到剑门之南，继而和进攻的大部队形成南北夹击之势就可以了。王全斌仔细考虑后，同意了康延泽的策略。

但是他们的想法全都浪费了。

从来苏小路奔袭过来的宋军一到渡口，对岸蜀军马上跑路；大部队一进攻剑门关，王昭远直接抛弃天险就开溜了，仅留一个偏将守着。王全斌毫不客气，发起进攻轻易就占领了天险剑门关。宋军这么周密的部署白策划了，一点儿没用上，还不如直接往前冲呢。

宋军追到剑门关旁的剑州，赵崇韬还想召集军队最后抵抗一下，结果战败被擒，王昭远更是吓得浑身虚脱，简直无法从胡床上起来，回过神来以后连忙撤退。王全斌大破剑州，杀敌万余，随后又在东川的一间老百姓家里捉到了王昭远。被抓获时，堂堂枢密使王昭远哭得眼睛红肿，嘴里还反复叨念着唐末诗人罗隐抒怀诸葛亮的名句："时来天地皆同力，运去英雄不自由。"如果罗大诗人泉下有知，知道自己的诗被王昭远这样的废物拿来糟蹋真不知会是什么心情。

而赶来救援的后蜀太子孟玄喆正慢慢悠悠地行军到绵州，一听剑门关已失，正好可以不打了，就直接带着宠妾们和戏班子打道回成都了。北路军顺得不能再顺，东路军也是捷报频传。东路军在刘光义和曹彬的率领下溯江而上攻至巫峡，首战就围歼后蜀水军、步军一万余人，斩杀蜀国数员大将，活捉后蜀水师主帅袁德弘，缴获大小战船二百余艘。紧接着，东路军乘胜进攻，在行军至夔州约三十里处时，刘光义和曹彬严格遵照赵匡胤在出征时给他们的预定方略，舍船登岸，从陆路行军至夔州城下。

然而在这里,他们遭遇了少有的顽强抵抗,因为这里的守将叫高彦俦。在得知赵匡胤进兵后蜀时,李太后就对孟昶说:咱们有高彦俦在,就能保住后蜀。虽然这句话能否言中已经没有办法证明,但高彦俦确是腹有韬略、久经阵战。然而孟昶根本听不进去,耿直的高彦俦并没受到重用。但高彦俦就是高彦俦,他不但毫不怨恨,而且依然尽心职守,默默做着自己的本职工作。面对士气如虹的宋朝东路军,他主张坚守,在他看来,宋军涉险而来,肯定想速战速决,只要反其道而行之,就一定能够守住。

但监军武守谦坚决反对。因为监军是皇帝派来的,所以他说话高彦俦就得执行。于是武守谦率领所部千余人出城迎战,结果大败而回,此时的高彦俦完全可以关上城门,不理败兵,继续坚守,但他没有这么做,因为他知道最后决战的时刻已经来到了。宋朝大军乘胜杀进城内,高彦俦力战,身上十余处受伤,身边的人全部战死。最后,高彦俦奔回府第,整理好衣冠,向着成都方向叩拜,然后登楼纵火而死。

见识过人的李太后没有看错人。战斗结束后,刘光义收拾了高彦俦的尸骨厚葬,这是一个值得对手敬重的人。

占领了夔州,就打开了由长江入蜀的大门。随后,东路军也是一路顺利,沿途守军纷纷投降,刘光义和曹彬严令部队,秋毫无犯。

宋乾德三年(965)新年刚过,北路军兵临成都,东路军也紧随其后。此时,十四万后蜀军逃的逃,降的降,土崩瓦解。孟昶召集群臣商议对策,结果满朝文武除了面面相觑没有人能提出建议,无奈之下,孟昶只好命人起草降书,带着他的花蕊夫人和一干大臣出城向宋军投降,后蜀灭亡。

孟昶做了31年的太平天子,从曾经励精图治并开创蜀中盛世的一代英主，到最后贪图享乐，成了亡国之君，令人唏嘘。而自宋军出兵到孟昶投降，这场灭国之战只用了66天。

三、孟昶之亡与蜀地之乱

孟昶投降两个月后，按照赵匡胤的要求，他便在大宋军队"护送"下离开了生活近40年的蜀地，前往开封"述职"。孟昶在写给赵匡胤的降表中表达了三个请求：一是赡养老母；二是保护祖宗陵墓；三是希望得赐封号。王全斌代表赵匡胤接受了孟昶的投降，并将降表马上报告给了赵匡胤。作为高级战俘的孟昶还是不放心，又专门派了他的弟弟到开封去给赵匡胤请罪，请求赵匡胤一定要优待他。赵匡胤也是爽快人，直接拍板：我说话算数，你就放心吧！

就这样，孟昶带着家人踏上了通往开封的旅程，当然，是单程。在孟昶离开成都时，发生了令人惊奇的一幕——数万老百姓自觉来到道路两边送别这位亡国之君，百姓们痛哭流涕，其中数百人甚至哭昏了过去，孟昶也掩面痛哭，老百姓一直从成都送出数百里，场面感人。这些后蜀遗民敢冒着得罪新皇帝的危险来为旧皇帝送行，说明在蜀地百姓心里，孟昶还是一个深得民心的皇帝。

孟昶一行到达江陵时，赵匡胤早派了人等着迎接孟昶。五月十五日，经过两个多月的长途跋涉，孟昶抵达开封，赵匡胤为了表示重视，派了他的弟弟，时任开封尹的赵光义在南郊设宴给孟昶接风，举行隆重的欢迎仪式。第二天，孟昶带着弟弟、儿子、宰相一共33人来到皇宫外请罪，赵匡胤同样热情接待了孟昶，不仅设宴，而且重赏。十九日，赵匡胤放了孟昶三天假，"免三日朝参"。五月二十二日，又宴请了孟昶及家人。六月初五，赵匡胤封孟昶为开府仪同三司、检校太师兼中书令、秦国公，其家人子弟也各有封赏。孟昶得到了一个投降君主所能得到的最好待遇，如果不出意外，这位孟后主将会和三国时期的刘后主一样乐不思蜀，在开封的大房子里了却余生。然而七天以后，孟昶暴毙离世，享年47岁。赵匡胤追赠其为楚王，并按亲王礼节为孟昶举办了隆重的葬礼。

史书上关于孟昶之死的记载，只有短短的三个字："孟昶卒。"孟昶之死，也就成为一个永远无法解开的历史谜团，但这种毫无征兆的突然死亡，却一下子给了后人无限的想象空间。

其中流传最广也最香艳的是：赵匡胤自从看到孟昶身边的花蕊夫人后，便无法抑制地爱上了她，甚至不惜违背自己对孟昶的约定，直接派人毒死了孟昶，然后再装好人，隆重安葬孟昶。几天后，美艳无双的花蕊夫人进宫谢恩，被好色的赵匡胤强行留下，赵匡胤想看看她是否真如传说中的那样才华和相貌同样出众。于是便命她即兴作诗，花蕊夫人不假思索，当即吟道："君王城上竖降旗，妾在深宫哪得知？十四万人齐解甲，更无一个是男儿！"这首诗通俗易懂，虽然透出深深的亡国之痛，赵匡胤看了之后，不但没有发怒，反而赞赏有加，让她陪酒侍寝，后来又封为贵妃。赵光义和他哥哥一样，也对花蕊夫人垂涎三尺，由于无法得到便记恨在心。几年后的一天，赵匡胤率亲王和后宫宴射于后苑，赵匡胤举酒劝赵光义。赵光义答道："如果花蕊夫人能为我折枝花来，我就喝酒。"在花蕊夫人离席折花时，赵光义趁机一箭将她射死，随后流着眼泪对赵匡胤说："您千万不能因为美色而荒废了政务，不顾社稷。"赵匡胤想了想，没有责怪弟弟，饮射如故。关于这个故事还有很多版本，但基本大同小异。

第二种说法是：孟昶投降后，经过万里迢迢来到开封城，路途艰难，再加上水土不服，所以孟昶刚一安顿下来就病倒了，再加上赵匡胤的过分热情，隔几天就宴请孟昶，孟昶只能强拖着病体陪赵匡胤喝酒，导致病情加重，最终不治身亡。

第三种说法是：赵匡胤为防止蜀地叛乱而杀死了孟昶。前面讲到孟昶统治后蜀前期是个有为的明君，蜀地繁荣兴盛，老百姓也都非常感激孟昶，孟昶离开蜀地时，数万百姓相送，甚至还哭晕倒了好几百。而此时的蜀地却发生了打着"兴蜀""兴国"旗号的叛乱，想到孟昶在蜀地良好的群众基础，蜀地的百姓一定拥戴孟昶重回成都，这样的精神领袖怎么可能让他继续活命。所以赵匡胤虽然是一条好汉，有胸怀和容人之量，不过，他更是一个政治家，为了能让蜀地的百姓尽快打消兴复蜀国的情绪，他最终选择了除掉孟昶。

关于上面三种流传最广的推测，我认为第一个说法常见于各种小说、演义、戏剧当中，作为茶余饭后的谈资合适，但放在客观的历史中却不可信，因为实在犯不着。赵匡胤是一代明君，灭了后蜀之后的工作千头万绪，再加上蜀地此时兵变民变不休，如果再火上浇油地杀了人家前国主，霸占了人家前贵妃，蜀地的老百姓还不得人人和宋军玩命，所以赵匡胤不会为了一个女人毁了名声。再说，孟昶是投降了的皇帝，就是公开要他老婆，孟昶也不得不给，比如后来赵光义总是要李煜的媳妇小周后侍寝，李煜又哪敢拒绝。

第二种说法比第一种靠谱一些，但孟昶好歹是一国之君，虽然是亡国了，但除了政治上不能再发号施令以外，生活上的待遇其实也没什么大的改变，并且当时他也只有47岁，正当壮年，哪有这么容易病死或者喝酒喝死。

第三种说法我认为最有可能，为了彻底得到蜀地，赵匡胤不会让有威胁自身统治的情况或者人物存在，除掉孟昶可能也是不得已，但为了尽快平定后蜀的叛乱也只能这么做了。支持这种说法的还有两个事例。

一个事例是南汉的国君刘鋹投降后，有一次赵匡胤宴请群臣，刘鋹早早就来到皇宫，赵匡胤一看刘鋹这么积极非常高兴，就让侍从端来一杯酒赏给刘鋹，结果刘鋹一看是酒当时就吓瘫了，跪哭着对赵匡胤说自己对大宋真的是一片忠心，一点儿不臣之心都没有，结果弄得赵匡胤特别尴尬。这件事虽然没有直接提到孟昶，但孟昶是酒宴后突然暴毙的，刘鋹和孟昶同样是亡国之君，如果没有前车之鉴，刘鋹不会无缘无故见到一杯酒就吓得魂不附体，以为赵匡胤也要毒死他。

第二个事例是孟昶母亲的表现太异常了，这位见识非凡的老太太见到儿子死了，却一滴眼泪都没掉，她只是平静地说："你一个亡国之君，不能为保卫社稷而死，贪生怕死活到今天。我也因为你才苟活至今，现在你死了，我活着还有什么意思呢？"绝食数日而死。从李太后的反常表现也可以看出孟昶之死和赵匡胤撇不开关系。

赵匡胤发兵灭掉后蜀只用了66天，而平定蜀地的叛乱却用了两年多的时间！

这一切的根源还得从孟昶投降说起。孟昶把降表交给王全斌，北路军率先进入成都，而东路军的刘光义虽然也是一路顺利，但由于路途险阻，几天后才到成都。赵匡胤觉得两路大军齐奏凯歌,为公平起见,他就给了他们相同的赏赐,这时还在成都的孟昶也拿出一样的钱财犒劳两路大军。

但结果麻烦就出在这里。北路军认为是自己先打到成都的,东路军的到来是抢了他们的功劳,而东路军则认为自己一路跋山涉水,出的力多,这样给赏赐没什么不对。身兼两路军总指挥和北路军统领的王全斌打仗是把好手,处理这些内部矛盾就外行了。他先是和稀泥,告诉大家我们都是大宋的军队,有啥不满咱就商量着解决吧,可两边的人谁也不让谁,见面就起争执,王全斌也是束手无策。

面对这样的形势,王全斌准备拿出自己当官几十年的经验:把自己处理不了的难题交给领导处理。于是他决定回军,见到赵匡胤,这些矛盾肯定也就烟消云散了,东路军的曹彬也力劝他赶紧回师。

可又有部下对王全斌说:现在蜀地刚刚攻占,盗寇还很多,没有皇帝诏书,你就这么带兵回去怎么行?于是王全斌左右一掂量,还是打消了班师回朝的念头。

于是,数万大军就这样留了下来,王全斌想到赵匡胤出征前的承诺:只要土地、兵甲、粮草,其余的缴获全部不问。于是他坚决贯彻赵匡胤的指示,开始在成都吃喝玩乐,并纵容他率领的北路军欺男霸女、欺压抢劫,结果弄得蜀地乌烟瘴气,民怨沸腾。而东路军由于曹彬的严格约束没有参与北路军的行动。

为了解决朝廷捉襟见肘的财政状况,赵匡胤下令将后蜀府库的钱财和贵重物资运往京城,他承诺军队缴获的不要,但后蜀国家府库的不能不要,于是后蜀府库里存放的金、银、珠宝、铜币之类的"重货"和绢帛布匹等

"轻货"被源源不断运出,后蜀也是真有钱,再加上路途遥远,赵匡胤水陆兼运,前后花了十几年的时间才完成。

又过了一段时间,赵匡胤下令让一部分后蜀军的精锐部队入京,加入禁军,每人给钱十千,不走的人加发两个月廪食。王全斌接到命令,觉得这群一打就跑的败兵能进京加入禁军就不错了,还给这么多钱?不行,人可以走,钱必须留下。这一扣,蜀兵心里就不爽了,当兵吃粮,不就是为了挣几个钱嘛,连皇帝说要给的钱你都敢克扣,太没天理了。

宋乾德三年(965)三月,这批蜀兵出发了,按要求本来是要安排百十个随军使者遣送他们,但北路军的将领王全斌、崔彦进及王仁赡根本没把这支蜀兵当回事儿,遣送他们太辛苦了,随军使者就别去了,难道还能造反不成。

结果这批蜀军刚走到绵州,就造反了。

历史上的兵变程序基本都一样,最重要的是找个领头的。正好这时曾经担任过文州(今甘肃文县)刺史的全师雄在绵州城里,他曾经做过后蜀将领,很有威望,造反的部队找到他,推他为元帅,叛军有了领头的,声势就不一样了,很快就聚集了十多万人,号称"兴国军"。

王全斌得知绵州叛乱的消息,派了一个叫米光绪的部下前去招抚。其实全师雄造反也是被胁迫的,不一定是真心想反,所以米光绪是有很大希望劝降全师雄的。

但米光绪也不知是怎么领会王全斌意图的,接受任务之后的第一件事就是把全师雄的家人全杀了,还霸占了全师雄的小女儿。这下麻烦可大了,两边的关系直接从普通的敌对关系变成了不可解的生死大仇,全师雄怀着国仇家恨决心抵抗到底。

于是全师雄号称"兴蜀大王",带领叛军顽强作战,在攻取了彭州(今成都彭州)之后,成都周边的十个县纷纷起兵响应,紧接着蜀地共有十七州开始叛乱,蜀地的三分之一都乱了起来,甚至连剑门天险、沿江要塞都被叛军重新攻占了。

没想到几个月前还尽得离谱的后蜀士卒突然之间变成了百战精兵,王全斌开始害怕了。这时成都附近还有后蜀的降兵近三万人,王全斌担心他们里应外合,于是将他们骗到城中,尽数杀掉。

杀降不祥,宋军在蜀地民心尽失。

面对后蜀军民同仇敌忾的反抗情绪,宋军处处被动挨打,王全斌更是焦头烂额,束手无策。关键时刻,纪律严明的东路军终于稳住了局面,刘光义、曹彬在新繁(今四川新都)击败全师雄,生擒万余人。十二月,全师雄退守郫县,王全斌、王仁赡又率兵再胜,全师雄身上多处受创,再退至灌口寨,之后大小战不断。宋乾德四年(966)六月,王全斌攻破灌口寨,全师雄沿沱江东行,由于身上的箭伤发炎感染,病死在金堂(今四川金堂),"兴国军"叛乱告一段落。随后,宋军继续扩大战果,到年底时总算平定了叛乱。

仗打完了,就该追究责任人了,该赏的赏,该罚的罚。群臣提出的处理结果是杀掉王全斌,但仁厚的赵匡胤没有这么做,只是把他降为崇义节度使留后,即暂时代理节度使一职,在平定南唐后又恢复了他节度使的职务。北路军的其他将领崔彦进、王仁赡也都被降职。另一边,纪律严明的东路军将领刘光义、曹彬得到晋升。平蜀之役终告结束。

两年的叛乱折腾得赵匡胤寝食难安，叛乱平定后，他对蜀地的治理一改宽厚爱民的明君之风，苛以重税，弄得百姓生活极度困难，终于又在他弟弟当皇帝期间爆发了声势浩大的王小波、李顺起义，这次起义的风暴更猛烈，连成都都被攻占了，后来虽被平定，但整个北宋期间蜀地的问题不断，最终产生了"天下未乱蜀先乱，天下已治蜀未治"的恶果。

第五章

征伐两汉

在南方诸战取得节节胜利后，赵匡胤将目光投向了太原的北汉政权和岭南的南汉政权。面对两次宋军的进攻，顽强的北汉挺住了，而巫宦当家的南汉，覆灭了。

前面内容多次提到北汉这个政权，作为十国之一，它既不辽阔——只有太原及周边地区，也不富饶——境内多以丘陵山地为主，更没有多少军事实力——没办法，真没人啊，但它却以"干爹"为靠山——只要有事儿，契丹就一定出兵救援，坚强地存在了29年，不仅熬死了雄才大略的柴荣，连赵匡胤到死都没能吞并它。

一、首次北伐失败了

拜后周太祖郭威所赐，后周和北汉成了解不开的死冤家，北汉的开国之君刘崇一看单打独斗肯定不是后周的对手，为了报仇，他就找一直想图霸中原的契丹做外援，为了表示诚意，双方还约为"叔侄之国"，刘崇向辽世宗耶律阮称叔，自己称侄皇帝，实际上刘崇比耶律阮大22岁，没办法，谁叫自己苦大仇深还没本事呢。

柴荣即位后，北汉第一时间送去"见面礼"——联合契丹发动进攻，结果在高平打了大败仗，赵匡胤志得意满，一战成名，刘崇却没多久就憋屈死了。刘崇的继任者叫刘钧，他不仅从他爹那里继承了国家，也把他爹的仇恨给继承了下来。为了继续报仇，刘钧向辽穆宗耶律璟称"儿"，耶律璟也没和他客气，直接叫他"儿皇帝"，实际上刘钧比耶律璟还大5岁。后来赵匡胤当皇帝，刘钧并没有因为后周的灭亡而冰释前仇，相反又把仇恨转移到了赵匡胤身上。李筠叛乱，刘钧认为这是个好机会，派兵派将支援李筠，结果李筠迅速兵败，刘钧赔了夫人又折兵。

当赵匡胤定下"先南后北，先易后难"的统一方针后，曾经给刘钧下了战书："你如果真的想入主中原，就出太行山，咱们决一死战！"刘钧的回书却很客气，他告诉赵匡胤，北汉的国土和兵力连中原的十分之一都没有，我并不是反叛，只是想守住太原，让汉家的宗庙和祭祀延续下去。此时的赵匡胤由于忙着应付国内的事情，也就和刘钧达成了默契，双方暂时互不侵犯。

大宋开宝元年（968）七月，刘钧病死，养子刘继恩即位。这位刘继恩本来姓薛，他的父亲叫薛钊，原是后晋的一名普通士兵，不知走了什么桃花运，娶了刘崇的女儿并生下了刘继恩，因此，刘继恩就是刘钧的外甥。薛钊才能平平，所以刘崇当皇帝后也并未重用他，他的妻子也常居宫中不回家，夫妻俩长期分居，薛钊很是郁闷，一天，趁着酒劲儿，薛钊求见妻子，一言不合就动起手来，居然用佩刀把他的公主妻子刺成重伤，薛钊酒醒以后越想越怕，自刎而死。薛钊死后，刘崇又把此女改嫁给何氏，生继元，故刘继恩与刘继元是同母异父的兄弟。后来，继元的父亲、母亲都去世了。刘崇看刘钧无子，就让刘钧收养了继恩、继元，都改姓刘氏。

权力交接之际，正是一个政权最脆弱的时候，赵匡胤决定抓住机会，打北汉一个措手不及，于是他暂时改变了"先南后北，先易后难"的方针，准备趁机平灭了北汉后，再继续收拾南方。

赵匡胤命令昭义军节度使李继勋为都部署，侍卫步军都指挥党进为副都部署，曹彬为都监，火速出征北汉，他的命令是，不惜一切代价，一定要快，快速攻下太原城，速战速决。

于是，接到了命令的李继勋开始向太原冲刺。路上决不恋战，能跑就跑，然后夺取汾河桥，抵达太原城下。李继勋开始组织部队攻城，但太原城城高墙厚，守兵充足，北汉官兵拼死守城，于是宋汉双方进入胶着状态，很快契丹的援兵到达，李继勋怕陷入腹背受敌的境地，只得引兵撤退。

远在开封的赵匡胤惊讶了：刘钧七月份死，他八月份派兵，李继勋他们九月份就攻到了太原城下，行军可谓迅速，北汉蕞尔小国，可北宋这次初试牛刀的北伐，却居然以失败收场了。

赵匡胤不知道，就在这短短的两个月，北汉又"换天"了：皇帝换成了刘继恩的弟弟刘继元。这一切的改变都是因为北汉宰相，一位道法高深的前武当山真人郭无为。下一次进攻北汉的机会马上就来了，但是，后来的历史告诉我们，宋军下一次还会无功而返。

郭无为，字无不为，今山东省高青县人，号"抱腹山人"，史书记载他的样貌特点是"方颡鸟喙"，意思是方方的额头和像鸟嘴一样的尖嘴，如果还是想象不出的可以参照一下《封神演义》里的雷震子或《西游记》中的孙悟空。一般相貌奇特的人都有过人之处，这位具有雷公气质的郭无为也不例外，他杂学多闻善于谈辩，早年出家做了道士，隐居在武当山。

后汉时期，郭威征河中，郭无为主动前来军中谒见，郭威一见他气质非凡，就想把他留在身边，但郭威左右的人劝阻说这样可能会引起后汉皇帝的怀疑，于是郭道长气哼哼地拂袖而去。可见这位道长虽然人是隐居山里，心却始终系着俗世荣华。

后来，刘钧称帝，想借援李筠的机会大捞一笔，结果却狼狈而归，怕宋军北伐，所以下诏访求天下有智谋者，郭无为于是投奔了刘钧，备受宠信。从此郭真人就在北汉平步青云，一直做到宰相，他为刘钧整顿朝纲，操练军队，也牢牢把持着北汉朝纲，直到刘钧去世，刘继恩继位。

刘钧对郭无为是推心置腹，无条件地信任，但刘继恩对郭无为只有忌恨和防范。刘钧生病时，跟郭无为说起身后事，感叹儿子刘继恩才能平庸难成大器，郭无为也点头称是。刘继恩知道郭无为居然敢如此贬低自己，自然对郭无为怀恨在心，刚刚坐上国主宝座，他就想诛杀郭无为，只是因为优柔寡断下不了决心。

时间渐渐流逝，刘继恩发现，自己虽是北汉的国主，但郭无为独揽朝政，不甘心只是做一个傀儡皇帝的刘继恩决心向郭无为开战，他要把权力从郭无为手中收回来。于是，刘继恩加封郭无为为司空，明升暗降夺了他的实权。九月，刘继恩摆下一个鸿门宴，准备在宴会中找机会杀掉郭无为，但是老奸巨猾的郭无为不知是提前得到消息还是嗅到了危险的气息，反正是称病没去。紧接着，郭无为一个反扑，将刘继恩杀了。当然，不是他自己动手,杀手是一个叫侯霸荣的人。

侯霸荣,陕西人,力气大、射箭准、飞毛腿,因为这三样本事驰名江湖,做了江洋大盗,后来投靠刘钧,在北汉工作一段时间后投奔大宋,可这位仁兄投奔大宋后又后悔了,居然又成功地单独逃回了北汉。在北汉的文臣武将纷纷外逃的局面下居然还有人能往回跑,这样的忠义之士在当时可实在太少见了,于是他立即被北汉作为正面典型重点宣传,被封为宫内的供奉官。

话说刘继恩设鸿门宴以杀郭无为,但郭无为并未赴宴,郭无为此时化身导演,一场弑君血案正在紧锣密鼓地准备中。

宴会结束,刘继恩回到勤政阁躺下休息,突然,侯霸荣带了十几名打手冲了进来,迅速把房门锁死,刘继恩遽然惊起,史书记载刘继恩长得大腹便便,且有一个先天的生理缺陷——腿短,"乘马即魁梧,徒步即侏儒"。眼看房门已锁,跑不出去的刘继恩只能绕着书堂屏风跑,腿短跑不快的他没跑几步就被能跑过奔马的侯霸荣追上,侯霸荣一刀刺向刘继恩的胸膛,这位刚刚即位60天的皇帝便倒在血泊中,侯霸荣砍下刘继恩的首级,准备回大宋向赵匡胤邀功。但他没有等到这个机会。

无论是刘继恩还是侯霸荣,与老谋深算的郭无为比起来都还太嫩了。知道刘继恩已经被杀,因为房门被锁,郭无为率领早就蓄势待发的士兵登梯子进入屋内,此时侯霸荣还想跟郭无为汇报胜利战果呢,哪知道郭无为一声令下,士兵一拥而上将侯霸荣杀了个干净,此后,郭无为依旧掌控大权,并拥立刘继恩的弟弟刘继元为皇帝。

道法高深的郭无为以为刘继元好控制,所以才立他为帝,但刘继元一登上国主的宝座，马上就露出了狰狞的面目。估计是以前当养子的日子不好过，所以刘继元憎恨刘钧家的每一个人。刘继元的原配媳妇段氏，因为一件小事，被刘钧的妻子郭氏训斥了一顿，不久之后就生病死了，刘继元怀疑是他的养母郭氏故意害死了段氏，怀恨在心，总想伺机报复。这下好了，自己当了皇帝，报仇的机会来了。当时郭氏正在刘钧的灵柩前哭丧，刘继元委派亲信来到刘钧的灵堂，用绳子把郭氏活活给勒死了。杀死养母郭氏后，刘继元又把刘钧的后宫姬妾、嫔妃一顿胡乱祸害，肆意凌辱。但是他感觉还不解恨，又把爷爷（姥爷）刘崇的儿子统统抓进了监牢，天天折磨，只有一个叫刘铣的靠装疯卖傻才捡回了一条命，其他几个都被折磨致死。

这么一折腾，原本就很混乱的北汉更是乱成一团，这给了赵匡胤充足的出兵理由，如果能抓住这次机会，灭掉北汉指日可待。

二、再次北伐又败了

第一次攻打北汉失败的事情让赵匡胤郁闷了很长时间，明明只是一块弹丸之地，明明已经乱成那样，明明大宋已经十分强大，可就是攻不下太原城。

宋开宝二年（969）二月，赵匡胤再也坐不住了，北汉既然这么顽强，那就由自己亲自来收拾掉这粒夹在大宋和契丹中间的铁豌豆。这次出征的阵容和上一次基本相同。二月八日，赵匡胤命令宣徽南院使曹彬、侍卫步军都指挥使党进等，各领兵先赴太原。十一日，赵匡胤下诏亲征，十二日，赵匡胤以弟弟赵光义在开封处理日常工作，并任昭义节度使李继勋为河东行营前军都部署，建雄节度使赵赞为马步军都虞候，先赴太原。随后，赵匡胤召见他的"义社十兄弟"、时任彰德军节度使的韩重赟来朝，任为北面都部署，并告诉他："契丹如果知道我亲征，一定会出兵救援北汉，他们认为镇州和定州没有防备，一定会选择从那里进入太原，你就在那里打他们一个出其不意。"

布置妥当后，赵匡胤于二月十七日离京，再次踏上亲征之路，他所不知道的是，这是他人生中的最后一次亲征。

就在赵匡胤踏上亲征之路时，契丹也"变天"了。赵匡胤准备北伐之时，辽国皇帝还是前面提到的那位"睡王"辽穆宗耶律璟，尽管不恤国事，这位"睡王"仍然统治辽朝长达18年（951—969），但他的生命马上就要终结了。由于耶律璟变得越发嗜酒好杀，身边服侍他的人稍有过错，就处以极刑，弄得人人自危。辽应历十九年（969）二月二十二日，近侍小哥与厨子辛古等六人造反，醉酒酣睡中的辽穆宗被弑，年39岁。群臣拥立耶律贤为帝，是为辽景宗。新君甫立，短时间内还顾不上北汉的事，也算是给赵匡胤帮了个忙。

可是，契丹虽然无暇南顾，但老天似乎还想给大宋点儿考验，大军一到潞州，就赶上滂沱大雨经久不停，赵匡胤只好下令停止行军。赵匡胤发现各地征集的粮食也都集中在潞州城里，运输粮食的车辆把道路都堵塞了。赵匡胤很生气，要处罚负责粮饷运输的转运使。宰相赵普劝阻说："军队刚到这里，转运使就要治罪，这要是让契丹人知道了，一定会认为我们准备不足而有机可乘。还是赶紧选拔一个能力强的人速来此地吧。"赵匡胤一想也对，就任命户部员外郎王祜担任潞州知州，王祜一来，遣发运输车辆，道路很快就畅行无阻了。

知道大宋大军来攻，刘继元命刘继业、冯进珂守在离太原不远的一处军事要地团柏谷，这位刘继业就是后来家喻户晓的老令公杨继业，这时姓刘是因为被北汉赐予了国姓，他的故事我们后面会详细记述。刘继业一看宋军的先头部队到了，便命令部将陈延山带领几百骑兵去侦察，结果陈延山一看到李继勋的队伍就直接投降了。仗还没开打，先丢了一大队人，刘继业、冯进珂觉得这仗没法打了，便退回了太原城。

这时契丹派的特使韩知范也到达太原，但他不是来救援的，是来册封的，因为北汉是契丹的属国，契丹新皇帝上位，按例要对北汉国主重新进行册封以表示承认。看到宋军来犯，韩知范对北汉的群臣说了一堆宽心话，比如辽朝与北汉是一家人，现在宋军压境，大辽不会不管之类的，这让北汉君臣又看到了希望。

第二天，刘继元宴请韩知范，大家正喝得高兴，郭无为却突然站起来，拔出佩剑要自杀，口中念叨着我不想活了。刘继元赶紧让人夺下郭无为的宝剑，郭无为哭着说："太原一座孤城怎么能够抵抗得了大宋的百万大军呢？一下就把我们给碾成齑粉了！"其实，郭无为这是在动摇北汉的军心呢。早在四个月前，赵匡胤就派人至太原与郭无为联络，让他劝谕刘继元降宋，并承诺如果事成，将以刘继元为平卢节度使，郭无为为安国节度使，无为"得诏色动"，从那时起就有了二心。现在，知道大宋军队马上就要来了，郭无为不禁喜上心头，他这一哭一闹，把北汉君臣弄得人心惶惶，这正是郭无为想要的结果：如能使北汉乖乖投降，大宋兵不血刃攻下太原，到时宋朝论功欣赏，他郭真人不得立个特等功啊。

第五章 征伐两汉

因为大雨无法进军的赵匡胤在潞州整整等了18天，这期间宋军抓了个北汉间谍，闲得无聊的赵匡胤立即亲自审问，间谍告诉他："城里老百姓生活艰苦，日夜盼您早点来呢。"赵匡胤听了这话，心情好了一些，给间谍一些衣服钱财就把他放了，并决定雨停之后立即上路。

到了太原，赵匡胤命李继勋围城南，赵赞围城西，曹彬围城北，党进围城东，将太原城围得水泄不通。赵匡胤到城东视察，商量怎么攻城，这时一位叫陈承昭的将领对他说："您有几千万大军在左右，为什么不用？"赵匡胤愣了一下，陈承昭用手指向汾水，赵匡胤恍然大悟，好的，就这么办了。

太原城被围了个水泄不通，只有挨打的份儿。但名将就是名将，刘继业带队从西门出城突袭，负责城西防务的主将赵赞立即率军迎敌，打了一会儿，赵赞被流箭射穿了脚，宋军顿时处于劣势，多亏东边的党进派遣都监李谦溥去西山砍木头以给军用，李谦溥听到鼓声，果断带领部队扛着斧头就过来增援了，刘继业一看大宋的援军到了，便引军退回了城里。

不一会儿，刘继业又带领几百人从东门杀出，攻击党进的营地，党进也是一员特别能打的虎将，就不像赵赞这么好欺负了，一看敌军来了，直接带几个人奔刘继业去了，刘继业一看这架势，只好跳到壕沟中躲了起来，晚上才攀着城上放下的绳子进了城。

到了四月份，契丹那边"睡王"的后事也处理完了，新皇帝耶律贤（辽景宗）也从容了，太原这边还打着呢，于是契丹赶紧派出两路大军救援北汉，一路自阳曲（今山西阳曲）进兵，一路从定州（今河北定州）进兵。赵匡胤早就命棣州（今山东滨州）防御使何继筠为石岭关部署，屯兵阳曲。

四月五日，听说契丹援兵要来了，赵匡胤派人把何继筠找来，授以退兵方略，并拨给他数千精兵前去迎击。临别时，赵匡胤对他说："明天中午时分，希望能等到你的捷报。"当时正值盛夏，天气炎热，赵匡胤便命人调制麻浆粉给何继筠吃，何继筠吃完谢恩离去。

　　第二天，何继筠在曲阳北边迎击契丹援兵，以逸待劳把他们打得大败，擒其武州刺史王彦符，斩千余首级，活捉一百多口，马七百余匹，缴获铠甲无数。赵匡胤在太原城外登北台以待，远远看见一人骑马而来，派人迎上去一问，果然正是前来报捷的何继筠的儿子何承睿。

　　就这样，契丹援军还没到太原城下就被打退，而太原城内的北汉将士不知契丹援军已败，还眼巴巴地盼着他们快点到来，当赵匡胤以所获契丹人的首级和铠甲展示给太原城内的将士看时，北汉的士气一下降到了冰点。

　　五月二日，另一支契丹军队自定州来援，这也早就在赵匡胤的预料之中，他之前就命韩重赟在定州埋伏。此时，韩重赟已经在定州西面的嘉山等待相当长时间了，契丹军队一见宋人旗帜，大骇，想要撤退，韩重赟哪能给他们喘息之机，他率领军队急击契丹，大破其众。当使者送来捷报，赵匡胤不禁大喜。

　　契丹援军的问题解决了，可太原城还是久攻不下，这时水坝已经修完，大水也引到了城下。十二日，赵匡胤命水军乘小船载强弩攻城，战斗打得异常惨烈，内外马步军都军头王廷义亲自擂鼓助威，并身先士卒抢登城墙，不幸被流矢射穿脑袋而坠落城下，两日后去世。十四日，殿前都虞候石汉卿亦被流矢射中，掉落水里，溺死。二十一日，赵匡胤到城西，命令各军集中攻西门，还是没有结果，太原城纹丝不动。

赵匡胤有些迷茫了，先前抓到的那个间谍不是说太原的百姓都希望自己来解救他们吗？怎么城里的军民都在同仇敌忾抵抗自己？

赵匡胤急着攻下太原，城里的郭无为比赵匡胤还着急，他急的当然不是怎样守城，而是如何才能成功地降宋。为了成就自己的功名利禄，他主动找到刘继元请缨："别看我一把年纪了，但我要为国尽忠，今晚我就亲自带兵偷袭宋军。"看到仙风道骨的郭无为如此赤胆忠心，刘继元不禁感动得热泪盈眶，他亲自挑选了千余精兵，并派最能打的大将刘继业、郭守斌左右辅佐，还亲自率领文武百官含泪送他们出城门，那阵势弄得和太子丹送别荆轲似的。

郭无为名为"偷袭"、实为投敌的完美计划却又因为老天的玩笑而失败了。刚出城的时候，还满天星斗，可没走多远却突然变天，又是刮大风，又是下大雨，顿时能见度变得极低。正骑在马上的一代名将刘继业突然马失前蹄摔倒了。刘继业武艺高强，人没什么事，可他的马再站起来的时候，走路就一瘸一拐的了，这是趁着夜色去偷袭敌营，干玩命的事儿，总不能骑着一匹瘸马往前冲吧，于是刘继业只好领着自己的人先回太原城了。郭守斌的情况也差不多，这时也摸不着东南西北，队伍根本无法指挥，走着走着，后面的就和前面的走散了，郭守斌一看人少了一大半，就这么点儿人还怎么去偷袭，这时又遇到了宋军的警戒部队，黑灯瞎火、刮风下雨的一阵乱打，郭守斌在自家城池附近迷路了，也只得找路回太原。郭无为一看这种阵势，气得大骂两位副将无能，要是带着这样狼狈的残兵败将，落汤鸡一样的去投靠赵匡胤，不被人笑话死才怪，以后也别提什么节度使了，能活命就不错了。于是郭无为也索性带着部队回到太原，再继续等机会吧。

闰五月二日，经过汾水长期浸泡的太原城南墙终于坍塌，水穿外城注入城中，城中军民大为震惊，宋军将士眼看成功在望，加紧了进攻。城里的北汉军民紧急修墙堵水，宋军箭如雨下，使北汉人无法靠近塌墙，眼看大水即将灌入，就在这命悬一线的关键时刻，突然从城内冲过来一大堆柴草，直抵水口而止，柴草太厚，宋军的利箭竟然穿不透，北汉军民趁机迅速抢修城墙，水口又被堵住了。

城里的郭无为再也坐不住了，他又游说刘继元说："我们赶紧投降吧，太原守不住了！"刘继元不听。北汉的宦官卫德贵早就怀疑郭无为有二心，他极力向刘继元举报郭无为勾结宋军的企图，盛怒之下的刘继元将郭无为当众绞死，北汉军民士气大振，可怜郭无为至死也没当上大宋的节度使。

北汉准备主动出击了。北汉大军自西出城偷袭宋军，计划焚烧宋军的攻城器械，宋军攻城久攻不下，人人憋了一股火没地方撒，这下机会来了，一战斩杀北汉一万多人。

在白天惨败后，北汉夜间派使者来到宋营，告诉赵匡胤，刘继元一会儿就出城投降，赵匡胤大喜，命令开营门迎接，而八作使赵璲说："受降要跟迎敌作战一样的严加戒备，怎么能在半夜轻易许诺？"赵匡胤马上醒悟过来，派人一查，果然是北汉的间谍诈降。

第二天，传来了原宰相魏仁浦去世的消息，前面讲过，关于进攻北汉，赵匡胤曾经征求过魏仁浦的意见，魏仁浦不假思索地说："欲速则不达，请陛下三思。"现在魏仁浦死了，赵匡胤开始反思这次北征，是不是真的冒进了？太原城依然在顽强固守，宋军的将士们愈发急切，东西班都指挥史李怀忠率众再次攻城，中箭退了回来，差点丢了性命。猛将赵廷翰率诸班卫士一齐向赵匡胤叩头,请求速速登城决一死战,赵匡胤动容地说:"你们都是我亲手训练出来的,无不是以一当百的勇士,我们是同生死、共患难、休戚与共的战友,我宁愿不得太原,又怎么能让你们冒着锋刃,去蹈必死之地呢?"将士们都感动得涕泪交加,山呼万岁。

然而,宋军面临的形势越来越严峻。天气越来越热,霖雨连绵,宋军将士们宿营在城外的湿草地上,好多人都患病拉肚子,这时契丹又派来了支援的部队,城内的刘继元等人又来了斗志。情况对宋军越来越不利,这时不断有大臣劝赵匡胤暂时退兵以休养生息,赵匡胤在征求了赵普的意见后,闰五月七日,决定班师回京。十六日,军队正式南归,临行前赵匡胤最后看了一眼太原城,虽然不甘心,但也无可奈何了,终其一生,他也没有荡平北汉。

北汉这边经过这两次大战,军队人数锐减,史书记载光被杀掉的北汉将士就有一万三千多人。赵匡胤在临退兵的时候,又把太原附近的一万多户百姓全都迁到了河南和山东等地,这使本就人口匮乏的北汉更衰微了。但北汉也有意外收获,他们收拾宋军所丢弃的军用物资,得粟三十万,茶、绢各数万,物力凋敝的北汉因此而得到少许缓解。

赵匡胤带兵撤走以后,刘继元马上命令排水和修复城墙。水排净以后,太原的城墙开始大块大块地脱落,那时候,契丹的使者韩知范还在太原,见此情景不胜唏嘘,他说:"赵匡胤只知道用汾水来淹太原,却不知道先引水淹城之后把水放走,然后再放水淹,那样,太原恐怕就真正完了。"

赵匡胤的这次亲征就这样充满遗憾地结束了。虽然没有收复北汉,但是也极大地削弱了北汉的实力,为宋太宗最终攻灭北汉打下了基础。

三、巫宦之国南汉覆灭了

攻打北汉失败以后,赵匡胤又将统一全国的思路回到"先南后北,先易后难"的既定方针上来,他的下一个目标是位于岭南的南汉国。南汉国建立于公元917年,包括现在的广东、广西、海南、云南一部分及越南北部,面积大约40万平方公里。唐朝末年,河南人刘谦当上了封州(今广西梧州)刺史,虽然当时两广地区在中原人眼中还是蛮荒之地,但由于天下大乱,中原很多人跑到岭南避难,再加上那些被流放的官员,人口逐渐增多。在刘谦的苦心经营下,只用了一年多时间,他就拥兵过万,战舰百余艘。

要说这位刘谦先生也是一位乱世中的人才,却有个要命的弱点,怕老婆。刘谦的老婆韦氏家族背景深、能力大,所以脾气也大,刘谦后来看上一位姓段的女子,不敢带回家,就只得在外面又买了处房产,将段氏金屋藏娇养了起来,两人还有了一个儿子。但纸里毕竟包不住火,刘谦养小的事儿还是被夫人知道了,韦氏下了狠话:要么把她们母子带来让我一刀一个杀了,要么我现在宰了你也行。刘谦衡量了一下,觉得还是老婆得罪不起,就把他和段氏的儿子抱了过来,哪知韦氏一看到这个孩子,圣母之心突然大爆发,流着泪说:"这真是我家的宝啊!"于是把这个孩子当成亲生孩子抚养,当然,她没忘了派人把段氏杀了。刘谦与韦氏已生有两子:刘隐、刘台,段氏所生子则取名为刘岩。

刘谦死后,长子刘隐继承父职,由于当时刘隐才21岁,军中有人不满他继承父职,准备密谋作乱,发动兵变。刘隐很有才干,临危不乱,用计将准备造反的将校全部杀死，军中诸将都对他心悦诚服，一下子奠定了他在军中的地位。刘隐最终统一岭南。朱温篡唐后，刘隐受封为南海王。刘隐去世后，二弟刘台早亡，三弟刘岩继位。

刘岩身高七尺，十分聪敏，善骑射，有一定的军事才干和政治眼光，还精通占卜算命之术，却天性苛酷，以杀人为乐，官员和老百姓都以为他是残忍的蛟蜃化身。看到乱成一锅粥的中原王朝，刘岩决定改变他爹和他哥两代尊奉中原王朝的国策，公元917年，刘岩定都番禺（今广东广州），史称"南汉"。

刘岩虽然人品不咋地，但治国能力在五代十国中却算是佼佼者，他一边设立完善的政权体系，一边开设科举，选贤任能。他还利用南汉得天独厚的地理优势，开放海禁，派使者到东南亚或波斯做生意，也允许外国商人到南汉做生意，赚了不少的税金，国库十分充足。当时的广州城成为南方最大的商贸口岸，也为名垂青史的海上丝绸之路做出了贡献。

刘岩喜欢给自己改名字、改年号，他先是觉得他爹给他取的名字太土，就改名叫刘陟。当了皇帝后，他的第一个年号叫"乾亨"，就是《周易》第一卦"乾，元亨利贞"里面挑选的两个字。过了一段时间，刘陟看到南宫三清殿院子里雨后出现了一条白色彩虹，觉得这是白龙降临，于是就把名字改为刘龚，意思是与龙共治天下，年号也改成了"白龙"。不久，有个西域和尚告诉他说，现在谶言说"灭刘氏者龚也"，于是他又给自己改了名字，这次他根据《周易》的卦象"飞龙在天"，自己就造了一个字"龑"（音"演"）。纵观中国历史，为自己改名字而造字的，除了武则天也就只有他了。

没多久，南汉跟以长沙为中心的南楚打仗，被人家打败了，为了扭转战局，刘䶮先生拿出了他的绝招，算卦。这次这位仁兄用《周易》算出的结果是"大有"，于是他改年号为"大有"，再派兵去打，竟然打了一个大胜仗。他相信这完全是算卦和改年号的功劳，以后更是对《周易》无比推崇，无论决定什么军国大事都要算上一卦。

按说作为一国之主，改改名字，改改年号，算算卦，这些都属于个人爱好，也无可厚非，但他最让人不能忍受的是他的变态心理——喜欢杀人，而且是不断变换花样地杀人，由他发明的灌鼻、割舌、肢解、炮炙、烹蒸、刳剔等刑罚，数不胜数，每次杀人他都会现场观看，神经高度兴奋，看到被杀之人的痛苦表现，他不仅手舞足蹈，竟然会嘴角流着哈喇子，就像饥饿的人看到美食一般。

刘䶮晚年的另一荒谬之处就是极度宠信宦官，刘䶮不信任读书人，晚年更是不断猜忌、排挤、屠杀士人官僚，并提拔宦官参与政事，对此他还曾自我解释过：士人当官多是为子孙谋福利，不会全心全意服务国家，远不如无儿无女的宦官忠心。刘䶮活了54岁，当了25年皇帝，让人哭笑不得的是，他的谥号竟然是天皇大帝。

刘䶮死后，他的长子刘玢接班。要说亲儿子就是亲儿子，啥都像他爹。刘䶮还没入土，刘玢就在后宫和那些宫女妃嫔们花天酒地，刘玢的爱好也很奇特，他喜欢看戏，但演戏的男女必须穿着皇帝的新装，其他衣服不许穿。后宫那么多女子他不喜欢，晚上还要换了便装出宫去妓院玩耍，夜宿娼妓之家。

一年后，刘玢被他的弟弟刘晟杀死。

刘晟即位后将他爹好杀人的基因完全继承了下来，只不过他爱杀的是自己的兄弟、刘姓宗室、朝中旧臣甚至自己的心腹。在他在位的时间里，刘晟几乎都是在算计怎么杀人，他先杀了帮助他篡位的那些心腹手下，然后是自己的兄弟，由于他爹刘䶮特别能生儿子，封王的就有19个，刘晟就把剩下的17个兄弟（刘玢已经被他杀了）一个没留，方法有下毒、暗杀、逼杀、陷害等。接着他又把南汉国的其他刘姓宗室几乎赶尽杀绝，原来的朝中旧臣也所剩无几。因为死的宗室和大臣太多，朝廷的官位空余太多，怎么办？没关系，刘晟先生直接用宦官和宫女补上了空缺。

刘晟时期，南汉国的宦官数量竟然超过千人，他们不但在朝廷为官，更有很多被外放到地方为官，这还不算，刘晟还任命宫女卢琼仙和黄琼芝为侍中，另外十几名宫女也都获封大小不同的职务，这群娘子军竟然也都穿上大臣的官服在朝堂之上决策国家大事，成为历史上的一大奇观。

刘晟死后，他的长子刘鋹即位，这位仁兄更是奇葩，堪称南汉历代奇葩国君的集大成者。正是刘鋹，把南汉打造成了一个女巫与宦官共治的荒唐政权。

刘鋹和他爹一样，登基后的第一件事就是先杀兄弟，不过他比他爹厚道，他爹是一个没留，他好歹还留了几个。另外他从他爷爷刘䶮那里继承了杀人的方法，刘䶮设计的那些变态酷刑他不但照单全收，还另辟蹊径，他最喜欢用毒酒毒死大臣，尤其爱看大臣在喝了毒酒之后的种种痛苦挣扎。

在治理国家上，刘鋹也比他爷爷和他爹更有想法，这两位老前辈只是宠信和任用宦官，而他则更进一步，在这位皇帝面前，要想做事，要想当官，要想为国尽忠，对不起，只有一个办法——引刀自宫，先阉了再说，甚至读书的士子中了进士、状元也不例外。到了后期，南汉的宦官势力达到了巅峰，百分之九十的朝廷官员都变成了太监，他们还有一个专门的称呼"门内人"，朝中像枢密使、骠骑大将军、六军观容使这样的高级军职，全部由宦官担任，还有的甚至加官至三公、三师、开府仪同三司。刘鋹还非常信奉佛教和道教，其结果就是和尚道士想与刘鋹谈禅论道，对不起，也要先阉割了再说。这种不良的风气还在社会上导致了极其恶劣的后果，有想投机上进的人，纷纷寻求自宫之法，当时甚至诞生了一门新的工种——阉工，即每天替男人做"外科手术"的职业工人。据史料记载，当赵匡胤的大军进入广州后，光抓阉工就抓了五百多人。唐末宦官专权的鼎盛时期，阉人人数也不过四五千人，而南汉国土没有大唐的十分之一，但宫中"自宫"或"被自宫"的人数竟然达到两万多。

刘鋹不信任男人，却信任不男不女的太监，不爱中国女人，却爱外国女人。在茫茫人海中，刘鋹先生终于找到了他的真爱——一个又黑又胖、明艳动人的波斯女人，刘鋹给她取名"媚猪"，每天带着她到处游玩。至于朝政，刘鋹交给了一个没胡子、名字却叫做樊胡子的女巫带领一群太监和宫女处理。

樊胡子其实就是个靠跳大神和画符骗钱的巫婆，她说刘鋹是玉皇大帝的太子下凡，而她则是奉了玉皇大帝的使命，特来辅佐刘鋹统一天下，她和卢琼仙等人都是天兵天将下凡，即使犯了什么过失，太子皇帝也不能惩罚。刘鋹深信不疑，从此宫中都称刘鋹为太子皇帝。刘鋹爱花钱，他造宫殿，一根柱子要用十五万两黄金包装。但钱从哪里来，只能无休止地盘剥百姓，各种苛捐杂税数不胜数，老百姓连进城都要交"进城钱"。刘鋹的这些不得人心的做法，给赵匡胤出兵创造了理由，于是赵匡胤在征讨南汉时举起了替天行道的大旗——吾当救此一方之民！

其实南汉与大宋的摩擦早在赵匡胤平定了荆南之后就没消停过，但双方都是小打小闹，刘鋹想趁大宋在荆南立足未稳扩大疆域，而赵匡胤则忙于平灭后蜀和攻打北汉，没时间搭理刘鋹。后来赵匡胤想了个办法，他让南唐的国主李煜给刘鋹写信，让刘鋹向大宋纳贡称臣，对大宋言听计从的李煜不敢得罪赵匡胤，明知是赵匡胤在挑拨离间，也只能照办。

在第一封书信没有结果后，宋开宝三年（970），李煜又写了第二封信，这次他还特意选了一名能说会道的使者龚慎仪前往南汉，刘鋹看过信后非常生气，将龚慎仪囚禁起来，并给李煜写了一封措辞极为不尊敬的回信。李煜把刘鋹传来的书信直接转交给赵匡胤，这又为赵匡胤出兵提供了第二个借口。

还有一次，镇守边界的宋军抓到了十几名南汉的宦官，送到开封之后，赵匡胤亲自审讯，审到一个叫余延业的宦官时，赵匡胤问他担任什么职务，余延业告诉他是护驾弓官，行伍出身的赵匡胤一听太监也能担任武将非常好奇，便命他展示一下弓术，结果这位余公公连弓都不会拉，并向赵匡胤如实交代了南汉国的实际情况，这又坚定了赵匡胤征伐南汉的决心。

宋开宝三年（970）九月初一，赵匡胤命潭州（今湖南长沙）防御使潘美为主帅，尹崇珂、王继勋为副帅，率领军队讨伐南汉。其实南汉国虽然乱点儿，但也并不是一个能人都没有，只不过都被刘鋹解决了。

其中有一个担任内常侍的宦官叫邵廷琄，他不但文武双全，还非常有战略眼光和忧患意识。早在赵匡胤黄袍加身没多久的时候，他便屡屡向刘鋹上书。他分析道：南汉国之所以能够维持50多年，都是因为中原王朝频繁更替，战乱不休，没有时间和精力对付南汉，而我们这个国家却骄傲懈怠，不知道抓紧时间发展自强，等到中原分久必合之后，我们就危险了。他还说，听说现在真正能够治理天下的皇帝已经在中原出现，将来肯定会出现天下一统的局面，所以我们南汉要想生存，只有两个选择，要么战备，准备和大宋在战场上一较高低，要么和中原通使，把内府的金银珍宝全部进献，跟大宋搞好关系。而您现在不和大宋来往，既不派使者也不写信，只知道往内府搜集金银财宝，这些东西不用在备战或者与大宋交往上，万一人家的军队打过来，我们用什么来御敌呢？

　　但刘鋹哪听得进去这些，他还照样把自己当做玉皇大帝的儿子，每天吃喝玩乐抱美人，所以邵廷琄说得再好、再正确，他也不会听的。此后邵廷琄多次进言，说话又过于直接，这让刘鋹非常不高兴，甚至想找个借口把他杀掉。后来刘鋹任命邵廷琄驻守洸口（今广东英德），不久有流言说邵廷琄要密谋造反，结果刘鋹连调查都没调查就杀死了邵廷琄，自毁长城。

　　与邵廷琄一样，西北招讨使潘崇彻也是一名文武双全的将军，有人向刘鋹打小报告说潘崇彻有不臣之心，这次刘鋹心情好，没直接杀，而是派了一名宦官去调查，并告诉这名宦官，只要发现潘崇彻有一点谋反的迹象，立即就地正法。这名宦官领旨而去，来到潘崇彻的军营门口，看见里面的士兵盔明甲亮，十分威武，一下就吓尿了，连军营都没敢进就跑回去了，但皇帝交代的事情还没办，要是实话实说自己肯定没命，于是这位公公就编了一个瞎话，说潘崇彻整天带着一大群戏子，吹拉弹唱，歌舞升平，就是不管军务。刘鋹二话不说，直接罢免了潘崇彻的军权。

还有一位叫李廷珙的将军，对刘鋹的做法大为不满，在宋乾德四年（966）投靠了大宋，并写了《平岭表策》进献给赵匡胤，后来在宋军进攻南汉时当了向导，领着大军攻打南汉。潘美领军出征后，先是攻克了富州（今广西昭平），然后兵锋直指军事重镇贺州（今广西贺州），贺州刺史向朝廷求援，结果刘鋹只派出大宦官龚澄枢前往贺州口头慰问，至于援兵则一个没有，贺州守军的士气一下跌入谷底，完成口头慰问任务的龚澄枢一看宋军快到了，吓得直接乘坐小船逃回广州，宋军随即包围贺州。

得知贺州被围消息的刘鋹也感到大事不妙，于是召集大臣商议由谁带领援军去救贺州，群臣都推荐潘崇彻，但此时的潘崇彻早就对刘鋹心灰意冷，于是说自己的眼睛有毛病，没法出去带兵打仗。刘鋹最后决定由伍彦柔领兵援救贺州。

潘美得知伍彦柔率兵前来的情报后，主动撤退二十里并设下埋伏。伍彦柔率部乘坐船只，于破晓时分抵达贺州附近的南乡，这位伍将军志得意满地率军登岸，上岸后坐在胡床上指挥士兵，正高兴时，宋军伏兵突然冲出，毫无准备的南汉军顿时大乱，援兵的十分之七八被杀死，伍彦柔被擒后斩首，宋军拿着伍彦柔的脑袋让贺州城内守军投降，但城内守军不为所动。随后，宋军派出数百名负责运送辎重的士兵和几千名丁夫，不一会儿填平了城外壕沟，直抵贺州城门，这时贺州守军已军心大乱，开门投降。

潘美此时放出话来要直捣广州，刘鋹实在迫不得已，给潘崇彻加官晋爵，让他带三万兵驻防贺江（今广东封开），但此时的潘崇彻只是拥兵自保，观望不战。

十二月，宋军进至广东的门户韶州（今广东韶关），南汉都统李承渥和大将植廷晓率兵十万于莲花峰（今广东韶关东南）下，并拿出了南汉最后的家底——重甲象兵。原来南汉立国后，为抗衡邻国，几位皇帝煞费苦心扩充军队，其中最得意的就是组建了以战象为主的重甲象兵，他们不惜重金，从南方的邻国购进大量战象，同时，雇用当地驯象师教授军队使用战象的战术战法，此时南汉拥有战象近千头。南汉的战象是名副其实的重甲战象，大象周身披挂着厚重的铠甲，而且大象身上最柔软的胸部和腹部都被整块的钢制板状胸、腹甲重点保护起来，象腿上也穿了带活动护膝的钢制甲胄，象头装有钢制护面，甚至连象鼻子上也包裹有锁子甲，作为主要武器的象牙上更是被套了锐利的钢制矛尖，战象背部是一座用厚木板制作、包裹有铁甲的塔楼，上面能乘坐十几名武士，可以居高临下射箭或攻击。一句话，一头大象就是一个完整的作战单位，打仗时列阵向前冲锋，和今天的坦克差不多。

面对这种特殊的战法，一代名将潘美并不慌张，在出征之前，潘美就详细研究了南汉的重甲象兵，并早已做好准备，他使用的是当时世界上最强大的重型三弓床弩炮和单兵强弩。床弩是一种大型远程弩炮，外形类似一架放大的弩弓，其威力对付南汉的重甲战象绰绰有余。

两军列阵，南汉军的一千多头重甲战象发出如雷般的吼声，气势惊人，而潘美则将宋军最强大的近千部重型车弩炮部署在阵前。随后，南汉主将李承渥下令重甲象阵发起冲击，这些大象以排山倒海般的气势，吼叫着冲向宋军，面对冲过来的庞然大物，潘美一声令下，宋军的重型弩炮发射出近两米长的重型箭镞，锋利的箭镞轻易就穿透了重甲战象的铠甲，穿过厚厚的象皮，将战象杀死或击伤。同时潘美命令其他弓弩手瞄准大象的腿部放箭，一阵箭雨过后，攻击受阻的大象直接掉头冲入南汉军中，将南汉士兵踩死无数，南汉军队立即溃散。宋军趁势发起冲锋，结果南汉最精锐的重甲象阵被彻底击溃，十余万部队全军覆没，宋军乘胜占领韶州，一直观望的潘崇彻率军投降。

此时的刘鋹更是心无斗志，他一面派出使者向潘美请和，一面暗中正谋划着渡海逃跑，他准备了十几艘大船，上面装满了这些年搜刮的金银财宝和各式美女，准备到海外找个荒岛继续做土皇帝，结果还没等刘鋹上船，负责看船的宦官和卫兵一看船上财宝和美女啥都有，直接就把船给开跑了，弄得刘鋹人财两空，无可奈何，只能望天长叹。走投无路的刘鋹让郭崇岳带兵抵御宋军，并派遣自己的弟弟刘保兴率兵支援。南汉大将植廷晓认为坚壁不出和出阵应战一样都是死，于是他率军沿河布阵，宋军轻易渡河，植廷晓战死，紧接着宋军用火攻南汉军营，郭崇岳死于乱军之中，刘保兴逃回广州。几天后，潘美率军抵达广州，刘鋹素服出降，南汉这个荒唐的政权存在55年后终于灭亡。

刘鋹投降前，以龚澄枢为首的几个太监见大势已去，开会一合计，一致认为宋军之所以来攻打我们，就是因为贪图我们的财富，如果我们没有财宝了，那宋军定将不战自退，于是他们放火烧光了南汉宫殿和仓库。要说太监就是没文化，才出了这么损人不利己的馊主意，其实如果赵匡胤看到南汉的财宝，没准一高兴就把他们都放了呢，结果现在自己把自己的活路给断送了。果然，赵匡胤在得知这个消息后异常震怒，下令彻查，刘鋹对赵匡胤说，其实我这些年一直都没管事儿，所有大事小事都是这些死太监替我决定的。赵匡胤一查果然如此，就把参与放火的这群宦官都给杀了，没有再迁怒刘鋹。

刘鋹后来被赵匡胤封为右千牛卫大将军，恩赦侯。当刘鋹被押送到赵匡胤面前时，为了讨好赵匡胤，刘鋹亲手用珍珠编了一个戏龙形状的马鞍作为见面礼。赵匡胤看见这份礼物惊叹不已，说："刘鋹如果能将这项技艺用在治国上，也许就是另外一番景象了！"

后来赵光义当了皇帝，在出兵讨伐北汉前宴请将领。刘鋹与已降宋的前吴越王钱俶、前清源节度使陈洪进等也参加了宴会，刘鋹自豪地说："咱们大宋朝廷威名远播，以前那些僭号窃位的君主今天都在座，不久平定太原，刘继元也将加入我们的行列，这里面我可是最先来的，到时希望我可以手持棍棒，成为各国投降国主的老大。"赵光义和众人听了捧腹大笑。

在大宋生活近十年后，宋太平兴国五年（980），刘鋹去世，享年39岁，史家习惯称他为南汉后主。

第六章

◎

平定南唐

攻灭南汉后，大宋周边政权中的软柿子只剩下了南唐和吴越国，由于吴越国和大宋并不接壤，所以赵匡胤的下一个目标指向了南唐。

南唐此时的国主就是中国历史上鼎鼎大名的词人皇帝李煜，李煜是南唐中主李璟第六子，应该说，李煜当国主，绝对是历史和他开了一个天大的玩笑，他是那个时代最伟大的艺术天才，他的眼光和能力却与国主身份相去甚远；他梦想整日只徜徉在艺术的怀抱里，却阴差阳错地被推上了国主之位；他向往安宁与世无争的生活，但这种宁静终被疾风骤雨打破。

让我们先从他的爷爷，一个从孤儿到皇帝的传奇人物李昪说起。

一、从孤儿到皇帝的李昪

大唐乾宁二年（895），淮南节度使杨行密率军攻下濠州（今安徽凤阳），在濠州城里无意中看到了一个长相清奇的流浪儿，于是把这孩子叫过来一问，得知他名叫李昪，从小父母双亡，是个孤儿，过着饥一顿饱一顿、居无定所的流浪生活，杨行密心生恻隐，于是将其收为养子。

可能是因为李昪小时候天资聪颖，太讨人喜欢了，杨行密对他爱如珍宝，但这也直接引起了杨行密亲生儿女们的妒忌，于是他们联合抗议，要将夺走了他们太多父爱的李昪赶出家门。无奈之下，杨行密只好将李昪交给他的爱将徐温抚养，并让徐温接替自己继续做李昪的养父。从此，李昪改名徐知诰。

李昪的童年和我们前面说过的"当代诸葛亮"王昭远有些相似，都是因为长得好而改变命运，但不同的是，王昭远是花架子，而李昪是有真本事。

寄人篱下的李昪深知以他目前的处境，要想出人头地，首先就是要听话、要低调，所以他对徐温极为孝顺。有一次徐温生病，李昪带着他的媳妇从早到晚守在徐温身边，衣不解带，照顾得无微不至。徐温半夜醒来，感觉身边有人，便问是谁，李昪回答是自己，徐温再问还有谁，李昪回答还有自己的媳妇。看到这个不是亲生但却比亲儿子还孝顺的李昪，徐温深受感动，也更加疼爱李昪。

这期间，李昪的前养父杨行密经过长期混战，终于在江淮一带成功割据，并晋封吴王，他的统治区域也实现了由朝廷藩镇向独立王国的成功转型，唐天复二年（902），杨行密被封为吴王，建都广陵（今江苏扬州），史称"南吴"，杨行密也被后人称为"十国第一人"。杨行密没有想到，他辛苦打下来的江山日后会被他的手下徐温据为己有。

徐温，字敦美，海州朐山（今江苏东海）人，青年时以走私食盐为生，也曾落草为寇。杨行密在安徽合肥起兵时，徐温投奔其帐下，与杨行密共同起事的刘威、陶雅等人,号称"三十六英雄",但唯独徐温未曾有战功。徐温的长处不在打仗而在智谋。902年,杨行密攻打朱温时,碰到了棘手的粮草运输问题,结果徐温的计策使这个大难题迎刃而解,杨行密对徐温刮目相看,之后徐温成了杨行密的智囊,经常替他出谋划策,因而逐渐位高权重。

唐天祐二年(905)十一月,杨行密病死,在徐温的支持下,杨行密的长子杨渥继位。其实杨行密还在世的时候,他就对自己的这些儿子都不放心,在与大臣交谈的时候直接说儿子们没一个成才的,很难守住这份家业。

知子莫若父,杨渥即位之后,穷奢极欲,荒淫残暴,以致民怨沸腾、将帅离心。唐天祐四年(907),老练的徐温看准机会,与左衙指挥使张颢发动政变,共掌军政,将杨渥软禁起来。第二年,徐温又与张颢弑杀杨渥,紧接着又派人灭口杀了张颢,还把弑帝的罪行嫁祸于可怜的张颢身上,然后,徐温立杨渥的弟弟杨隆演为吴王,从此徐温一人独揽大权,并逐步剪除杨氏旧将势力。

历史总是喜欢开玩笑,此时集军政大权于一身的徐温也遇到了和杨行密一样的问题:自己的儿子中也没有一个成器的,只有李昪最让人放心,不管干啥都有模有样。公元909年,徐温任命李昪为升州(今江苏南京)楼船军使(水军总管)。公元912年,李昪又因军功升任升州刺史,从此坐镇金陵,守备一方。

李昪掌管升州之后,整顿军备,安抚地方。当时,由于江淮地区刚刚平定,很多地方长官都是武将出身,只知道搜刮民财来养活军队,而李昪则勤俭好学,重视儒生,宽仁为政,因而得到民众的赞誉,短短数年之间,贤明之声，遍于淮南。

徐温听说干儿子李昪如此能干，自然欢喜，但对亲生儿子，他还是给予了更高信任和更多希望。公元917年，徐温掌管吴国的军政大权，他自己还兼有镇海军节度使一职，看金陵地区富庶，他就把治所迁至金陵，并把原本负责金陵事务的李昪调到润州（今江苏镇江）任团练使，徐温的长子徐知训，则在都城广陵掌管吴国政事。本来李昪很不情愿去润州上任的，但这时，一位幕僚的一番话改变了他，也改变了历史。

这位幕僚就是宋齐丘。宋齐丘，字子嵩，原籍江西吉安，虽出自官僚世家，但因父亲早亡，家道中落，年幼时也是寄人篱下，但宋齐丘潜心读书，有文才，善谋略。李昪任升州刺史时，开幕府，纳贤士，宋齐丘颇具慧眼，他察觉到李昪日后肯定不是池中物，所以前来投奔，"面试"时，宋齐丘只说了一首诗就深深打动了李昪："养花如养贤，去草如去恶。松竹无时衰，蒲柳先秋落。"从此，宋齐丘便留在李昪身边尽心辅佐。

当徐温任命李昪去润州时，李昪很是抗拒。但敏锐的宋齐丘看见了机遇，他对李昪说："徐知训骄纵，败在朝夕。润州距离广陵仅一江之隔，此天授也。"宋齐丘的意思其实就是说，徐知训骄纵不法，迟早会引来杀身之祸，而润州与广陵距离近，徐知训若有事，李昪可以抓住时机迅速摆平。李昪听后马上释然，高高兴兴地去润州上任了。宋齐丘的判断是非常正确的，日后的历史发展正好验证了这一点。

徐知训感到了李昪对自己的威胁，于是他打算先斩后奏，先把李昪杀了再说。一次，徐知训邀请李昪赴宴，他在酒宴的四周暗伏甲士，准备趁喝酒的时候刺杀李昪。由于是寄人篱下并且没有最后撕破脸，所以接到邀请的李昪也没多想，直接就去了。由于李昪这几年在吴国的杰出表现，使他在国内拥有众多的支持者，最让人哭笑不得的是，负责执行这次刺杀任务的刁彦能也是李昪的超级拥趸者，当天喝酒的时候，刁彦能作为行酒吏负责斟酒行令，于是刁彦能趁着为李昪斟酒的机会，偷偷掐了李昪一下，李昪立刻明白过来，起身便走，逃过一劫。

后来又有一次，徐知训在广陵的山光寺宴请李昪，准备继续上次没有完成的任务。结果这次又是出了内鬼，徐知训的弟弟徐知谏把他哥哥的阴谋告诉了李昪，李昪又是起身便走。徐大公子得到消息后，解下自己的佩剑交给刁彦能，让他追上李昪并杀死。刁彦能追上李昪，和他打了个招呼就走了，回去向徐知训复命说追赶不及，算是交了差。

徐知训这位官二代，仗着父亲徐温的权力耀武扬威，谁都不放在眼里。譬如对吴王杨隆演，徐知训一有机会就对他呼来喝去，百般凌辱，众臣对徐知训是敢怒不敢言。对于恩师朱瑾，徐知训也是毫无敬意。朱瑾是淮南名将，徐知训曾向朱瑾学习兵法，朱瑾悉心教授。当初朱瑾刚来投奔杨行密之时，徐温睹其英烈，深深妒忌，如今徐温父子专政，担心朱瑾不肯依附，一心想把朱瑾除去。徐知训曾与朱瑾发生口角，徐知训便派刺客去暗杀朱瑾，结果刺客反而被朱瑾所杀，自此，朱瑾虽心照不宣，但心生忌恨。公元918年四月，徐氏父子忌惮朱瑾地位太高，调朱瑾去泗州（今江苏盱眙）任淮宁军节度使，这是要连根拔除朱瑾的势力，朱瑾遂下定决心为国除害。朱瑾知道徐知训看上了自己的小妾姚氏和坐骑宝马，便盛情邀请徐知训来家赴宴，说要把姚氏和宝马一同相赠，徐知训欢天喜地地前来赴宴，朱瑾把徐知训引入内室，趁其不备，用笏板击中徐知训的后脑勺，并呼出埋伏好的壮士砍下了徐知训的头。接着朱瑾率领自己的部众赶紧去占领广陵衙城，可是徐知训的党徒已关闭了城门，只有朱瑾一人入城与衙兵交战。

发生如此惊天巨变，谁这个时候抢先攻入都城平息内乱，谁就能占据先机掌握朝廷。徐温在金陵，还未听闻此事，一江之隔的李昇就率先知道了。当晚，李昇望着对岸的冲天火光，由衷地对宋齐丘赞叹道："宋公你说得太准了！"他马上率兵渡江，尽诛朱瑾之党，动乱遂平。于是，徐温便任命平乱功臣李昇总理国政。

徐温父子是吴国军政实际的掌权者，公元920年，当了一辈子傀儡的杨隆演终于郁闷而死，徐温另立杨行密第四子杨溥为吴王，仍令李昇坐镇广陵执掌国事。李昇执政后，千方百计收买民心延揽人才，尽管徐温身居高位，但吴国人心已多归李昇，当然这也引起了徐温的部下对于将来立储的担忧，其中尚书右仆射、同平章事严可求和行军副使徐阶不分白天黑夜，只要有机会就劝说徐温尽早传位给亲生儿子徐知询。这其中的各种缘故徐温并非不知道，只是不想面对而已，只要一想到自己的那几个亲生儿子就头疼，再加上李昇的孝顺和公认的能力，所以徐温始终拿不定主意。

公元927年十一月，徐温突然病亡，早就大权在握的李昇顺势起兵，干净利索地控制住南吴朝廷，吴国的军政大权落入李昇手中。紧接着，李昇逼迫那位被软禁的吴王杨溥称帝，自己则以佐命之功拜太尉兼中书令、知内外左右事，总揽大权。后来李昇又命令杨溥加封自己为尚父、太师、大丞相、大元帅，加九锡，晋封齐王，并在国中单独划出十个州为"齐国"封地，搞了一个"国中之国"。到了937年，49岁"高龄"的李昇终于实现了自己当皇帝的夙愿，杨溥让位，李昇登基，国号"齐"，把名字又从徐知诰改回李昪，自称是唐太宗李世民之子吴王李恪的后裔，两年后改国号为"唐"，这就是后人所熟知的南唐。

李昪终于完成了由孤儿到皇帝的华丽蜕变，史称"南唐先主"，杨行密和徐温辛苦经营数十年的成果最终被李昪独享。而那位谋略过人的宋齐丘，一直追随李昪，李昪吃肉他喝汤，李昪成为吴国的实际执政者，宋齐丘这位"首席参谋长"也就成了吴国的宰相。但宋齐丘脾气暴烈，李昪建立南唐后，逐渐疏远、架空宋齐丘。当了皇帝的李昪继续实行他与民休养的国策，南唐在他的治理下，生产发展，经济实力上升，百姓安居乐业，在当时的南方诸国中首屈一指。

南唐升元七年（943），李昪因服食丹药中毒导致背上生疮，不治身亡，结束了他传奇的一生，享年55岁。李昪长子李璟继位，史称"南唐中主"。李昪是一位极具战略眼光的政治家，他敏锐地发觉到，中原王朝虽然连年战乱，积贫积弱，但仍然十分强大，南唐虽然富庶，也只是一个小国，而且以他儿子李璟的能力，能够守住这份基业就不错了，千万不可急功冒进，自惹麻烦，尤其是对南边的那些小国，根本不需要多加理会，留着他们还可以当屏障。所以，临死前李昪对李璟说了九个字："守成业，交邻国，保社稷"，也就是要李璟在内政上休养生息，在外交上结好邻邦，千万不要盲目用兵，这也是他为南唐发展制定的基本国策。

李昪怕李璟记不住，还将儿子的手放在嘴里，狠狠地咬了下去，直到血流如注方才松开，然后才放心地死去。看到自己敬爱的父亲溘然长逝，李璟的心非常痛，当然，他的手也非常痛。但是当了皇帝之后的李璟，又马上好了伤疤忘了疼。

由于南唐地处淮南一带，地理位置优越，再加上他爹这几年的治理，使南唐成为一个相当富庶的国家，看着丰盈的国库和白花花的银子，李璟决定要大干一场。然而第一步棋他就走错了。当时中原正是石重贵当皇帝，后晋与契丹之间的大战一触即发，如果李璟能沉得住气，等到契丹北撤时顺势北进，可能中原的历史就会改写，但缺乏战略眼光的李璟却违背他爹的教诲，将主力放在了南面的闽、楚两国，虽然最终灭了闽、楚，但南唐也被折腾得疲劳不堪，这时李璟才想起老爹临死前的叮咛和手上的伤疤，决意不再轻易用兵，专心过好自己的日子。

此时的中原已经是后周的天下，国势蒸蒸日上，雄才大略的柴荣三征淮南，不但将南唐长江以北的土地收入囊中，更逼使李璟俯首称臣，这更让李璟心灰意冷，从此之后无心政事，将主要精力转向了诗词歌赋，并开始选择接班人。

李璟的长子李弘冀是一个非常有能力的人，曾独立带兵打退过吴越国的进攻，是当时国内一致看好的接班人选。但是这位李璟先生却不按常理出牌，非得坚持兄终弟及的继承法，谁劝也不听，把三弟李景遂封为皇太弟，还住在东宫。后来，柴荣亲征淮南，南唐连战连败，朝野束手无策，在此情况下，李景遂连上奏章，自觉有负皇太弟身份，请求改立李弘冀为太子。在李景遂和朝中大臣的屡次恳请之下，李璟最终勉强同意，将李弘冀立为继承人。

经过这么一番折腾，李弘冀的心中蒙上了一层阴影，尤其是对前皇位继承者李景遂颇为忌惮，总是担心自己老爹一时兴起，又把自己给废了，最终李弘冀派人毒杀了自己的亲叔叔李景遂。然而让人意想不到的是，几个月后,李弘冀暴病身亡。在此之前,李弘冀的二弟、三弟、四弟、五弟都先他病亡,于是,历史就这样阴差阳错地把李弘冀的六弟推到了前台。

这个人叫李从嘉,登基后改名为李煜。

二、后主李煜的幸福生活

作为李璟的第六个儿子,李煜前面有五个哥哥,再加上他笃信佛教、醉心经籍、不问政事,所以无论怎么算,这个国主的位子都轮不到李煜来坐,但历史却偏偏选择了他。

李煜的一生就是在各种巧合中度过的。

公元937年的农历七月七日,乞巧节,在这个中国传统最浪漫的日子里,李煜出生了,巧合的是,41年后的乞巧节,赵匡胤的弟弟赵光义用一杯毒酒结束了李煜年轻的生命。

李煜的相貌也很巧合。《新五代史》记载李煜"一目重瞳子",关于"重瞳子",传统的解释是一个眼睛里有两个瞳仁。今人则众说纷纭,有人认为"重瞳"即两只眼的瞳仁往一起靠拢重合,俗称"对眼"或"内斜视";还有人称"重瞳"可能是白内障等眼病的早期症状。应该说,从现代医学角度讲,一眼两瞳现象绝无可能。但中国古代文献中关于"重瞳"人的记载却屡见不鲜,如以信史著称的《史记》就赫然记载鼎鼎大名的舜帝与项羽都是"重瞳子"。在李煜之前,见载典籍中的"重瞳子"至少就有九人:仓颉、舜、颜回、项羽、王莽、吕光、高洋、鱼俱罗、刘崇。仓颉是黄帝时代的造字圣人,舜是传说中的三皇五帝之一,颜回是孔门72贤之首,项羽是推翻暴秦的"西楚霸王",王莽是西汉的终结者、新朝的建立者，吕光是十六国时期横扫西域的后凉国王，高洋是北齐建立者，鱼俱罗是相传用计杀死隋唐第一猛将李元霸的名将，刘崇是北汉的建立者。可见这些重瞳的记载对象，具有很强的针对性，主要都是君王圣贤。所以，有学者认为，这种"重瞳"异象，是与当时盛行的"天人感应"思想相呼应，是一种"造神"现象，也就是说，长了重瞳的人，很可能就是君王圣人。李煜，自然也就天生不凡。

李煜与虞舜还有一个巧合，就是他们都娶了一对姐妹，而且其中都有一位名字是"娥皇"。李煜的相貌还有一个特点是"骈齿"，也就是牙齿重叠，其实就是一种比较整齐的龅牙，这种先天性的口腔疾病也被古人认为是圣人之像，史书记载三皇五帝之一的帝喾和周武王、孔子都生有骈齿。

与前面那些做出辉煌事业的前辈不同，同时生有"重瞳"和"骈齿"的李煜却对当国主没什么兴趣，但他在书法、绘画、音律等方面都有相当的造诣，尤其是填词的成就最高。李煜的词，继承了晚唐以来温庭筠、韦庄人的等花间派词人的传统，语言明快、形象生动、用情真挚，在晚唐五代词中独树一帜，被后世赞为"千古词帝"。

李煜无心于皇位，可是皇位偏偏黏着他跑，李弘冀病亡后，李煜毫无悬念地成为南唐国主的继承人。宋建隆元年（960）年底，亲征李重进叛乱的赵匡胤兵锋直接威胁到一江之隔的金陵城，已经被后周和大宋打得服服帖帖的李璟为了避免直接面对大宋，草率决定将首都迁往洪都（今江西南昌），令太子李煜镇守金陵。由于这个决定过于仓促，导致各方面的准备都严重不足，朝廷上下无不怨声载道，李璟在迁都后也非常后悔。

第二年六月，李璟病死，李煜继位，是为南唐后主。这一年，李煜25

岁。李煜继位之后，全面承袭了他爹李璟的基本国策，对内休养生息，对外婢膝求和。李煜登基后马上派中书侍郎冯延鲁赴开封进贡，奉表称臣，谨慎侍奉，这也使赵匡胤明白李煜是个软弱的人，而软弱的人一般都很听话，因此，赵匡胤放心地放松了对南唐的防范，腾出手来专心平定南平、武平、后蜀、南汉等南方割据政权，而李煜也得到了十年的喘息之机。

这十年里，李煜放弃了他作为一国之主应该做的励精图治、富国强兵等本职工作，而是一方面小心翼翼地侍奉宋朝，一点都不敢造次；另一方面将全部精力用在了爱情生活和文学创作两个方面，赏赏风月，写写词，真是风花雪月岁月静好啊。

为了表达自己对赵匡胤的谦恭，李煜绞尽脑汁想了很多法子。柴荣三征南唐后，李璟主动将"皇帝"降为"国主"，李煜觉得他爹还是不够谦虚，好几次要求赵匡胤在来文中连"国主"也别称了，直接叫自己的姓名就可以了。中国古人不但有"姓"有"名"，还有"字"，在古代礼仪中，称呼一个人用名还是用字，是由等级关系来决定的。比如，臣子在皇帝面前要用名，因为臣子比皇帝地位低。臣子去觐见皇帝时，要先在宫门外等待，等赞礼官向皇帝通报臣子的官职和姓名后，再觐见，而为了表示对某个大臣的尊崇，皇帝会赋予他一种特权叫"赞拜不名"，这样赞礼官就不直呼其姓名，只称官职。李煜让赵匡胤直呼其名，就是表示我是你的臣子。这下连赵匡胤都不好意思了，没有答应，直到平定南汉以后，赵匡胤认为时机成熟才答应李煜的请求，直呼其名。

李煜之所以这么讲"礼数"，是因为他曾经吃过不讲礼数的亏。那是在李煜继位时，他们在宫门前竖起一根朱红的七丈长杆，杆顶上立一只黄金涂饰的金鸡，口衔七尺绛幡，然后集中罪犯，击鼓，宣布大赦，这是古代天子登基的仪式。结果赵匡胤得知此事后，勃然大怒，立刻召见南唐的使臣陆昭符，责问道："李璟都已经向大宋称臣了，已取消了天子的称号，李煜竟敢使用天子级别的登基礼仪？他这是要造反吗？"并扬言马上发兵灭了南唐。幸亏陆昭符脑子转得快，辩解说："我们的国主哪敢用金鸡，他用的是怪鸟。"赵匡胤听后哈哈大笑，转怒为喜，但李煜听说之后吓出了一身冷汗，他马上写了一封言辞恳切的表章，附上黄金白银绫罗绸缎等重礼呈给赵匡胤，以表示自己对大宋的恭顺之意。

李煜还主动把南唐朝廷的内部机构、官职、公文的名称统统换了一遍。比如为了降低身份，李煜将国家机关如中书省、枢密院、御史台这些机构统统改名，不能再用这些代表独立国家的机构名称了。李煜还命令全国所有的官员都自降一级，比如原来的亲王自动降为公爵，公爵降为侯爵，其他依次类推。在公文上，原本两国来往公文叫"书"，也就是平等的书信往来，李煜觉得这样太不礼貌了，主动将大宋给他的"书"称为"诏"，也就是皇帝给大臣的文书。

李煜的爷爷李昪将国号定为"唐"，表示自己继承了大唐帝国的正朔，到李煜时，连"唐国主"都不敢自称了，改为"江南国主"。到了后来，一有宋朝使者出使南唐，李煜连黄色的衣服都不敢穿了，赶紧换上紫色的袍子出来接见使者，等人家走了，才又换回来。更夸张的是，李煜不仅换衣服，还要将宫殿屋顶上装饰的，象征皇权的建筑装饰物"鸱吻"拆下来，等宋使走了再装回去。

当然，上面介绍的这些礼制上的东西都是虚的，李煜还有更实际的行动。

从即位的第一天起，李煜就没放过任何一次给赵匡胤送礼的机会，无论大宋打个胜仗、办个庆典、过个节日，甚至连过个生日，死个老人，南唐都要积极主动去送礼，一次都没落下，而且每次都是真金白银，毫不含糊。

据史书的不完全统计，李煜先后向赵匡胤进贡的金器不少于五千两，白金不少于二十万斤，白银不少于二十万两，绫罗绸缎不少于二十五万匹，钱不少于三十万，至于其他的珠宝、茶叶、稻米等更是无法计算，真是下了血本。最后，将一个富庶的南唐折腾得"帑藏空虚"，国库都空了。

李煜这样做的目的只有一个，希望用自己的真诚来换取南唐的生存，至少现在的美梦可以迟一些再醒。人们常说一个成功男人的背后都有一个伟大的女人，李煜也不例外，只不过他背后的女人们没有帮助他成为一位伟大的君王，而是帮他成为一位伟大的词人。

李煜后宫的妃嫔很多，除了众所周知的大小周后外，他还有妃子江氏，嫔御流珠，保仪黄氏，宫人乔氏、庆奴、小花蕊，舞伎窅娘等，七夕出生的李煜天生就是一个浪漫多情的人，所以这些女人们或多或少都和他有一些爱情故事流传下来。有人问李煜到底是爱大周后多一些还是爱小周后多一些，我的答案是：两个都爱，但又两个都不爱。因为对李煜这样浪漫的多情种来说，对一个女人的爱恋程度，完全取决于他当时的心境和什么时候遇到下一个让他心动的女人。

前面讲过，大周后小字"娥皇"，是司徒周宗的长女，19岁时嫁给刚刚被封为吴王的李煜，深得李煜的宠爱，夫妻情深笃好，如鱼得水。关于大小周后的容貌，史书记载"皆国色"。用当下流行的话语评价大周后，就是：明明可以靠脸吃饭，可偏偏要靠才华！大周后不但人长得国色天香，还通晓史书，精通音律，擅长歌舞，尤其是琵琶弹得出色。婚后不久，她在李璟的寿宴上表演琵琶，李璟听得如醉如痴，当场就将视为国宝的"烧槽琵琶"赐给了她。除了才艺出众外，大周后还特别会玩，她对于采戏（掷骰赌采）、弈棋之类的游戏也样样精通，还自己设计了一种叫"叶子格"的游戏，有学者考证，类似于今天的扑克牌。

后来李煜登基，周娥皇顺理成章被立为皇后。当然，作为一个妻子，大周后是完美的，但作为一个皇后，她又是失职的。大周后不仅是李煜生活上的伴侣，更是他心灵上的伴侣，所以她明白李煜的心思，总是劝李煜及时行乐，而自己也总是变着法子地设计新时装、创造新玩法逗李煜开心。她创造的"高髻纤裳"和"首翘鬓朵"等妆容发型，成为金陵城女性效仿的时尚。有一次他们夫妻雪夜畅饮，大周后举杯请李煜跳舞，李煜说："要想让我跳舞，除非你能为我谱一新曲。"大周后也不推辞，让人摆上纸笔，边谱边唱，唱毕谱成，一蹴而就，写成《邀醉舞破》，她后来又创作了乐谱《恨来迟破》，在南唐颇为流行。他们两人还通力合作，居然根据一份残缺的曲谱，将已经失传一百多年的唐代著名曲谱《霓裳羽衣曲》增删调整，使这首名曲可以重现人间。

大周后得专宠十年，但好景不长，宋乾德二年（964），大周后病重，李煜朝夕相伴左右，衣不解带，药必亲尝。到了十一月，大周后病危，自知不久于人世，就取出李璟所赐烧槽琵琶和平日佩戴的玉环，和李煜作别。三天后，大周后支撑着沐浴更衣，将玉蝉含在口中，与世长辞，时年29

岁。

小周后比大周后小14岁，名字不详，她姐姐与李煜成婚时，她才5岁，因为亲戚关系，她从小就经常出入内宫，深得太后喜爱。大周后重病的时候，她入宫探视，一来二去小周后就和李煜相爱了。据说有一次大周后感觉自己病情有所好转，就下床来到李煜的卧室，结果发现妹妹睡在李煜床上，就问妹妹什么时候入宫的，妹妹说已经好几天了，大周后因此动了肝火，回去后面壁而卧，至死不回头看妹妹一眼。

大周后的死让李煜肝肠寸断，甚至到了要跳井殉情的地步。而小周后的到来又让他很快忘却了亡妻的痛苦，和小周后享受起了二人世界。为讨小周后欢心，李煜在宫中的花园内修建了数处彩画小木亭，上以红绸覆盖屋顶，四面飞檐上则饰以珍珠玳瑁，亭子中央设一床榻，仅容两人，周围种满梅花，每到花开时节落英缤纷、香韵扑鼻，号称"锦洞天"。

在大周后去世四年后，李煜正式迎娶小周后，之所以相隔这么长时间，是因为大周后去世的第二年，李煜的妈妈钟太后去世了，按照礼制，李煜要为生母守孝三年。大婚当天，金陵城万人空巷，人们都想看一看这位已经在宫中住了几年，美貌和才情都不输给姐姐的小周后，据说因为大街两侧实在挤不下了，很多人爬到楼顶去看，甚至还有人掉下来摔死了，被挤伤、踩伤的人更是不计其数。接下来，李煜又继续和小周后名正言顺地开始了欢歌盛舞，吟诗作赋的幸福生活。

李煜每天这么折腾，难道他手下就没有敢于直言进谏的忠臣良将了吗？答案：有，但是李煜听不进去。南唐名臣萧俨为人方正，刚直不阿，李煜做国主时，萧俨已是三朝元老，官居大理寺卿。有一天，李煜正在和大周后下棋，萧俨有事禀报，看到李煜在下棋，气得直接走过去掀翻了棋盘，把李煜吓了一跳。李煜用手指着萧俨说："你这是要做魏徵吗？"萧俨也不服软："我不是魏徵，您也不是李世民！"李煜也不生气，等萧俨走了，和大周后捡起棋盘继续下棋。

南唐的名将林仁肇生性刚强坚毅，武艺高强，身上刺有虎形纹身，人称林虎子。林仁肇私下对李煜说："现在大宋驻守淮南的兵力很弱，而且他们正在对南汉用兵，您只要给我数万兵马，我就有把握再把淮南夺回来。如果您还有什么顾虑的话，可以对外宣称是我起兵反叛，那么我如果成功了，淮南又会重归国家所有，我要是失败了，您就灭我满门，以此表示您并不知情。"结果李煜听后大惊，说："你千万不要胡说，这会连累整个国家的。"然后将林仁肇赶出京城担任南都留守、南昌尹。不久有谣言说林仁肇心怀不轨，准备投奔大宋，这次李煜倒是很痛快，没经过调查就把南唐最后的中流砥柱林仁肇毒杀。

南唐不仅有忠于国家的文臣武将，还有主动为国分忧的爱国商人。有一次南唐国的几个商人在荆南做生意，回家途中发现宋军正在荆南建造战船，而且已经造好了几千艘，这些商人赶紧将这个情况报告李煜，并对李煜说，只要您点个头，不用朝廷派一兵一卒，我们这些商人就自己出钱招募人手，去把大宋的战船都烧了。结果李煜还是不同意。

在李煜的率先垂范下，南唐朝廷里面有才能的人要么被冤杀，要么靠边站，要么明哲保身，要么混混日子，南唐的整个朝堂充满了混一天算一天的末世氛围，这其中最具代表性的人物就是韩熙载。

韩熙载的出名是因为一幅传世名画《韩熙载夜宴图》，作为故宫博物院的镇馆宝之一，这幅代表了中国古代工笔重彩最高水平的名画，还被选入大中小学的各种语文、历史、美术课本，也使韩熙载成了历史上的名人。

韩熙载，字叔言，自幼勤学苦读，后又隐居于嵩山读书，高才博学，又精通音律，擅长书画，但最重要的，是他有一颗匡扶社稷的勃勃雄心。韩熙载读书时曾与后周大将李谷同窗，二人曾击掌而誓，要纵横中原，饮马长江。在南唐为官之后，韩熙载也曾得到重用，并作为使者出使后周。归国复命之时，李璟问韩熙载后周有没有出类拔萃的人才，韩熙载答道："赵匡胤非同一般，前程不可预料。"由此可见韩熙载的识人之明。

后来由于南唐朝廷的一心偏安，韩熙载屡次直言上谏，最终被贬官外放，随着时间的流逝，这位曾经意气风发的青年渐渐变得意志消沉，每日靠喝酒、唱歌、搞娱乐活动打发时间。据说由于韩熙载的夜宴搞得有声有色，连李煜也对此产生了浓厚兴趣，于是他派宫廷画师顾闳中去赴宴，回来后画出韩熙载府上夜宴的场景，如果韩熙载知道自己是因为这幅夜宴图才名留千古，恐怕也是哭笑不得吧。

天真浪漫的李煜一直认为自己只要不反抗就能继续享受自己的美好生活，但是他不明白真正的帝王心理，作为一代雄主的赵匡胤心里一直希望一统天下，所以不管南唐怎么听话，他都不可能让这个政权一直存在下去，等到自己实力足够了，李煜的好日子也就到头了。

三、该来的终于来了

结束了对南汉的战争，赵匡胤开始紧锣密鼓地筹备对南唐的征伐。在兵源、物资等方面准备完毕后，赵匡胤突然发现又有一个新的难题摆在他面前：他实在找不出一个出兵江南的借口！

因为李煜实在是太听话了，乖到令赵匡胤都不知道找什么理由对李煜下手，而且这个问题一直拖到大宋的军队都开始调动了，还是没有解决。

师出无名可不行啊。于是，赵匡胤这位好汉皇帝只得耍起了无赖。宋开宝六年（973）七月，赵匡胤派使者出使南唐，正式通知李煜：朝廷今年冬天在开封举行大规模的祭天仪式，请您务必出席。李煜闻言，只能无奈地沉默。

九月，赵匡胤第二次派出使者，理由还是和上一次相似，这次李煜终于有点坐不住了，准备答应，但遭到大臣陈乔、张洎极力反对，人家军队都开始调动了，您怎么还能再上当啊！最后李煜被逼急了，对宋使说：我一直恭恭敬敬地侍奉大宋，只想守住这份先人传下来的基业，如果再逼我，我就死在您的面前。

于是，赵匡胤最终给李煜定下了一条罪名：倔强不朝。因为请客不到，就出兵平灭别人的国家，这样的借口也亏赵匡胤想得出来，但是没办法，出兵总还得需要一个理由吧，要不之前的准备就白忙活了。

首先，为了知己知彼，赵匡胤准备了南唐的地图。出兵前两个月，大宋派使臣卢多逊出使南唐给李煜祝贺生日，卢多逊很有才情，文章也写得好，这使他和文艺青年李煜成了好哥们，临行时，两人依依惜别。当夜，本已踏上归国之路的卢多逊突然命令船队就地停靠，并派人急匆匆返回金陵城内面见李煜，告诉李煜他险些忘了大事，大宋朝廷正在重修天下图志，现在唯独缺了南唐的地图，希望李煜能够赠给他一幅南唐地图好回去向赵匡胤交差。卢多逊的背后是赵匡胤，所以不管李煜愿不愿意都只能答应，其实想想也是，国库都送给人家了，也不在乎多送一幅地图了，所以李煜好人做到底，立即派人连夜加班修缮图册，第二天一大早就给卢多逊送了过来。如此一来，江南十九州的地理形势，人口户籍，军事守备尽为赵匡胤所知。

其次，为了突破长江天险，有人给赵匡胤准备了浮桥。没错，是浮桥，这也是中国历史上的第一座长江大桥，它的设计者叫樊若水，是南唐的一位落第士子。由于屡试不第，再加上给李煜的几次上书都石沉大海，樊若水决定离开南唐，到最强盛的大宋去谋求发展。但如果就这么两手空空地去了，人家根本就不会重视你，没准直接当叫花子给打发了，所以樊若水思来想去，他看出大宋和南唐必有一战，而南唐唯一的屏障就是长江天险，所以他决定送给赵匡胤一座桥作为见面礼。

为了准备这个见面礼，樊若水真是做足了功课，为了寻找适合架桥的地点，他先是弄来了一条小破船，日日泛舟于长江之上，终于在采石矶（今安徽马鞍山）找到适合架桥的地点。紧接着，他以钓鱼为掩护，开始了一项前无古人的学术研究——测量长江的江面宽度。樊若水划着小船，带上长长的细绳，先要找到一个隐蔽的处所，然后将绳子系在岸边的礁石上，再把船划到对岸，根据绳子的长度来计算长江的宽度。由于要考虑水流、风速等因素对绳子的影响，樊若水只能通过多次测量取平均值的方法力求数字准确，经过几个月的不懈努力，刻苦钻研的樊若水终于成功测量出了江面的准确宽度。实践证明，自学成才的樊若水虽然学历不行，但动手能力却超强，单凭自己的努力就完成了这个在当时看似不可能完成的任务。

随后，樊若水立即上书赵匡胤，毛遂自荐，并向大宋皇帝和满朝文武汇报了自己的学术成果，极力建议在长江上建造浮桥，以使大宋精锐的步骑兵迅速突破天险，直逼金陵城下。虽然有不少朝中大臣反对，但赵匡胤接受了樊若水的建议，立刻派人前往荆湖一带准备，按照计划建造了数千艘大型舰船，并准备了用于搭建浮桥的巨型竹筏，完成了搭建浮桥的一切准备。赵匡胤给了樊若水右赞善大夫的官职，并让李煜将樊若水的家人护送至开封，更使樊若水感恩戴德，全心全意为大宋效力。

再次，为了能和南唐的水师抗衡，赵匡胤准备了自己的水师。从柴荣开始，后周就建立了水师，并在征伐淮南的战斗中崭露头角，到了赵匡胤时期，一心要统一天下的他更是对水师建设格外关注。

平定荆南、武平之后，赵匡胤又从降卒中挑选了一批精通水战的士兵补充进来，之后又大规模征召了数千名新兵，统一编成了大宋的水师，号称"水虎捷军"。为了给这支水师提供训练场所，赵匡胤亲自勘察地形，并从内府中拨出专款，在开封城外挖了一个大蓄水池，还造了数百艘舰船，令水军日夜操练，由陈承昭负责，前面提过，那个向赵匡胤建议水淹太原城的也正是这个陈承昭。

最后，为了防止两线作战，赵匡胤派人达成了与契丹的和平条约。据《辽史》记载，辽保宁六年（974）三月，"宋遣使请和"。在宋朝雄州守将孙全兴与辽朝涿州刺史耶律琮的积极运作下，宋辽缔结了"南北共存"的友好条约，又可称为"雄州和议"。其实，耐人寻味的是，关于这次修好是哪方先提出的，辽宋文献都不约而同地指向对方。在我看来，由宋朝主动提出的可能性更大一些，因为宋初"先南后北"统一战略能否顺利实现的关键，在于先稳住"北"才能无后顾之忧地攻"南"，赵匡胤最担心的就是

第六章 平定南唐

在进攻南唐的时候，契丹和北汉趁人之危进犯宋朝，陷宋于南北两线同时作战的困境，所以他才会专门派使者到契丹讲和。和议谈成后，契丹又给属国北汉下了一道死命令：不许对大宋用兵。北汉国主刘继元接到命令后放声大哭，虽心有不甘，但又不得不听命。

在做好一切准备后，宋开宝七年（974）十月，赵匡胤任命曹彬为统兵元帅，潘美为都监，曹翰为先锋，率领十万大军，沿长江以北顺流东下，出征南唐。他还命令南唐的邻国——在今天浙江一带的吴越国出兵配合宋军作战，自东向西进攻常州（今江苏常州）、润州（今江苏镇江）。为了牵制江西一带的南唐军，赵匡胤派王明和武守谦领兵在湖口（今江西湖口）一带活动，不让其增援金陵。

赵匡胤的整体部署是以曹彬、潘美所率领的十万大军为主力，计划在采石矶一带架浮桥突破长江天险，围攻金陵，其余两路则牵制敌军，配合主力作战，三路大军均由主帅曹彬节制，力争一举平定南唐。

送行时，赵匡胤为了防止重演平定后蜀时叛乱不断的情况，郑重叮嘱曹彬："这次出兵，一定不得抢劫百姓，尤其是攻破金陵以后，更要做好安民工作，严禁滥杀无辜，我要的不仅是南唐的土地，更是江南的民心。"接着，他授予曹彬尚方宝剑，大声宣布："自副将以下，如有不遵军令者，你可以先斩后奏！"

十月，曹彬、潘美率领水师，乘坐刚造好的数千艘大船，载运着大批竹子、绳索等造桥材料，由江陵（今湖北江陵）出发，顺长江东下，在没有遇到任何阻力的情况下，直抵池州（今安徽贵池），池州守将戈彦没有接到朝廷的交战命令，反而以为是朝廷每年例行的巡兵，准备酒肉犒劳军队，当得知是宋军来攻时，已经没有机会组织抵抗，只得弃城逃跑。曹彬顺利占领池州，抢占了江南的第一块根据地。

接着，跃跃欲试的樊若水立即带领士兵开始架桥，他先将预先造好的舰船在江面上排列，搭上扎好的竹排，再用绳索捆扎好，因为池州附近的江面较宽，且没有适合固定浮桥的巨石，所以这时的浮桥长度是按樊若水原来测定采石矶的江面宽度搭建的，造好之后浮在江上。同时，曹彬带兵迅速向采石矶进军，采石矶虽然驻扎着南唐的两万士兵，但由于仓促应战被宋军大败，曹彬占领采石矶。

然后就出现了在中国桥梁史乃至世界桥梁史上的奇迹，桥梁整体搬迁！十一月，樊若水指挥士兵将在池州搭好的浮桥顺江而下迁徙到采石矶，并在两岸迅速完成固定工作，仅用三天时间，就建成了中国历史上的第一座长江浮桥。在樊若水迁移浮桥的同时，曹彬、潘美继续率军前进，进驻秦淮。由于行军太快，部队到达秦淮河边时，渡河的船只还没有准备好，潘美鼓励将士说："我接受朝廷诏令，指挥骁勇善战的数万军队，战必胜，攻必克，怎能因为一条浅水挡路而不敢直接过河呢？"于是身先士卒，涉水渡河，部下将士深受鼓舞，紧紧跟随潘美，并一举击败对岸南唐守军。

十一月中旬，采石矶浮桥做成后，南唐派出二十多艘战船溯江而上，打算以战船冲断宋军浮桥，结果船队还没到采石矶，便同前来迎战的宋军水师相遇，宋军水师顺风顺水，先从气势上就占了上风，南唐水师承平日久，又武备懈怠，被宋军打得大败，南唐将领郑宾等七人被擒获。宋军主力顺利跨过长江天险，大败南唐水陆兵十余万，直逼金陵城下。

与此同时，东线的推进也非常顺利。吴越国主钱俶接受赵匡胤的命令出兵，虽然吴越军队的战斗力不怎么样，但此时南唐的形势更糟。李煜派了他最信任的大臣刘澄防守润州，这位刘将军原来是李煜的侍卫队长，接到命令后，为了不辜负李煜的期望，刘澄含着眼泪奔赴前线，并把家里大部分的金银财宝都打包装车带走，他对手下人说："这些东西都是国主赏赐给我的，我要把它们全部奖赏给前线将士！"听说刘澄如此舍小家顾大家，李煜深感欣慰，结果这位刘将军到了润州没多久就带着金银财宝投降了。钱俶率兵形成了对金陵的外线合围。

金陵成了一座孤城。但面对坚固的城墙和赵匡胤出发前爱护百姓的命令，宋军一时也奈何不得，曹彬没有盲目攻城，而是将金陵城围困了起来。

四、"卧榻之侧，岂容他人鼾睡"

此时的南唐国内则是另一种景象。李煜将所有的军国大事都交给主战派门下侍郎陈乔和清辉殿学士张洎等人主持，自己则待在宫中，每天不是和小周后一起填词作曲，继续享受美好生活，就是召集和尚道士诵经念咒，祈祷上天保佑，对于外面的事情，一概不问。而李煜贴身的内侍官员们也都深入领会了李煜的意图，外面什么情况都不向李煜汇报，甚至连润州投降这样的大事李煜都没有听说。

主持朝政的陈乔和张洎则是力主死战到底，但他们都是一介书生，对军务一窍不通，只能采取坚壁清野的策略死守金陵，希望金陵也能出现太原的奇迹，并将军队的指挥权交给了金陵的城防部队。

负责金陵城防务工作的是神卫统军都指挥使皇甫继勋，他就是南唐将领皇甫晖的儿子，皇甫晖在柴荣征淮南时镇守清流关和滁州城，被赵匡胤擒获，皇甫晖很有骨气，不接受后周朝廷的医治，最后伤重身亡。但他的这个宝贝儿子就不行了，他爹当年和后周军作战时，这小子就要逃跑，气得他爹差点没宰了他，逃回南唐后，皇甫继勋作为忠良之后得到重用。现在宋军围城，皇甫继勋又成了当年的软骨头，身为金陵城军队的最高指挥官，却常常把"降宋"二字挂在嘴上，每当听到南唐军队打了败仗，皇甫继勋更是喜形于色，为了掩饰败迹，他还扣押了各地的告急文书，有时候李煜想找他问一下金陵的城防情况，他就借口军务繁忙，拒绝李煜召见。他的部下有想要献策破敌或请求出战的，都被这位将军抓起来打一顿，然后再关起来，结果弄得声名狼藉，不仅当兵的对他恨之入骨，老百姓也对他恨得咬牙切齿。

接着，中国战争史上的一件怪事出现了：国都金陵城被围数月，身为国主的李煜竟然一点儿都不知道。在此期间，金陵城内甚至还举行了一次科举考试。看来，南唐对外的保密工作虽然差劲，对内的保密工作绝对是一流的。

直到第二年（975）五月的一天，李煜可能是觉得在宫里待腻了，突然想出去走走，于是他登上金陵的城墙，眼前的情景让他差点不敢相信自己的眼睛：城外布满了大宋军队的营帐，江面上停着数百艘大宋的战船。李煜这才知道：宋军已经打到家门口了。

李煜立即叫来皇甫继勋，责问他为什么连这么重大的事情都敢隐瞒不报，皇甫继勋辩解：宋军来势汹汹，无人能敌，我就是报告给您也不过是徒增恐慌。接着他又劝李煜降宋，但没想到此时的李煜因为害怕反而坚定了坚守到底的决心。李煜下令将皇甫继勋处死，行刑时还没等刽子手动手，围观的军士就一拥而上,把皇甫继勋乱刀砍死分吃了,一会儿工夫就吃了个干干净净。

李煜马上派吏部尚书、江南才子徐铉和一个特别能说会道的道士周惟简出使开封,希望靠三寸不烂之舌说动赵匡胤退兵,同时命令驻守江西的朱令赟火速带兵来援,朱令赟的部队是李煜的最后一张底牌。

十月一日,徐铉二人到达宋廷,徐铉素来自负,一见到赵匡胤,就理直气壮地大声诘问:"李煜无罪,陛下师出无名。"赵匡胤没有回答。徐铉又说:"李煜对待您,一直都像儿子孝顺父亲一般,从来没有半点过失,为何要加以攻伐?"接着,洋洋洒洒地继续长篇大论。赵匡胤直接回答:"既然李煜对我像父亲,那我们就应该住在一家,哪有一对父子分住两家的?"徐铉和周惟简一时回答不上来,第一次出使失败。

驻守湖口的朱令赟接到李煜命令,立即率领大军十万,对外号称十五万,顺江而下赶来支援。

曹彬命令王明应敌,两军相遇后,朱令赟的部队在上游,并且风向也对南唐军有利,朱令赟决定采用火攻的办法,南唐军将装满燃料的小船点燃后放入江中,结果风向突变,火船反倒将南唐的战舰引燃,宋军趁势进攻,南唐军大败,朱令赟也被生擒。

得知援军失败的消息,李煜只得第二次派出徐铉和周惟简这对组合出使,希望他们能创造奇迹。十一月三日,两位使者再次见到赵匡胤,徐铉特别急切地说:"李煜因为生病了所以未来朝谒陛下,又岂敢抗诏不遵,请陛下退兵以保全南唐百姓。"赵匡胤解释了几次,徐铉得理不饶人地越发疾声厉色,赵匡胤大怒,按住腰间的宝剑扔出一句话:"不须多言!江南哪有什么罪，但天下一家，卧榻之侧，岂容他人鼾睡？"徐周二人只得灰溜溜回到金陵。

李煜一看赵匡胤不肯退兵，只得写信求援，他先给吴越国主钱俶写了一封信，信的意思是：赵匡胤今天灭了我南唐，明天就轮到你吴越，南唐的今天就是吴越的明天。唇亡齿寒的道理钱俶又怎能不懂，可这位钱国主是"识时务者为俊杰"的主儿，打死也不敢得罪赵匡胤啊。这封求援信也就石沉大海。李煜还给契丹皇帝写了一封信，结果送信的刚出城就被宋军抓住了，信也落到赵匡胤手中。

此时金陵已经被围困快一年了，城内的情况也已经到了极限，一斗米卖到一万钱，就差人吃人了。十一月十二日，曹彬派人进城告诉李煜，金陵只是一座孤城，让他不要继续顽抗，并限他当月二十七日前开城投降，如果还是不降，将大举攻城。李煜依然坚守不降。

眼看规定的期限就要到了，攻城之战就要打响，但主帅曹彬却蹊跷地病了。某日一大早，曹彬的卫兵通知众将，说曹彬卧病在床，不能理事，手下的将领都来探病，问曹彬得的是什么病，曹彬躺在床上对众人说："我得的是心病，心病还得心药治，方子只有一个，就是你们现在都诚心立誓，攻破金陵后，不乱杀一人，我的病就会不治而愈。"于是众将当即焚香立誓，承诺破城之日，一定好好约束部下，绝不滥杀无辜。原来，出师之前，赵匡胤就郑重叮嘱曹彬不可伤害无辜百姓，围城期间，赵匡胤又多次派使者告谕曹彬，切勿伤害城中人，若李煜始终不投降，李煜一门也切勿加害！各将领既已发誓，曹彬的病立马也就好了。

十一月二十七日，也就是最后期限的这一天，曹彬下令宋军对金陵发起总攻，当天就拿下金陵城，南唐守将呙彦、马承信等力战而死，门下侍郎陈乔自缢而亡。

进城后的宋军将领果然严格约束部下，除反抗者被杀外，对金陵城的平民百姓秋毫无犯，百姓都称宋军是仁义之师。宋军只是将李煜的皇宫包围，并没有冲进去，此时的李煜也明白，这是他最后的机会，于是带领张洎等45名臣僚走出皇宫，前往宋军中军帐请罪。

曹彬盛情接待，好言抚慰，李煜说他想回宫整理行装，曹彬陪着他回去，只带领几个人在宫门外等候。看到李煜进入皇宫，部下问曹彬，就这么让李煜进去，万一他自杀了怎么办？曹彬笑着说："李煜是个贪图享受、优柔寡断的人，既然已经请求投降，怎么会去死呢？"

就此，南唐正式灭亡。

十二月一日，赵匡胤收到平定南唐的捷书，凡得州十九，军三，县一百有八，户六十五万，群臣皆来称贺。赵匡胤却流着泪对左右大臣说："天下分裂，老百姓遭殃，攻城之际，必有死于锋刃下的无辜百姓，这实在是悲哀啊。"随即下诏拨米十万石赈济金陵城中饥民。赵匡胤封李煜为光禄大夫、检校太傅、右千牛卫将军，当然还有一个带有讽刺性的封号"违命侯"，小周后被封为郑国夫人，和李煜开始了他们的亡国奴生活。

赵匡胤平定南唐，基本上统一了南方，剩下的只有比南唐还要听话的吴越和泉、漳，"先南后北"的统一方略也基本完成了。

赵光义当皇帝后，有一次派徐铉拜见李煜，这对曾经的君臣见面相对大哭，赵光义听说后很不高兴。宋太平兴国三年（978）七夕节，正是李煜的42岁生日，便在住所聚会后妃，作了那首千古绝唱《虞美人》，追思往事、怀念故国，没想到这件事却给李煜带来了杀身之祸。赵光义听到后非常愤怒，决定杀死李煜，他派人用牵机药酒毒杀了这位昏庸的君王和伟大的词人。牵机药，据说为中药马钱子，是一种神经毒素，李煜因酒后服药，酒助药性，引起全身性抽搐，最后头部与足部相接而死，状似牵机。

　　李煜，一个生于深宫之中，长于妇人之手，一心想做一个无欲无求的富贵隐士，却偏偏成为被历史推上国主之位的无奈君王。当然，如果他只是一位王侯贵胄，以他的才华也许能成为一个不错的词人，且能愉快地安度一生。但历史就是这样，如果没有国仇家恨的摧残和亡国奴的生活体验，他也绝对写不出后期那些令人深思的旷世佳作，他开创了"词"时代，使词能登上大雅之堂，无愧于"千古词帝"的称号。

第七章

◎

帝王仁心

赵匡胤陈桥兵变建立大宋后,面临的是境外政权林立、强敌环伺的严峻现实,所以他首先考虑的是对外如何用武力消灭其他割据政权从而实现全国统一的问题。因此,他在位的17年里,贯穿始终的主要任务是军事征伐和武力吞并。

但与此同时,鉴于五代藩镇乱局,赵匡胤还不得不考虑对内如何消除武将威胁从而确保政权的稳固。另外,经年累月的战争需要庞大的财政投入,打仗的同时还必须考虑到国计民生、社会舆论。

因此,让我们接下来谈谈赵匡胤的治国理政。从赵匡胤所实施的政策来看,无论对功臣武将,还是对大宋百姓,士人儒生,都体现了一个"仁"字,这为大宋政权的稳定,经济、文化的繁荣奠定了很好的基础。

一、杯酒释兵权

先说说开国功臣的问题。

在对待开国功臣的问题上，中国古代帝王既有像刘邦、朱元璋那样将功臣屠杀殆尽的，也有像刘秀、李世民那样给功臣一个安宁晚年的。

赵匡胤是一条好汉，好汉的周围自然有一群好哥们儿、好朋友，赵匡胤能够当上皇帝，与他的这些好兄弟的忠心拥护是分不开的。赵匡胤是个讲究人，从陈桥兵变时他就给手下们"约法三章"，严禁他们欺辱朝中的孤儿寡母，严禁他们抢劫、屠戮百姓，一个改朝换代的军事政变只死了试图反抗的韩通一家，这在中国历史上是个奇迹。而在对待功臣的问题上，厚道的赵匡胤也选择了给功臣们善终。

权力要牢牢握在自己手里才安全，最重要的是兵权。起初，赵匡胤觉得掌管中央禁军的石守信、王审琦等人是自己的好朋友，并不介意，但赵普多次向赵匡胤进言，他说："我也不担心他们会背叛您，但是如果他们的部下贪图富贵，拥戴他们，他们能够自主吗？"这实际上是提醒赵匡胤，不要忘记陈桥兵变的历史，避免出现第二次"黄袍加身"的事件。经过一番思量后，赵匡胤动手了，当然，与陈桥兵变一样，用的是最文明的方式。

宋建隆二年（961）七月的一个夜晚，赵匡胤请石守信、王审琦、张令铎、高怀德四位禁军高级将领喝酒，正当大家喝得酒酣耳热时，赵匡胤突然屏退了所有侍从。他叹了一口气，对将领们说："若不是靠你们鼎力相助，我也坐不上今天这个位置，我一直记着你们的功劳。然而，皇帝还真不是那么好当的，还不如做个禁军将领自在逍遥，我是整个夜晚都不敢安枕而卧啊！"石守信等人听出赵匡胤话里有话，急忙惊问其故，赵匡胤继续说："说来简单，皇帝位子谁不想要呢？"

石守信等人听赵匡胤这么说,都吓出了一身冷汗,酒也醒了,惊问:"陛下何出此言,如今天命已定,谁还敢有异心呢?"赵匡胤说:"那可不一定,你们虽然没有异心,然而你们部下如果想要富贵,找一件黄袍披在你的身上,你即使不想当皇帝,到时候也恐怕是身不由己了。"

话说到这个份儿上,石守信等人也知道自己已经受到猜忌,搞不好还会引来杀身之祸,于是他们边哭边磕头,恳请赵匡胤看在往日的情分上给他们指一条活路。

赵匡胤缓缓说道:"人生在世,像白驹过隙那样短促,当官也是一样,不外乎是想多积攒些金钱,让自己的日子过得舒服一些,还能给后代子孙留下一笔财富。你们不如放弃在中央禁军的权力,到地方去当个节度使,我还会赏赐你们一大笔金钱,让你们能够多买良田美宅,再多买些歌姬,日夜饮酒相欢,以终天年;我同你们再结为儿女亲家,君臣之间,两无猜疑,上下相安,这样不是很好吗?"

石守信等人见赵匡胤已把话说得如此明白,再有异议就是不识时务了,于是纷纷谢恩。

第二天,石守信等人上表声称自己有病,纷纷要求解除中央禁军的兵权。赵匡胤一律批准,免去他们中央禁军中的职务,任命为地方节度使,并给了他们每人一大笔赏赐。

在收回了中央禁军的指挥权以后,赵匡胤还兑现了联姻的诺言,他将守寡的妹妹——就是陈桥兵变中用擀面杖揍赵匡胤的那位女汉子嫁给了高怀德,据说嫁给高怀德以后两个人的生活还非常幸福,赵匡胤又把两个女儿嫁给石守信和王审琦的儿子,让张令铎把女儿嫁给他的三弟赵光美。

这就是"杯酒释兵权"的故事，见于北宋著名历史学家司马光的笔记《涑水记闻》中，由于故事性太强，所以很多历史学家都认为这是司马光杜撰的故事，也就是赵匡胤通过酒宴收兵权的场景是假，但收兵权是真。不管怎么说，赵匡胤用最文明的办法轻而易举地解决了历朝武将专军篡权的难题，这难道不是"最高政治艺术的运用"吗？

其实早在杯酒释兵权的故事发生以前，赵匡胤就开始了收归中央禁军兵权的行动。赵匡胤在黄袍加身后，将他原来的职位殿前司都点检交给了慕容延钊，但第二年春天，赵匡胤就免除了慕容延钊的殿前司都点检职务，改任山南东道节度使、西南面兵马都部署。从此，赵匡胤再也没把殿前司都点检的职务授予过他人。同时，他的"发小"韩令坤也被免除了侍卫司都指挥使的职务，改任成德军节度使，原职务由石守信接任。"杯酒释兵权"时石守信上表"请辞"，赵匡胤任命他为天平军节度使，虽然保留着侍卫司都指挥使的头衔，却已没有任何实权，第二年石守信继续"请辞"，这次赵匡胤免去了他侍卫司都指挥使的虚衔，从此不再任命其他人担任。

接着，赵匡胤对中央禁军原有的侍卫司和殿前司"两司"体系进行改革，将侍卫司分为侍卫马军司和侍卫步军司，再加上殿前司，合称"三衙"。关于指挥官，殿前司空置了排名第一和第二的都点检和副都点检，只保留都指挥使、副都指挥使和都虞候，侍卫司则将原来排前三位的都指挥使、副都指挥使和都虞候全部空置，只保留了马军指挥使和步军指挥使。这种做法在制度上将最高的五个职位空置不授，降低和分割了禁军统帅的职权。在人选上，除了保留原"义社十兄弟"之一的韩重赟外，赵匡胤专门挑选了一些资历浅，个人威望不高，容易控制的人担任，将中央禁军牢牢握在自己手里。

在改革军队的同时,赵匡胤对中央的指挥体系也进行了改革,进一步规范了枢密院制度,枢密院只主管调动全国军队,与三衙统领各有所司。三衙虽然掌握禁军,但却无调兵和发兵的权力。枢密院有发兵、调兵之权,而不能直接掌握军队。调兵权与领兵权分离,各自独立,相互制约,有利于皇权的控制。

赵匡胤还把全国的部队分为两半,一半屯驻在京城,称为"禁军";一半戍守各地,称为"牙军"。禁军数量又多于外地任何一个地方的牙军,足以随时平定外地可能发生的变乱,万一京城出现问题,各地的牙军也能联合起来"勤王",这样就使内外军队互相制约,都不能发生变乱。

为了防止军事将领形成自己的"个人势力",无论驻守京城的禁军,还是驻屯外地的牙军都必须定期调动。京城驻军要轮流到外地或边境戍守,有的则要到产粮的地方就粮,这种制度被称为"更戍法"。由于士兵的经常换防,造成兵不识将,将不识兵,将领更是无法在士兵中建立自己的威望。

解决完军队和武将的问题,赵匡胤又着手解决文官的问题。他将以前宰相的权力一分为三,军事大权交给枢密院掌管,财政大权交给三司使掌管,所以三司使又称"计相",宰相所掌管的仅限于民政。赵匡胤不仅以三权分立的办法削弱相权,还设置了参知政事、枢密副使和三司副使,作为宰相、枢密使和三司使的副手,与各部门长官互相制约,以削弱部门长官的权力。

平定了李筠和李重进叛乱后,各地方节度使的嚣张气焰都有所收敛,但赵匡胤仍旧不放心，这时赵普向他提出了"稍夺其权，制其钱谷，收其精兵"的三大政策，让赵匡胤大为赞赏。

所谓"稍夺其权"就是为了削弱节度使的权力，节度使以下的知州、知县官员都由中央派遣文官担任，而且三年一更换，直接对中央负责，向朝廷奏事，不再听令于节度使。比如当时有一名叫周渭的县令去上任，已经是魏王的符彦卿觉得这是中央派来的干部，于礼节上还是迎接一下吧，结果见面后这位周县令根本没把人家魏王放在眼里，连马都没下，只是拱手致谢就进城了，弄得符彦卿很下不来台。赵匡胤后来又觉得知州的权力太大，就设置了通判这一职位，没有什么具体工作任务，总之知州管什么通判就管什么，利用通判与知州之间的相互制约，使一州之权不致为知州把持。

所谓"制其钱谷"就是赵匡胤又怕节度使、知州、知县们太有钱，于是又设置了转运使的官职，将州县收上来的赋税，除留少量日常经费外，其余的都要上交中央，不得占留。同时，赵匡胤将造币权收归中央，废除以前使用的旧币，统一使用中央铸造的"宋元通宝"，并禁止地方私自造钱，如发现一律处死。赵匡胤还将老百姓日常生活中必不可少的盐、铁、茶等物资的专卖权收归中央，严禁地方节度使们私自贩卖，这一下就掐断了节度使们的资金来源。

所谓"收其精兵"就是赵匡胤让各地节度使按照他制定的"选秀"标准，将年轻的、身强力壮的、人高马大的牙军都送到禁军中当兵，赵匡胤第一次就选调了一万多人，使禁军在"质量"上明显强于牙军，而且这样的"选秀"隔几年就开展一次，弄得留在地方上的牙军要么身材弱小,要么老弱病残,平时也就能打个土匪或维护一下社会治安,造反是别想了。

改革完地方上的制度之后,赵匡胤又开始改革地方上的"老人"了。他把那些年纪较大或在地方时间较长的节度使们都召集到汴京,然后设宴款待这些武将,开始了第二次"杯酒释兵权"。过程基本和上次一样,正在大家喝得其乐融融时,赵匡胤又发言了,说你们都是大宋忠臣良将,长期为国家镇守边关,生活和工作条件都很艰苦,每次想到这里我都很难受啊之类旁敲侧击的话。由于有了之前中央禁军的"前车之鉴",头脑灵活的凤翔节度使王彦超觉得这次确实是轮到他们这些地方节度使交权了,于是他听赵匡胤刚一说完,就马上跪倒说:"我本来没有什么功劳,能做到节度使的位子都是您的恩宠,我现在已经老了,请求回乡安度晚年。"

王彦超说完之后,按照赵匡胤的预案,这些人应该和上次中央禁军的将领们一样,纷纷跪倒请求辞职才对。但事与愿违,这些节度使们跪倒是跪了,但说的都是我们曾经跟随您征战多年,这点艰苦我们能克服,我们还想继续为您工作等,反正就是不交权,弄得赵匡胤哭笑不得,自己精心安排的"杯酒释兵权"2.0版没达到预期效果,无奈之下只得匆匆结束酒宴。

几天后,赵匡胤也不玩儿这些虚的了,直接下旨免去了这些将领们的职务,给他们封了一堆中书令、太子太保这样一二品大员的虚职,而且全部留在开封,这些节度使们虽然无奈,但此时要兵没兵,要钱没钱,李筠、李重进血淋淋的例子倒是摆在眼前,只能乖乖听话待在京城养老了。

赵匡胤的一系列改革措施,将各种权力都收归中央,基本解决了唐末以来藩镇割据造成的影响，创建了一个繁荣又和平的王朝，统一的政治局面又为经济、文化的高度发展创造了良好条件。当然也有人认为，赵匡胤在外患强烈的背景下，削夺大将兵权也削弱了部队的战斗力，皇帝直接掌握兵权，不懂军事的文官掌控部队，武将调动频繁，致使宋朝在与辽、西夏、金的战争中连连败北，最终两宋都亡于社会制度落后于自己的游牧民族。

但不管怎么说，赵匡胤创立的一系列制度，其出发点是好的，结果也是富有成效的，因而其统治时期史称"建隆之治"。

二、给功臣们善终

再来说说那些和赵匡胤一起出生入死的功臣们。老赵是个讲究人，尤其是用和平赎买的方式解除了中央禁军几个主要指挥官的兵权之后，他们中的绝大多数摆脱了狡兔死、走狗烹的宿命，混到了自然死亡，而赵匡胤也留下了一个不杀功臣的美名。

石守信是开国功臣之首，也是一个政治嗅觉非常灵敏的将领，为消除赵匡胤的疑心，他除了主动交权外还学秦国的名将王翦，自毁清誉，在自己的辖区内大肆敛财，生活上专心礼佛。后来赵光义登基后出征契丹，他也跟着带兵出征，57岁时去世。王审琦交出兵权后，出任忠正军节度使，在地方为官多年，清正廉洁，深受百姓爱戴，去世时赵匡胤为他停朝致哀。高怀德是赵匡胤的妹夫，为人忠厚倜傥，有勇武之名，后任归德军节度使，还跟随赵光义参加了平定北汉的战役。其他跟随赵匡胤的将领们最后也大都成为节度使级别的地方大员，如慕容延钊、韩令坤、张令铎等也都是在节度使的任上病亡。

赵匡胤对臣子们都很宽厚，甚至到了纵容包庇的地步，这在他小舅子王继勋身上就表现得淋漓尽致。王继勋是赵匡胤第二任夫人的亲弟弟，由于这位王皇后和赵匡胤做了三年夫妻就驾鹤西归，所以赵匡胤对这个小舅子非常照顾。当时有人举报王继勋贪污军饷，赵匡胤派人一查，确有此事，便训斥了这位小舅子一顿。按理说被皇帝姐夫训完了，事情也就过去了，但王继勋却总觉得咽不下这口气，还拿府里的奴婢们撒气。他时常将奴婢们身上的肉活生生割下来，然后生吃掉。后来东窗事发，就这么个变态的吃人魔王，赵匡胤愣是没杀。后来，等这件事的风头过去了，赵匡胤又任命他为洛阳地区的最高军政长官，结果这位小舅子依然死性不改，《资治通鉴》就记载说人贩子、棺材铺掌柜的，经常出入王家的大门。后来赵光义当皇帝时，才把王继勋斩首，前前后后被王继勋吃掉和杀害的女人多达一百余人。

但如果因此就把赵匡胤当成老好人的话那就大错特错了。赵匡胤是一位成熟的政治家，政治家只会按政治家的方式去治理国家，在他眼里，官员是否听话、是否忠诚才是最重要的，至于其他都是小问题。所以他可以不杀让四川闹了两年的王全斌、容忍让部下把战俘煮了吃掉的李处耘，甚至连吃人魔王王继勋都没有依法严惩，那是因为他们在赵匡胤面前都非常听话。

对于不听话的将领，赵匡胤当然会加以惩戒，如前面说过的屡屡犯错的王彦升。王彦升作为一名历仕后唐、后晋、后周的老将，战功累累，赵匡胤是非常欣赏他的，王彦升也参与了陈桥兵变的密谋，并率部先行回到京师控制局面，但这位王将军却自我惯了，虽然之前赵匡胤一再强调不让杀人，他却将侍卫亲军马步军副都指挥使韩通满门诛杀，造成很不好的舆论影响，赵匡胤当时为了笼络人心，未治他的罪。兵变之后，赵匡胤正在收买后周大臣人心的时候，担任京城巡检使的王彦升却跑到宰相王溥家去敲诈勒索，结果被王溥告了一状，直接被赵匡胤贬为唐州团练使。就因为王彦升如此不听话，他终身都没有被封为节度使，可见赵匡胤对待功臣并不是一味地"愚仁"。

另外，由于赵匡胤的天下是夺来的，不是打来的，所以他最忌讳的就是武将搞自己的小圈子，一旦有人碰了这条高压线，哪怕只是传闻，赵匡胤也毫不手软，即使错杀也在所不惜。

韩重赟是"杯酒释兵权"后，"义社十兄弟"中唯一还留在中央禁军的人，而且也是一位能力十分出众的将领。有一年黄河在澶州（今河南濮阳）决口，赵匡胤让韩重赟率壮丁前往堵塞决口，后来赵匡胤举行郊祀大典，还让韩重赟担任仪仗都部署，可见对他的倚重。但就是这样一位臣子，当有人向赵匡胤进谗言，说韩重赟私下选取军中精锐为心腹亲兵，赵匡胤怒火中烧，也不派人调查就要处死韩重赟。还好这时赵普站了出来，他对赵匡胤说："这么庞大的禁军部队，陛下您肯定不能亲自统领，那就必须选择武将来管理。如果韩重赟只是因为几句谣言就被杀掉，那以后还有谁敢为陛下统领禁军呢？"赵匡胤依然怒气未消，最终解除了韩重赟在禁军的军职，派出去当节度使。

韩重赟很幸运，赵匡胤举起屠刀的时候有赵普为他说话，而赵匡胤的救命恩人张琼就没那么幸运了。张琼武艺高强，善于骑射，是赵匡胤的亲信，柴荣亲征淮南时，赵匡胤率军攻打寿春。在攻城的时候，赵匡胤乘坐着小船驶入护城河中，城上守军使用车弩射击小船，张琼奋不顾身扑到了赵匡胤的身上，用自己的身体给赵匡胤挡箭，结果身负重伤，差点儿没命。赵匡胤即位后，张琼最终坐到了殿前司都虞候的位子，自打都点检和副都点检被空置起来后，都虞候就成了殿前司的"三把手"，位置十分重要。然而这么一位为赵匡胤舍生入死的铁杆儿兄弟，只是因为史珪、石汉卿两个人的诬告就被赵匡胤杀死。

史珪和石汉卿是赵匡胤安排在禁军中的眼线，平时在禁军中飞扬跋扈，只有张琼不买他们的账，这二位间谍一商量，抓住赵匡胤最不能容忍的培植个人势力的痛点，诬告张琼私养家兵一百多人，还在禁军中作威作福，官兵们都怕他。赵匡胤气得亲自审问张琼，让张琼交代犯罪事实，但张琼根本没做，咽不下这口气，就拿出武将的本色和赵匡胤死扛，气得赵匡胤让石汉卿在朝堂之上用铁棍将张琼打得半死，再投入监狱，最终赐死了张琼。

张琼死后被抄家，家无余财，只有三个仆人。赵匡胤问诬告的石汉卿，他家养的一百私兵呢？石汉卿只得狡辩，他家的仆人都是壮士，一个就能顶一百个。赵匡胤很后悔，但也晚了，只能厚葬张琼，但他并没有处理诬告的史珪、石汉卿二人，只是训斥了他们一顿，留着他们继续当眼线。可见赵匡胤对可能威胁到他统治的事情，是眼里不揉一粒沙子的。

三、给百姓们实惠

赵匡胤经历过五代的乱世，年轻时又有在外面闯荡的经历，所以他非常了解社会最底层百姓的疾苦。做了皇帝以后，不仅自己没有穷奢极欲，而且带头勤俭节约，在衣食住行等方面，都严格要求自己和家人，为国守财，钱能不花就不花。

赵匡胤日常穿衣都很简单，他的皇冠从不加珍珠和黄金装饰，只有在登殿上朝时才穿绫锦做的衣服，其他大多是普通的绢布，有的和小官吏甚至百姓衣服的布质是一样的，就这还舍不得做新的，总是洗了再穿，穿了再洗。为了倡导大臣全体节俭，赵匡胤甚至还拿出自己穿过的麻布旧衣服赏给大臣。有一次，永庆公主回来省亲，赵匡胤看到她穿的衣服上镶嵌了一些翠鸟的羽毛，就很不高兴地说："以后不要再穿这么华丽的衣服。"永庆公主不以为然，说："公主穿这样的衣服很正常，而且这件也用不了多少钱。"赵匡胤却严肃地说："你是公主，你穿这样的衣服，其他的皇亲国戚和大臣都会效仿。这样一来，翠鸟的羽毛就会涨价，翠鸟就会被大量捕杀。你既然是公主，就更不能开这个坏风气的头！"

在饮食方面，赵匡胤也非常克制自己。他虽然没像隋文帝杨坚那样因为两麻袋干姜就和侍从发脾气，但也是尽力控制自己的欲望。有一天晚上，赵匡胤突然想吃羊肝，近侍就要让御膳房去做，赵匡胤想了想还是作罢。他说："如果御膳房知道我爱吃羊肝，每天宰杀一只活羊来取肝，那是多大的浪费。我不能开这个头。"

至于居住条件，赵匡胤也不挑剔。他卧室中的幔帐只是用青布绿苇帘遮挡，书房的窗帘也非常朴素，不饰文彩。有一次皇宫换房梁，主管的大臣报告说要砍合抱之木，结果又被赵匡胤制止了，最后找了一根细木头代替。赵匡胤的内宫也是历史上最简朴的，据史书记载，只有宦官50余名，宫女200多名，就这样，赵匡胤还是嫌多，最后又遣散出宫50多人。

赵匡胤出行时所乘的车轿也非常简朴，还是柴荣留下来的，缝补修理过很多次。宋皇后和永庆公主都劝赵匡胤用黄金装饰一下，赵匡胤却说："整个天下都是我的，不要说用黄金装饰车轿，就是用黄金装修宫殿也能办到。不过，这些钱都是天下百姓的，我要为天下百姓守财，怎么能自己带头乱用？"

宋建隆二年（961）二月，赵匡胤命令文武百官，他的生日和所有节假日、庆典日，谁都不准给他送贺礼。他不仅不让人给他送，他也不给别人送。有一年七夕，赵匡胤给他娘的贺礼是钱三贯，给媳妇的礼物是钱一贯半。

赵光义劝他哥哥，作为一个皇帝，平时用不着这么俭朴，赵匡胤却说："难道你忘了咱们在洛阳夹马营过的苦日子了吗？"在赵匡胤的率先垂范下，北宋初期士大夫竞相以勤俭节约为荣，州县一级的官员上任时，原来讲究排场的迎来送往被取消了；至于小官上任，很多只穿草鞋、拄木杖，徒步而行。

为了让中原百姓安居乐业，赵匡胤下了很大力气治理黄河。宋建隆三年（962），他下令在黄河沿岸修堤筑坝，并大量植树种草，留在发洪水时用作应急物资。他还规定每年的正月、二月、三月为黄河堤坝例修期，必须严格巡察，做到防患于未然。在他的积极治理下，将黄河带来的灾害降到了最低。除了黄河之外，赵匡胤还对运河、汴河等主要河流也进行了治理，定期疏通河道，这对于沿岸农业发展和商业流通起到了重要作用，汴河的漕运从最初的每年几十万石发展到七百万石。

赵匡胤更重视农业生产，减轻徭役，劝奖农桑，促进了北宋社会经济的发展。这些举措不仅快速医治了中晚唐五代近二百年的战争创伤，而且迅速把宋朝推向空前繁荣的局面，出现了历史上享有盛名的"建隆之治"。

四、给文化人春天

如果评价中国历史上哪个朝代文人的地位最高？那答案无疑是宋朝。

重文轻武的政策从赵匡胤当皇帝起就开始了。想到唐末五代纷乱的时局，他说："我用百十个文人治理天下，就算这些读书人再混账，再贪赃枉法，造成的祸害也不及一个武夫。"

还有一件事也坚定了赵匡胤重文抑武的为政方针。孟昶死了一年后，他带来的后蜀宫中女子都按例充实进了赵匡胤的后宫。一个偶然机会，赵匡胤发现一位宫女的梳妆台上放了一面陈旧的铜镜，背面竟然刻着"乾德四年铸"，可当时是宋的乾德三年，这让赵匡胤很迷惑，他问当朝所有的宰相，可这些宰相一个也回答不出来。无奈之下，他又召来翰林学士陶穀与儒生窦仪，窦仪说："前蜀后主王衍也用过这个年号，铜镜应是那时候铸造的。"没想到自己登基却选了一个亡国之君的年号，赵匡胤于是感慨道："宰相还是要用读书人。"

但由于当时新政权刚刚建立，百废待兴，周边的割据政权还没有平定，所以将重要官员都换成读书人的时机还不成熟，赵匡胤只得将这个想法暂时搁置起来。后来机会成熟了，赵匡胤才将这个想法付诸实施，他首先从号召百官读书开始。

赵匡胤虽然出身军营，但他本人却是一位极爱读书之人。早年跟随柴荣三征淮南时，赵匡胤就曾将缴获的书籍运回家中阅读；当了皇帝后，赵匡胤又把后蜀和南唐的国家藏书都统统搬到了自己的宫殿；他还专门设立了一个叫"史馆"的藏书机构，相当于他的国家图书馆。

这里还有一段小插曲。赵匡胤经常到史馆借书，当时的馆长就是前面提到骗了李煜南唐地图的卢多逊，精明的卢馆长吩咐手下，只要赵匡胤来借书，都要将书名记录下来，并拿出一本相同的报给自己。然后卢多逊就会回家彻夜苦读，赶在赵匡胤之前读完这些书，等到赵匡胤在朝堂上和大臣交流读书心得的时候，卢馆长总能对答如流，赵匡胤因此对他另眼相看，赞赏有加。

赵匡胤不仅自己爱读书，还倡导文武百官都读书，他希望能够通过读书改变五代以来官员"随风倒"的不良风气，让他们重拾忠孝仁义，明白尊卑有序。在赵匡胤的影响下，文武百官之中好学之风愈来愈盛，与五代时期形成了鲜明的对照。为了奖励读书人，他提拔了一大批文臣官僚，将他们放到重要岗位，并一再提倡宰相须用读书人。

赵匡胤还经常劝宰相赵普要多读点书，他对赵普说："你身边都是饱学之士，而你却只懂做官不通文章，应该感到羞愧。"在赵匡胤的激励下，赵普更是手不释卷，只用了几年时间，他的学问就赶得上那些老儒生了。有人说赵普其实没学问，只是靠着"半部《论语》治天下"。其实这句话是有特定语境的，因为赵普是北方人，有人嘲笑他说北方人不爱读书，于是赵普生气地回了一句："我平生所学只有一部《论语》，但一半能用来辅佐太祖平定天下，一半能用来辅佐太宗治理天下。"

赵匡胤不仅鼓励官员读书，还尽自己最大所能保护读书人。据宋人叶梦得的《避暑漫抄》记载，赵匡胤于宋建隆三年（962）在太庙的寝殿夹室里立了一块石碑（一说铁块），刻下留给继任者的遗言，宋朝每位新皇帝在即位时，都必须拜读这份遗训。由于这份遗训被列为最高机密，除了宫中几个不识字的人外，连宰相都不知道。后来靖康之变，金朝占领皇宫时，才发现这块石碑的存在。遗训记载的内容只有三点：一是柴氏子孙有罪，不得加刑，即使是谋逆，也只能让其狱中自尽，不许在公共场合行刑，不许连坐；二是不得杀士大夫及上书言事人；三是子孙如有违背这个誓约的，必遭天谴。这就是历史上著名的"勒石三戒"。

关于历史上是不是真有这块石碑或铁块已经不重要了，因为整个宋朝的皇帝基本上都按上面说的做了，柴家子孙与两宋共存亡，文人的生命安全始终得到保障，甚至连新旧党争当中失势的官员都没有被杀。

整个宋代，如果文官获罪，皇帝可以贬他、罚他、抓他，但就是不能直接判其死刑。由于文臣的生命得到保障，使他们敢于和国家的最高统治者据理力争，这对于当时的文官在廉洁奉公、敢于进谏、加强自身修养等方面都起到了积极的作用，同时还有效约束了皇权，使国家形成了一股开明的风气。当然，不杀大臣，容易导致奸臣当道，容易出现党派之争，但这并不影响这项制度的进步作用。所以说，"勒石三戒"是中国历史上最文明的政策，从根本的制度上确保了宋朝成为中国文明的最高峰，而赵匡胤温厚的个性也通过这个石碑遗训，表现在整个宋朝的政治上。

赵匡胤不仅要求子孙们善待文官，他自己更是以身作则。有一次，赵匡胤正在皇宫的后园用弹弓打鸟雀，一位臣子说有紧急国事求见，赵匡胤马上接见了他，结果一问，不过是件很平常的小事，赵匡胤很生气，后果很严重，便责问这位臣子为什么要说谎。臣子回答说："我认为再小的事也比打鸟雀要紧。"赵匡胤一听更生气了，随手拿起一把玉斧对着臣子的嘴巴就打了一下，当场打落了他的两颗牙齿。这位臣子也没喊疼，只是慢慢俯下身，捡起牙齿放入怀中。赵匡胤怒问："你捡了牙齿，难道还想去告我？"臣子回答说："我不会去告您，但今天的事史官一定会记载下来。"赵匡胤一听，顿然气消，知道这是位敢于直谏的硬骨头，只得换上笑脸，给了一大笔赐赏以示褒奖。

到了宋神宗赵顼时，不杀文官更是形成了一种特有的制度。"乌台诗案"中，苏轼利用诗词尖锐批评了赵顼推行的变法，即将被杀头时，赵顼想到从赵匡胤开始就没杀过读书人的传统，只得强压怒火，将苏轼贬到黄州做团练副使了事。据史料记载，两宋三百多年只杀了一位士大夫，就是那位靖康之变之后，被金国扶为"皇帝"的张邦昌。

当然，要想让更多的读书人参与到政治中来，最直接的办法就是科举。作为中国历史上最具开创性和平等性的人才选拔制度，科举制在汉代就初具雏形，隋朝开始实行，唐朝得到确立，但真正形成一套完备的制度却是在宋朝，后来兴盛于明、清，到清末时被废除，整整绵延存在了1300多年。

赵匡胤为后来科举制度的形成和完善做出了重大贡献，他大刀阔斧对科举制进行改革。首先，废除了"公荐"制度。"公荐"是一种考试与推荐相结合的制度，在唐代，考生在考试前一般都要到一些大臣家中投献文章，赠送礼物，从而得到他们的推荐，但也为那些达官贵人营私舞弊开了方便之门。赵匡胤在宋建隆三年（962）废止了这项制度，只通过考试来选拔人才，这一举措使北宋的科举少了人为因素，也更加公平合理。

其次，设置了殿试制度，亲自出题，选拔人才，更是为了杜绝营私舞弊，保证科举考试的公平性，为那些无权无势的寒门学子提供更多的出头机会。这一制度虽然起源于武则天，却最终由赵匡胤正式确立。宋代殿试的时间一般在每年三月，要求非常严格，不准考生夹带文集，搜身后方可入内。为了表示重视，殿试的一些关键环节也由皇帝亲自主持，如选定试题、临轩策士、唱名、审定状元等前十名的名次等。

最后，也是最让天下读书人兴奋的是，创立了"特奏名"制度。"特奏名"又称"特科""恩科"，是专门为那些屡试不第者设立的。只要是解试合格而省试或殿试落第的举人，当积累到一定的年龄和参加考试的次数，就可以不经过省试，由礼部报名，直接参加殿试，并赐出身或官衔。据统计，整个宋朝通过"特奏名"制度获取功名的士人约有五万人，几乎占整个科举及第人数的一半！当然，这种"特奏名"出身的官员未免被正式科举出身的官员看不起，但毕竟给天下无数士人，尤其是那些寒门学子，提供了更多成功的机会与希望。所以，"特奏名"制度的设立，使科举更具有吸引力，考上了早几年做官，考不上多考几年也能做官，使读书应举的前途更为光明。

重文轻武的传统发展到后期，不管将军在战场上立了怎样的功劳，都不可能与朝中相同等级的文臣并驾齐驱，这也使得越来越多的男子开始崇文弃武，只为了有一天能走上科举之路，能够金榜题名。

赵匡胤绞尽脑汁创立的这一套重文轻武的治国方法，有效地防止了武人的专横专权，从而防止了五代更迭故事的重演，保证了宋朝皇权的安全，为宋朝的长治久安缔结了牢固的基础,并把宋朝的文化与经济都推向了繁荣。但历史的发展从来不以个人意志为转移。赵匡胤的初衷是为了大宋的千秋万代,但当宋朝屡屡败北于契丹、西夏、女真的铁骑,尤其是1127年的"靖康耻",以宋徽宗、宋钦宗为首的近两万宋人都成了金人的俘虏,人们不禁开始质疑甚至诟病起"重文抑武"的意义来。

聪明如你,你会如何评价赵匡胤的"重文轻武"呢?

每个人的今天乃至明天,都将成为历史。而历史的精彩之处正在于它无法预测。在历史的滚滚巨轮下,个人的力量何其渺小,无论他是普通凡夫还是帝王圣贤。

第八章

燕云遗痛

平定南唐后,赵匡胤基本实现了"先南后北"的战略设想,此时还敢和他对着干的只剩下顽强的北汉和北汉的"干爹"辽王朝了。

由于辽国势强,五代十国时期,中原各藩镇纷纷求援于辽国,都想借辽朝一臂之力称皇称帝。到辽朝第二个皇帝耶律德光时发生了一个大事件,这就是石敬瑭与耶律德光合作下的燕云十六州归属权的转手。此事对中国历史产生了非常重大且深远的影响,由于燕云地区具有特殊的军事价值,此后,中原王朝与契丹展开了旷日持久的争夺。宋辽两朝南北对峙的一个半世纪里,和也好,战也好,始终围绕燕云地区展开。不得不说,失去燕云,是北宋在对辽关系中趋于被动的一个重要原因,而这个因,就是石敬瑭种下的。

柴荣北伐仅仅收复了二州三关,赵匡胤建立北宋后,也把收复燕云作为其统一大业中的必需步骤,他的策略是和平赎买。赵匡胤暴崩,其未竟事业就由赵光义继承,赵光义则采取了武力攻伐,但两次北伐均以失败告终，北宋从此断了凭一己之力收复燕云的信心与行动，然而燕云情结却一直缠绕于诸帝心头。宋徽宗时联金灭辽，虽然收复燕京，却为此引来亡国之祸。燕云，可谓宋人心中永远的痛。

一、孤注一掷的献礼

公元907年，朱温篡唐，建立后梁。后梁政权只存在16年就被后唐替代。923年，河东晋王李克用的儿子李存勖灭梁建立后唐，是为庄宗。926年，李存勖死于叛乱，李克用的养子李嗣源即位，是为明宗。一颗政治新星——石敬瑭正冉冉升起，正是他日后孤注一掷地一击，不仅葬送了后唐，也开启了潘多拉魔盒，为中原带来了无穷麻烦。

石敬瑭，唐景福元年（892）出生于太原，父名臬捩鸡，本出自"西夷"，关于其族别，有人说是沙陀人，有人说是粟特人，也有人说是沙陀化的粟特人，无论如何，石敬瑭是"胡人"，知晓这一点，在对他进行评判时，我们的立场就不至于太狭隘。因为石敬瑭后来又做了皇帝（晋高祖），故跟赵匡胤一样，他出生时也是天有异象，赵匡胤是红光满屋，石敬瑭则是白气充庭。

石敬瑭性格沉稳，寡于言笑，喜欢读兵书，尤其崇拜战国时期赵国名将李牧与西汉名将周亚夫，李嗣源为代州（今山西大同）刺史时，就非常欣赏、器重他，并把自己的爱女嫁给他，石敬瑭成为李嗣源的心腹大将，统率禁军精锐骑兵"左射军"。

石敬瑭能征善战勇猛无敌。后梁贞明四年（918），晋王李存勖与后梁大将刘鄩对阵交战，晋军势危，石敬瑭率领十余骑冲入，横持长矛所向披靡，成功地营救出李存勖，李存勖大为感动，抚着他的背称他为壮士，并用胡人最重视的礼节亲自喂他吃酪酥，石敬瑭因此名动军中。

对于他的直接上司、岳丈李嗣源，石敬瑭更是披肝沥胆全力效忠，在战场上解围救难，多次冒死把李嗣源从鬼门关夺回来。石敬瑭还深具政治远见，极力劝说李嗣源要把握乱局、自登宝位，并在926年机遇来临之时，他亲率骑兵三百先攻取"天下之要害"开封，然后李嗣源才能顺利登基，是为后唐明宗。

石敬瑭身为明宗之婿，又因拥立明宗立有殊功，其权位得以迅速上升，不仅屡赐功臣号，如"竭忠建策兴复功臣""耀忠匡定保节功臣"，还历任重要藩镇节度使。后唐长兴三年（932），石敬瑭被明宗任为河东（今太原）节度使，这是护卫北疆的战略要地，同时，石敬瑭还身兼大同（云州，今大同）、振武（朔州，今朔县）、彰国（应州，今应县）、威塞（新州，今河北涿鹿）等军蕃汉马步军总管，后唐政权北方地区的军权几乎尽握手中，这成为他日后称帝立国的基础之业。

而明宗的养子李从珂也为明宗屡立战功，被任为凤翔（今陕西凤翔）节度使，封潞王。他们二人同是明宗最为倚重的左膀右臂。石敬瑭乃李嗣源称帝的第一功臣，李嗣源委以重用是基于论功行赏，而李嗣源重用李从珂是褒赏，但也有平衡制约石敬瑭的作用。明宗的这种安排实际已经埋下了二人日后反目的引子，石敬瑭与李从珂互相把对方视为最强劲的竞争对手，明争暗斗多年。

后唐长兴四年（933）十一月，后唐明宗驾崩，其子李从厚即位，是为后唐闵帝，他对于手握重兵的石敬瑭、李从珂一百个不放心，决心拔除这两根眼中钉。李从厚首先对"义兄"李从珂下手：不仅撤了李从珂长子李重吉的禁军领导职务，并把他在洛阳有一定影响力的女儿惠明女尼召入禁中做人质。更要命的是，后唐应顺元年（934）二月，闵帝令李从珂离开凤翔，改任河东节度使。当然，闵帝同时也下诏让他的姐夫、原河东节度使石敬瑭改任成德（今河北正定）节度使。按常理说，工作调动不是啥大事，不就是搬个家嘛，可那个时代，让节度使离开他的藩镇，跟鱼离开水没啥两样，就是要釜底抽薪连根拔除你的势力根基，下一步很可能就是要你的命。石敬瑭、李从珂同时遭遇严重威胁，于是，昔日的竞争对手成了同一个战壕的兄弟。

但二人遭受的压力大小并不一样，于是应激反应也就有了差别。李从珂直接在凤翔以"清君侧"的名义起兵造反，而石敬瑭则表面顺从地赶赴成德上任。三月，李从厚派重兵去围剿李从珂，由于李从厚恶行太多，结果这些将士听了李从珂声泪俱下的控诉后，在前线倒戈，随即大军回师京都洛阳，兵锋直指李从厚。

李从厚宣召石敬瑭入朝救难，自己带领五十余侍卫仓皇逃往魏州（今河北大名东北），正好在卫州（今河南卫辉）遇到了率军入朝的石敬瑭。李从厚以为遇到了救星，下马恸哭，希望姐夫能助自己除贼兴国。石敬瑭早就对这个小舅子釜底抽薪的调岗令痛恨至极，没想到他居然撞到自己手里，不禁心中窃喜，于是，石敬瑭不费吹灰之力就斩杀了李从厚的所有护卫，并将其扣留下来，自己则赶紧奔赴洛阳。扣留李从厚是李从珂能造反成功的关键一步，可以说，石敬瑭是李从珂的帮凶，正因为他送了如此大礼，李从珂称帝后论功行赏才"放虎归山"。

四月，李从珂废黜李从厚，自己即帝位，是为唐末帝，并派人鸩杀李从厚。对于共患难的"战友"兼"功臣"石敬瑭，李从珂没有听从智囊的建议趁机剥夺其军权，而是投桃报李，让他继续担任河东节度使，此可谓纵蛟龙于深渊。但当李从珂冷静下来回忆起与石敬瑭曾经争雄的岁月，想起这个对手的强大难制，不禁又心生猜忌，害怕石敬瑭会像他一样废了前任自己做天子。对于李从珂的猜忌，石敬瑭又恨又怕，如芒在背。

当然，石敬瑭也绝非善茬儿，他素来自视甚高，对宿敌李从珂满心鄙视，认为李从珂不过一介武夫而已，无论智谋、治国，岂能跟他相提并论。对于帝位，他也觊觎已久，只是在没有绝对的把握之前，不敢轻举妄动而已。为了试探李从珂的态度，石敬瑭屡次上书，主动要求解除兵权、调任他镇。对此，后唐多数朝廷臣僚都反对，因为谁都知道，一旦真下此诏，势必会激起兵变，李从珂的帝位就是这么来的。只有枢密直学士薛文遇说："在我看来，石敬瑭造反是迟早的事，跟调任不调任没关系，还不如趁他准备不充分时先下手为强。"此话正中李从珂的痛点。痛定思痛，后唐清泰三年（936）五月，李从珂决定动手，下诏调任石敬瑭为天平（今山东东平）节度使。

石敬瑭原本只是跟李从珂玩个以退为进的政治把戏，没想到李从珂要动真格了。石敬瑭当然不会坐以待毙。他召开紧急会议与属僚商讨应对之策，绝大多数人都主张拒命不从——这说白了就是要造反。但以石敬瑭区区一个河东藩镇的力量，跟李从珂麾下的全唐军队比起来显然太过单薄，于是，石敬瑭的八品属吏桑维翰提出了结契丹为援的建议。

此计正中石敬瑭下怀。于是石敬瑭上表朝廷，公然斥责李从珂继承皇位不合法，双方关系彻底破裂。李从珂下诏削夺石敬瑭官爵，并遣军讨伐。七月，石敬瑭遣使正式向辽朝求援，他开出的筹码有四个：一、向辽朝称臣；二、尊称辽朝皇帝耶律德光为父；三、造反成功后割燕云十六州于辽朝；四、每年给辽朝三十万金帛。此筹码确实相当诱人，深受石敬瑭信任的僚属刘知远劝谏说："称臣就行了，称父就有点太过了，毕竟耶律德光比您还小。支付数量庞大的金帛就够了，没必要许诺那么多土地，否则，契丹终将成为中原的心腹大患，到时候悔之晚矣。"

但石敬瑭坚持己见毫不动摇，因为他非常迫切地要得到契丹的援助，况且，他最清楚不过，这四个诱饵当中，对契丹最有吸引力的不过燕云而已！至于名分、钱财，只是锦上添花的点缀罢了。所以，赌徒石敬瑭决定孤注一掷：输赢在此一搏耳！

燕云十六州，也称幽云十六州，即今北京、天津，以及山西、河北的北部地区，具体说来，以太行山为界，分为山前七州、山后九州：山前七州包括幽（今北京）、顺（今北京顺义）、檀（今北京密云）、蓟（今天津蓟州区）、涿（今河北涿州）、瀛（今河北河间）、莫（今河北任丘北）；山后九州包括儒（今北京延庆）、新（今河北涿鹿）、妫（今河北怀来）、武（今河北宣化）、蔚（今河北蔚县）、应（今山西应县）、寰（今山西朔州东）、朔（今山西朔州）、云（今山西大同），总面积约12万平方公里。燕云地区具有得天独厚的地理优势，自古以来便是兵家必争之地。它北枕燕山，西拥太行山，东环渤海，是天造地设捍卫南面中原的屏障，而战国以来，各政权又依山势修建长城，并在山脉缺口处修筑居庸关、紫荆关等关隘，这些天然的崇山峻岭、浩瀚海洋，加上人工修建的长城堡垒、重关峻口等一起构成了中原王朝抵御北方游牧民族南下的综合防御体系，正所谓"一夫当关，万夫莫开"之地。

其实，除了军事价值，这套综合防御体系还有另一重要且隐秘的功能——经济上封锁和控制北方游牧民族。游牧经济是一种比较脆弱的经济形态，高度仰赖自然，无法自给自足，因此游牧人群需以其他形式作为辅助，其中跟中原农耕社会互通有无的贸易至为重要，不仅可以换回各种物资，还能向农耕社会推销过剩的畜产品。而中原王朝则通过以长城为核心的防御体系，全面掌控与游牧民族的贸易，你听话我就恩准你跟我们贸易，你不听话我就关闭贸易。一旦贸易受阻，游牧者往往不得不通过战争掠夺来获得必需品，而长城防线的存在又大大阻隔了他们的军事行动。所以，燕云地区对于中原王朝在与北方民族竞争中占据主动至关重要。

辽朝自辽太祖耶律阿保机起就有逐鹿中原的雄心壮志。要想挺进中原，必须打通燕云。然而自唐末以来，历经三十余年战争，契丹的攻城略地也的确取得一系列成果，但最重要的幽州一直未能攻下。如今收到石敬瑭如此"大礼"，契丹真是喜出望外！

其实，早在四月份李从珂刚刚称帝之时，耶律德光就收到了一封来自后唐的密信，不仅揭露了李从珂弑主自立的内幕，并告知：现在正是讨伐李从珂的最好时机！写信的这个人就是耶律德光的亲哥哥耶律倍。这是怎么回事儿？耶律倍怎么会从后唐来信呢？

耶律倍，辽太祖耶律阿保机之长子，公元916年辽朝一建国便被立为皇太子，别看他是个土生土长的契丹人，却聪敏文雅、才华横溢，嗜读书，曾购书万卷，藏于今辽宁北镇市医巫闾绝顶之望海堂，其涉猎之广、成就之大令人啧啧称奇，不仅善丹青，通阴阳，知音律，还精通医药、针灸之术，文采卓然写得一手好文章，阿保机对他寄予重望。

但耶律倍并不只是个书呆子，公元924年，他随阿保机出征渤海国，不仅帮父亲出谋划策，还屡立战功。公元926年正月，耶律倍和二弟耶律德光共为前锋，夜袭渤海国的上京城（今黑龙江宁安），城破，渤海国亡，因为渤海在契丹国的东面，故阿保机改渤海为东丹国，以耶律倍为东丹王加以统治。七月，辽太祖在回师途中突然驾崩，并未留下遗诏由谁即位，阿保机的皇后述律后于是统摄军国事，成了辽朝实际的执政者。

述律后是位颇有传奇色彩的女性，她不仅精于权谋，且能征善战，耶律阿保机能够稳霸可汗位置九年不换，然后建国、立国、强国，述律后功不可没。述律后也是个心狠手辣的角色，她把阿保机去世当成铲除异己的绝佳机会，凡是不跟她一条心的人，她都打发去"陪伴"阿保机，以此借口杀了一百多人，轮到一位叫赵思温的汉人时，遭到拒绝，述律后说："先帝在世时，你和他那么亲近，为何不去呢？"赵思温说："要论亲近，谁也不如太后您哪，您去，我就去。"述律后则回答说："不是我不想跟随先帝而去，是因为我的孩子幼弱（其实耶律德光都25岁了），国家无主，我暂时还不能去。"说着，她抽出刀，砍下自己的手腕，送入墓中代替自己"陪伴"阿保机。如此残忍，能有几人不闻风丧胆？故述律后又被人称为"断腕皇后"。

述律后更喜欢能征善战、孝顺体贴的老二耶律德光，于是，在皇位虚空16个月后，公元927年十一月，述律后借用契丹世选制的外壳，导演了一场民主选举的好戏：她命令耶律倍与耶律德光分别乘马立于帐前，对各位大臣说:"两个儿子我都爱,无法取舍,你们觉得谁堪此大任,就去牵谁的马缰绳。"大家都领教过述律后的厉害,也都知道她实际中意谁,故争先恐后跑去耶律德光那边,识时务的耶律倍只能主动率百官请求立德光为帝。

耶律德光知道哥哥是心有不甘的,登基后对哥哥也是时刻警惕,安插眼线严密监视,耶律倍深感窒息。后唐明宗李嗣源听闻契丹兄弟阋墙,感觉可以大做文章,故多次派密使邀请耶律倍来唐。公元930年,经过反复激烈的思想斗争,耶律倍浮海适唐,并留下打油诗一首:"小山压大山,大山全无力。羞见故乡人,从此投外国。"

后唐明宗以天子礼节接待了耶律倍,并赐官、赐妻,又赐皇姓李,名赞华。耶律倍表面上受尽礼待,但实际不过是后唐明宗手中的工具和棋子而已,身在异国为异客,才发现自己魂牵梦绕的只有亲人和故乡,心中对母亲和弟弟的怨恨也逐渐稀释、消散,于是他频繁地派使者到辽朝向他们请安。然而,因多年抑郁,儒雅翩翩的耶律倍竟然变得面目全非,他刻急好杀,嗜饮人血,常常在姬妾的手臂上刺洞吸血,奴仆稍微犯点小错,他就施以刀刲火灼之刑,甚至动不动就挖掉她们的眼睛,后唐明宗赐给他的妻子夏氏因为恐惧而请求离婚、削发为尼。

后唐长兴四年(933),李嗣源驾崩,后唐最高层陷入内争。后唐应顺元年(934)四月,李从珂弑君自立,饱受儒家文化浸润的耶律倍自然非常痛恨这位篡逆者,所以立刻密邀辽太宗来攻。然而,这么大的军事行动必须周密运筹、细致准备,非一朝一夕所能完成。后唐清泰三年(936)七月,石敬瑭遣使请援,耶律德光不觉惊叹:"天赐良机也!"他立即给石敬瑭回信,承诺仲秋之际倾国赴援。

八月，辽太宗亲率契丹大军南下，援助石敬瑭攻打后唐，辽朝出军如此神速，显然就是早早做好了南征的准备。三个月后，后唐都城洛阳被攻下。李从珂彻底萎靡，再无反攻的斗志，而是昼夜借酒消愁，各地将领纷纷投降石敬瑭，心如死灰的李从珂自焚而死，后唐遂亡。辽太宗在太原册立石敬瑭为大晋皇帝，即为后晋，石敬瑭就是晋高祖。为兑现承诺，石敬瑭向契丹俯首称臣，向比他年轻十岁的辽太宗称父，后晋成为辽朝的属国。

令人唏嘘的是，耶律倍终究未能等到自己的亲人。当李从珂穷途末路欲自焚之时，他想起了仇敌耶律德光的哥哥耶律倍，不禁怒从心头起、恶向胆边生，他派人召耶律倍一起自焚，耶律倍自然不从，李从珂于是派刺客杀了他，这一年，耶律倍38岁。

耶律倍死后，一位同情他的僧人偷偷将之收殓埋葬。石敬瑭率军进入洛阳后，亲自为耶律倍服丧、哭灵。看着这个为躲避自己而客死异国的哥哥，耶律德光悲痛不已，他将哥哥的灵柩运回辽国，归葬在哥哥生前最爱的医巫闾山。公元947年，耶律倍的长子耶律阮继位后，追尊他为皇帝，谥号"让国皇帝"。

对于石敬瑭向北方王朝称臣称父之举，尤其是他献燕云于契丹，自宋以来饱受世人非议，人们认为，北宋在军事上被动挨打，甚至北宋亡于女真，均与燕云入辽有着直接关系，追根溯源，这笔账应该记在石敬瑭的头上，轻者骂他"无耻"，重者痛斥他为历史的罪人、"卖国贼"。在此我无意为他辩护，但我想呈现一些可能不怎么被人注意的历史线索，留待大家自己去判断。

第一，中原王朝称臣于北方边疆政权，并非石敬瑭首开先河，如唐高祖李渊在隋末起兵太原后，就曾称臣于突厥颉利可汗。而隋末其他各割据势力，如窦建德、王充、刘武周、梁师都之徒等，都向北面称臣，以引为外援。

第二，晋王李克用与辽太祖耶律阿保机曾约为兄弟，石敬瑭的岳父后唐明宗是李克用的养子，与耶律德光同辈，论辈分，耶律德光就是石敬瑭的叔父。石敬瑭认辽太宗为父，就等于成了后唐明宗的儿子，与李从珂一样，自然享有继承后唐帝国的权力。

第三，石敬瑭向契丹借兵时只拥有燕云十六州小部分控制权。燕云十六州中，云、应、朔、寰、蔚五州属河东，为河东节度使石敬瑭总管，但并未完全掌控；其余十一州属河北，经济、军事地位均比河东重要得多，为卢龙节度使赵德钧所牢牢掌控。赵德钧也在乞求契丹支援，他和石敬瑭是你死我活的竞争关系。可见石敬瑭献燕云是借花献佛、慷他人之慨，也可以说是空头支票——如果契丹不能促成他的帝业，那么这个承诺就没有任何意义。由于石敬瑭并不完全拥有燕云十六州，故两年以后，公元938年十一月，燕云十六州才正式献与契丹，因为此时后晋已完全控制中原。

第四，唐末五代，各藩镇割据混战，人们公认的信条是："天子，兵马强壮者为之"，他们并没有"忠诚不事二主"的概念，所以权臣篡权如同儿戏。而"忠节""忠君"意识是直至宋朝之后统治者才特意强调、着力塑造的。

第五，正如学者所指出，燕云地区最终被分离出去，可视为中央政权与此地区在情感上长期相互疏离的结果。燕云十六州，是一个曾经引发帝国大动荡（安史之乱）的地区，即使在叛乱结束后的170余年时间里，这个地区因其身为叛乱渊薮的缘故,在情感上一直无法被帝国所宽容和接受。况且,在叛乱之前,此地区与唐帝国的隔膜就已经相当明显,长期的隔膜、疏离早已使幽云地区成了中原王朝眼中的"他者",那么,对于石敬瑭这样一位着眼于夺取"中原"的将领来说,被视为"他者"的燕云十六州则是可以轻易割弃的。

毋庸置疑,石敬瑭是一个精致的利己主义者,一个为达目的不择手段的野心家,这是必须要严厉谴责的,尽管他有一些被逼上梁山的迫不得已。在石敬瑭如愿以偿成就帝业之后,遂有更多的藩镇想复制他的成功之路,明末清初著名史家王夫之说:"石敬瑭起而为天子,于是人人都梦想做天子。"石敬瑭被契丹立为天子,于是人人都以为只要有契丹撑腰就可以做天子,而纷纷求立于契丹。故石敬瑭在位7年,谋反者就有6起,其中如范延光、杨光远二人,皆暗中求援契丹,希望取代石敬瑭,这是石敬瑭自己种下的恶果。

辽朝接管燕云是不是纯属偶然呢?非也!短短三十余年里,云州地区三易其主,燕蓟地区四换其君,连年兵燹,民不聊生。人心思治,而中原各藩镇却依旧大肆横征暴敛、不恤民力,甚至为了实现自己的帝王梦而争相结交契丹。在石敬瑭积极联络契丹之时,后唐的卢龙(镇幽州,今北京)节度使赵德钧也在乞求契丹援立,知道消息之后的石敬瑭大惊,为了争得援助,他的使者从黎明一直跪到深夜,涕泪横流地发誓表决心。而契丹显然对自己在中原藩镇争立中的价值非常清楚,以契丹的盛强,支持谁就意味着谁可能坐上皇帝的宝座,所以务必待价而沽、多方权衡。石敬瑭与赵德钧争抢契丹,而石敬瑭的筹码更为优厚,耶律德光也就最终选择了石敬瑭。甚至后唐末帝李从珂也曾一度有联结契丹以制河东的打算，只是迫于个别臣僚的激烈反对而作罢。

是五代的鹬蚌相争给了辽朝国势蒸蒸日上并最终渔翁得利的机会，况且早在耶律阿保机时，辽朝就已经用武力敲开了榆关（今山海关）的大门，占据了渤海沿线的平州（今河北卢龙）、营州（今河北昌黎），石敬瑭向辽朝契丹求援时，发现契丹军队居然近在云、应二州，契丹南下拓土本不可避免，石敬瑭只是给耶律德光提供了一个"速成"的契机，所谓"天助自助者"，或者说，是历史选择了契丹。

石敬瑭一朝始终恭谨事辽，奉表称臣、遣使不绝，后晋与契丹也就你侬我侬。后晋天福七年（942）六月，石敬瑭驾崩，其侄子石重贵即位，在侍卫亲军都指挥使景延广的怂恿下，石重贵瞬间膨胀成骨气男，以称臣契丹为耻，故对契丹称"孙"不称"臣"，只承认祖孙名分，却完全否认两国之间的君臣关系。九月，面对契丹来使的谴责，更是口吐狂言："你回去告诉阿爷，尽管来战！孙有十万精兵随时恭候。若他日为孙所败，遭天下人耻笑，可不要后悔！"

这种挑衅激得辽太宗大怂，辽晋反目。后晋天福九年（944）正月，待辽朝伐后晋大军南下，石重贵又瞬间尿了，赶紧遣使求和，愿意割河北请罪，但被契丹拒绝。后晋开运三年（946）八月，辽朝第三次伐后晋，且是辽太宗御驾亲征，十二月，契丹兵临后晋首都开封城下，石重贵奉表投降，后晋灭亡。后晋开运四年（947）正月，耶律德光入开封接受百官朝拜，令石重贵举族北迁。在契丹看来，灭其国、亡其家，这是惩戒叛臣、维护宗主国尊严的最佳方式。而后晋，可谓成于契丹，灭于契丹。

耶律德光在开封过了三个月中原皇帝的瘾，然而中原各地反抗契丹人的动乱此起彼伏，使耶律德光深觉中原人太难制服，他不由得想起了母亲"虽得汉地，不可居也"的告诫。后晋开运四年（947）四月，以汴梁炎热、水土难居为借口，辽太宗耶律德光启程北返，不料在河北栾城驾崩，辽朝帝位由耶律德光的侄子耶律阮即位，是为辽世宗。

石敬瑭昔日的好战友、沙陀人刘知远便趁机入主中原，建立后汉。但第二年刘知远病死，其子刘承祐即位，是为后汉隐帝。公元951年正月，枢密使郭威篡后汉自立，建立后周。十余天后，刘知远之弟刘崇称帝于太原，史称北汉。刘崇主动请求援引石晋故事向契丹称臣，并向辽世宗称"侄皇帝"，北汉成为契丹卵翼之下的属国。同年九月，北汉被后周攻击，向契丹请求支援，在契丹诸部酋长都强烈反对的情况下，辽世宗仍然一意孤行地下达了南征且御驾亲征的命令，在部队行进途中，其堂兄弟叛乱，辽世宗被弑，年仅34岁，辽太宗的长子耶律璟即位，是为辽穆宗。

后周显德六年（959），柴荣打算收复失地，他以赵匡胤为先锋北伐，攻瀛州（今河北河间）、莫州（今河北任丘北）两州与瓦桥（今河北雄县）、益津（今河北霸县）、淤口（今河北霸县东信安镇）三关，是燕云十六州中最南面的州城，史称关南地，契丹在这些地方并未部署重兵，负责支援的应是南京留守兼兵马都总管萧思温，柴荣兵临城下，契丹将士奋跃请战，而萧思温却龟缩于幽州畏战不出，好运加持的柴荣居然兵不血刃地攻陷瀛、莫两州与瓦桥、益津、淤口三关。

听闻此事，耶律璟既心疼又无奈，只得自嘲地说："这些本来就是汉地，今以还汉，没什么可惜！"关南地丢失后不久，耶律璟撤掉萧思温，任熟悉南京军务的汉人高勋出任南京留守。正当辽朝严阵以待之时，柴荣却突患暴病，原本准备进攻幽州的战事只能停止，不久，一代英主驾崩。于是，燕云十六州中，瀛、莫两州归复中原，辽朝握有其他十四州，这种情况一直持续到辽末，尽管辽朝也多次想"收复"失地，但始终无果。随后，北宋代周，宋辽两国围绕燕云地区展开了旷日持久的争夺。

二、一厢情愿的赎买

公元960年，赵匡胤发动陈桥兵变建立北宋。北宋结束了五代十国的纷乱，也继承了与辽朝对峙于燕云的政治格局。而且，宋辽两国都认为自己丧失了领土，双方统治者也都认为自己有责任收复丢失的祖宗"故土"，于是，双方围绕燕云形成了"双重的领土纠纷"，对燕云地区的争夺几乎贯穿了10至12世纪北宋与辽朝关系的整个过程。

赵匡胤即位时，辽朝仍是号称"睡王"的辽穆宗耶律璟在位。辽朝自公元907年建立到1125年被金朝所灭，立国218年，历9帝，每位皇帝平均在位时间23年，其中耶律璟在位18年（951—969）。北宋立于960年，1127年被金所灭，立国167年，也是历9帝，每位皇帝平均在位时间18.5年，其中赵匡胤在位16年。赵匡胤号称一代雄主、仁主，耶律璟则以残暴、嗜杀著称，然而二位皇帝对当时外部形势的判断如出一辙，即都力图避免与对方发生正面冲突，以待时变。

收复燕云，赵匡胤一日未敢忘怀。他曾说过一句霸气十足的话："卧榻之侧，岂容他人酣睡！"这句话虽是对南唐使者徐铉"陛下师出无名"批评的回应，但也适用于北面邻居契丹。

当时围绕在赵匡胤身边的大臣，以赵普、张齐贤、王禹偁等为代表的一大批政治家，对收复燕云基本持反对态度，或认为收复燕云是大动干戈的劳民伤财之举，或认为收复燕云是用明珠去弹麻雀的得不偿失之举，或认为契丹势力强盛，与之开战是以卵击石之举，他们主张等待契丹"自乱"，或者有一天契丹会被宋朝感化而主动"归仁"。

但赵匡胤对收复燕云有着很强的责任感，在他看来，幽云十六州是中原故土，收复故土的正义性和坚定性不能动摇，即使到宋开宝九年（976）南部诸藩平定，群臣奉表，请加尊号"一统太平"，赵匡胤仍然拒绝说："燕云、北汉尚未收复，又怎能称一统太平？"

但另一方面，赵匡胤清晰地认识到：北宋初建，统一大业才刚刚起步，而契丹经过三代君主的苦心经营，国富力强、兵强马壮，"我大宋今天的劲敌，只有契丹！"以宋目前的实力，无法在军事上与契丹争锋，尤其是968、969年间，赵匡胤两次征伐北汉均因契丹救援无功而返，因此，赵匡胤对契丹的实力更是有所忌惮。况且，燕云已经入辽20多年，辽朝对燕云的统治也已经比较扎实，北宋想一蹴而就将其收复是十分困难的。

赵匡胤做梦都想收复燕云，但要收复燕云，又不得不更理性、更谨慎地全盘谋划。以下两件事情，很鲜活地反映了他的两难境地。宋乾德元年（963），龙捷军校王明献阵图、请讨幽州，赵匡胤表扬了他，并赐以锦袍、银带、钱十万。但除口头表扬和赏赐之外，并未见赵匡胤对"讨幽州"一事有下一步行动，所以，这可以说是赵匡胤对部下爱国热情的一种保护。

又有一次，赵匡胤把赵普召到一个偏殿，屏退左右之后，神秘地拿出一幅《取幽燕图》来问赵普："爱卿看看此图是谁做的。"赵普仔细端详后说："此图必定是曹翰所献。"赵匡胤大惊："你是怎么看出来的？"赵普一语双关地说："此事除了曹翰没人能干。"赵匡胤追问赵普是怎么判断的，赵普回答说："当今将帅中，论才干智谋没有谁比曹翰更厉害，陛下派曹翰攻幽州，肯定会把幽州攻克下来，但攻下来后，必须得世世代代都有曹翰这样智勇双全的人才能守住，曹翰之后，不知又有谁能胜任？"赵普的话正好道中赵匡胤的心病，其实，何尝是攻取不易，即使攻取了能不能守住才是更现实的问题，这背后是北宋与契丹两国实力的较量，赵匡胤对此显然不抱乐观态度，所以，听了赵普的话，他默默地把《取幽燕图》收回来，从此再也不提武力收复"燕云"之事。

心有余而力不足，但赵匡胤并不消极地等待契丹"自乱"，也不幻想有朝一日契丹会主动归仁，而是在用兵迫降之外萌发了一个收复燕云的新思路：以和平"赎买"的方式收复燕云。

宋朝初建，常年作战，赎金显然不能直接从国家财政开支拨款。赵匡胤于是把讨平的南方诸国国库里的财物集中起来，专门建一个"封桩库"加以贮藏，而且，他本人以身作则节约用钱，每年还将皇室剩余的钱财存入，目的就是为了攒赎金。他对身边近臣说："我打算攒够了五百万缗（每一千文铜钱穿成一串叫一'缗'），就派使者到契丹，商议用钱将燕云诸州赎回来。如果契丹不答应，我就用这些钱当军费，招募勇士，强行攻取。"

赵匡胤的和平"赎买"政策，是符合宋朝国情的高明之策，既避免了与契丹发生正面冲突，得以将宋朝兵力集中到统一南方的战争中，又对将士们展示了他收复燕云的决心与承诺，鼓舞他们英勇作战，是一个两全的策略。

那么，赵匡胤用钱来赎回"燕云十六州"，是否具有可能性呢？

答案是：绝无可能！

究其根本，这就不是钱能够解决的事儿！除了上面说的五百万缗，也有记载为三百万缗、三五十万缗的，就是五千万缗、五万万缗，都不管用，辽朝绝对不可能将燕云让给宋朝的！

燕云地区于北宋，其重要性主要体现在军事上。若论国家实力，北宋在经济、文化方面不言而喻优于辽朝，但在北宋与辽朝的多次军事对决中却往往处于劣势，北宋君臣甚至在赵光义后形成了对契丹的恐惧心理，以为辽朝不可战胜，导致出现这种现象的一个关键因素便是燕云归属权的变化。燕云入辽，使得辽国的疆域扩展到长城以南，这也就意味着由凭借燕山山脉构筑起来的长城防线、关隘险要尽属契丹，华北平原一马平川，契丹可以直捣中原腹地。

宋朝一心要收复燕云还有另一个更为隐秘的原因，那就是维护中原王朝尊严的需要。自古形成的"夷夏观"在宋人的心中已经根深蒂固，北宋一直视自己为中原王朝的继承者，是正统王朝，视契丹为"蛮夷"，对辽政权诸多鄙视和防范。然而现实世界辽朝的强大成为压在宋朝统治者心头一块沉甸甸的石头，他们惊觉自己王朝的正统地位越来越受到契丹的威胁。宋朝要维护自己中原正统王朝的地位，最有效的方式就是收回燕云十六州，把契丹人重新赶回东北老家。当然，如收复燕云，宋朝也就能够在经济上控制辽朝，但这在当时还不是最要紧的。

最要紧的还是国防安全和民族尊严。站在宋人的立场，石敬瑭割弃燕云、自撤藩篱，不仅使中原王朝丧失抵御北方少数民族的屏障，还无情践踏着中原王朝的尊严，简直是千刀万剐之罪。为了大宋千秋万代考虑，为了中原人的面子考虑，燕云地区志在必复。当然，在官方宣传上，赵匡胤、赵光义等均把自己包装成"救幽燕百姓于水火"的救世主形象，这类冠冕堂皇借口的背后其实还是为了北宋的安全和面子。

燕云于辽朝，则是在政治、经济、军事、文化各领域全方位的举足轻重。政治上，燕云是辽朝"因俗而治"治国方略的基础。燕云并入后成为辽朝的南京道和西京道，南京就是燕京，西京就是大同。燕云的并入，导致汉人一下子跃升为辽朝人口总数第一的民族，面对数量庞大的汉人，辽朝皇帝知道，用契丹人的制度去统治这些汉人是不现实的，通俗地说，你让习惯了定居生活的汉人在草原上逐水草而居，用清汤寡水腥膻难闻的牛羊肉代替粮食蔬菜，不去种田去放牧，肯定行不通。同样，你让成天自由惯了的游牧民族告别辽阔的草原，成天圈在定居小屋里，不去放羊去耕田，不能大碗喝酒大块吃肉，天天吃大米蔬菜，势必会把人逼疯。因此，辽王朝采取了"因俗而治"的统治方略："以国制治契丹，以汉制待汉人"，即以游牧制统治契丹、奚人等游牧民族，以原有的唐制统治汉人。

"因俗而治"是辽朝统治政策的根本大法，辽朝的政治制度、经济制度及文化制度，都以此为出发点。如在官制上，实行南北面官制，南面官制管理汉人，北面官制管理契丹人；在行政建制上，汉人以州县辖之，契丹人则以部族统之；经济上，汉人务农耕，契丹人事游牧；文化上，汉人尊儒学考科举，契丹人习骑射重武艺。各就其位，各司其职，各安其业。

"因俗而治"突出反映了决策者的政治智慧，而且实践证明，运用非常成功。辽朝这个由北方游牧民族建立的北方王朝，能成功统治北方二百多年，使辽王朝在中国古史谱系中占有相当重要的地位，"因俗而治"的统治政策居功至伟。

燕云地区对辽国至关重要，还在于它的经济、军事、文化价值。经济上，燕云是辽国财赋收入的最重要来源，更为关键的是，燕云地区还意味着广袤的农田、丰富的物资、技艺高超的匠人，辽国再也不用担心会在经济上被中原卡脖子。军事上，燕云本是中原王朝防御北方民族南侵的重要屏障，现在相反，幽蓟一带成了阻碍中原王朝北进攻辽的重要防线，云州一带则成了辽朝西扼西夏的军事重镇。文化上，燕云是辽朝儒学、佛学的重要中心，一批批儒生饱读诗书，用仁义礼智信的儒家伦理感化世人，一位位僧人居士长年礼佛，用慈悲为怀、因果报应的佛家教义熏染世人，这是辽朝长治久安的重要保障。

因此，燕云地区对辽国至关重要，是决定辽政权由单纯的游牧政权过渡为农耕游牧二元政权的关键因素。在辽国这个大家庭里，是游牧文化与农耕文化第一次形成真正意义上的大融合，百姓安居乐业，经济生机勃勃，文化欣欣向荣，汉人与契丹人、奚人、渤海人和睦共处、休戚与共，为我们中国多元一体的大家庭谱写了一曲华美的乐章。

而这一切，都源于燕云十六州的并入。所以辽王朝是志在必守，而对于得而复失的关南地，也是志在必争。在契丹统治者看来，自己也是炎黄子孙，辽朝也是"中国"，当然有权力且有能力接管燕云地区，且当年柴荣夺取关南地，又何尝不是辽朝人的切齿之痛？所以，辽朝不仅绝无可能把燕云卖给宋朝，还一心想把丢失的关南地收复回来！

说到底，赵匡胤的和平赎买策略自始至终只是宋朝的一厢情愿而已。

但此策略本身没有问题，确有一箭双雕之效，况且即使辽朝不答应，宋朝也不损失什么。当然，也有人认为赵匡胤的"和买"之策是愚蠢的，如王夫之批评此策为妇人之见，认为赵匡胤应该趁早攻取燕云，而不是积蓄钱财等待机会。王夫之所言似乎有一定的道理，但仔细想想，这不过是一种"事后诸葛亮"，是他对当时北宋所面临的形势过于乐观，如果北宋向契丹挑起战争，则很有可能陷入南北两面受敌的被动局面，其结局之惨可以想象。

批评赵匡胤错失收复燕云时机的人，是因为他们仅仅看到了辽朝最高统治者耶律璟的"恶"。耶律璟有两大爱好：嗜酒、嗜杀。他常常通宵达旦地连续喝酒，辽应历十三年（963），从正月初四到正月十三，连续喝了九天九夜。辽应历十九年（969），从正月十一立春到月终，连续饮酒二十来天。至于夜以继日、数日连续地喝酒更是常态，要么到官员家中喝，要么把官员们叫到一起来欢饮，甚至自己微服出行到市场买酒喝。

令人恐怖的是，耶律璟还经常杀害身边供他行猎娱乐的鹿人、獐人、彘人、狼人、鹰人以及近侍等，手段之残忍也是令人发指，如刀刺、杖击、斩首、射箭、火烧、炮烙、铁梳、断手足、烂肩股、折腰胫、划口碎齿、弃尸于野等。辽应历十五年（965）三月二日，因近侍东儿拿羹匙不及时，被穆宗亲手刺死。三月二十二日，出去侦察天鹅行踪的沙剌迭因回来晚了，被施以炮烙、铁梳之刑。即行刑者先用烧红的铁烙他，待他身上皮肉都被烙熟之后，再用铁刷子把他身上的肉一条一条地抓梳下来，直至肉尽骨露、犯人咽气，残忍至极。辽应历十七年（967）六月己未，辽穆宗亲手肢解雉人寿哥、念古，杀鹿人四十四人，杀人数量之多令人震惊。据学者考证，耶律璟即位之初并非如此暴虐，转折点发生在辽应历十三年（963），而原因应该是穆宗患有性功能障碍，故嫔御遍布眼前却从未临幸，没有子女，也没立皇后，日复一日治愈无望，生理病随而转化为心理病，扭曲变态的酗酒施暴就是其发泄手段。

耶律璟身为一国之君，后期因久病不愈心理失衡，常常酗酒施暴不理国政，表面上看，这似乎是赵宋收复燕云的黄金时机。但这只是事情的一面，另一面则是，耶律璟并非昏庸无道。耶律璟所杀的，多是他身边的服役人员，"上不及大臣，下不及百姓"，可见穆宗尚能理性选择发泄对象，并非不分青红皂白乱杀滥杀的精神病患者。而且，耶律璟也有不少优点，譬如他知人善任，所以在他不恤国事时，能臣们能尽心尽力治理国家。又譬如他轻徭薄赋、爱惜民力，重视农业与畜牧业发展，故在他统治期间，百姓安居乐业。《辽史·刑法志》里还记载了穆宗对一桩强奸案的处理：辽应历十二年（962），奴隶海里强奸了秃里未及笄的女儿，因辽朝法律中没有对此类犯罪的处罚条例，故耶律璟对海里处以宫刑，这是对犯罪者本身的处罚，已经够重了，穆宗还罚海里为秃里的奴隶，这是对受害者家属的补偿，穆宗把此双重处罚作为法律固定下来，这种对未成年少女的保护，自然大快人心。正因为耶律璟既能笼络人才，又能赢得民心，所以尽管穆宗一朝发生多起叛乱，都能及时平息、不伤国体。

但耶律璟对身边服役人员的肆意杀戮也激起了他们的仇恨和反噬，辽应历十九年（969）二月二十二日，穆宗白天猎熊，晚上仍然欢饮酣醉，夜里，近侍小哥与盥人花哥、庖人辛古等六人造反，穆宗被杀，享年39岁。辽世宗第二子、从小被穆宗养于宫中的耶律贤即位，是为景宗。

赵匡胤时期，虽然北宋与辽朝并未发生直接的战争，但双方围绕北汉还是发生了几次间接武力冲突。北汉是宋朝统一大业中的必需一环，而辽朝则始终尽力保护北汉政权不被宋朝吞并。但北宋与辽朝终究没有升级为直接对抗，反而还有过一次短暂的和议，即赵匡胤平定南唐前夕达成的"雄州和议"。雄州和议虽然只维持了短短数年，但却为后来澶渊之盟的对等关系树立了规范。

宋开宝九年（976），赵匡胤暴崩，给世人留下了"烛影斧声"的千古谜团。其弟赵光义即位，是为宋太宗。宋太平兴国四年（979），赵光义全力伐北汉，契丹救援失败，北汉覆亡。随着五代十国最后一个割据政权的覆灭，辽宋两国之间的缓冲区消失，而北宋收复燕云的执念未变，两国的直接对抗不可避免，维持了五年的宋辽邦交关系即中断。

三、一败涂地的武攻

赵匡胤驾崩后，赵光义继承了赵匡胤收复燕云的遗志，但他彻底放弃了和平赎买计划，改用武力攻取。公元979年、986年，赵光义两次下令对燕云地区发动征伐，结果都以失败告终，宋朝损兵折将，损失惨重，完全扭转了宋辽两国的战略格局。

第一次，赵光义御驾亲征，结果不仅宋军大败，赵光义也身受重伤，还差点激发了一场兵变，宋廷内部权力斗争加剧，赵匡胤的长子德昭也因此丧命。

宋太平兴国四年（979）二月，在攻太原就如摧枯拉朽一般容易的想象中，赵光义亲统大军北伐北汉，先后所遣军队达十万人以上。四月，宋军兵围太原，四面攻城，北汉顽强抵抗，双方经历无数次激战，在契丹援军于山西忻县白马领被宋军击败、北汉孤立无援的困境下，五月六日，北汉主刘继元献城投降，北汉亡。

赵光义随即准备趁热打铁乘胜攻取幽燕。五月二十二日，宋军离开太原，继续北上，直逼辽朝幽州（南京）。

当时辽朝的形势非常狼狈。赵光义攻灭北汉后未经休整就直接督军伐燕，大大出乎辽人意料之外，他们只能仓促应战。宋辽双方的兵力对比也比较悬殊，幽州之南并无重兵驻守，幽州城的守兵仅有一至两万人。而幽州城南各州县的汉人官民一心向宋，他们都备着牛酒，热泪盈眶地等待王师北来，主动投宋者络绎不绝，故宋军一路势如破竹。六月二十三日拂晓，宋军抵达幽州城南，驻跸于宝光寺。二十六日开始，宋军开始四面攻城，但战事却相当艰苦。

辽朝当时坚守南京城的就是大名鼎鼎的韩德让。韩德让出自辽朝最煊赫的汉人世家大族玉田韩氏，他的祖父韩知古6岁时就被俘入契丹，成为述律后的贴身近侍，因机智善谋而深受器重，在辽太祖建国时出力颇多，是辽朝21位开国功臣之一。韩德让的父亲韩匡嗣因拥立辽景宗而备受尊宠，是景宗身边的大红人，官阶勋爵并为一品。韩德让更是以稳重谨厚、智略过人著称，年纪轻轻就崭露头角。辽景宗驾崩后，韩德让成为承天太后的亲密战友，因辅佐圣宗立下不世之功而位极人臣，其家族更是被赐以国姓耶律并被擢升为契丹皇族。当然，这是后话。而此时，宋军来犯，南京地区最高官员——南京留守韩德让面临着他人生最凶险的一次考验。

宋兵围城，不仅强攻，也采取攻心术，对城内守兵不断喊话，劝诱汉人将士回归中原"母亲"怀抱，很多汉人受感化而蠢蠢欲动，形势十分危急。韩德让登上城楼，对将士们动之以情、晓之以理，安抚军心，跟他们一起不分昼夜闭门坚守，等待援军的到来。

三十日，辽景宗收到南京被围的快报，赶紧调兵遣将，各路辽军火速驰援。

第一支援军为御盏郎君（辽代宫廷服役官）耶律学古所领，听闻南京被围，耶律学古急忙率军前往，因宋军把南京城门围得水泄不通，耶律学古于是偷偷挖地道进入南京城内，协助韩德让守城、防护，安抚军民，以待援军。

第二支援军是南府宰相耶律沙、北院大王耶律斜轸率领的援汉军，他们南援北汉时被宋军打败，此时正驻扎在幽州城外，已与宋军有过交锋。

赵光义把军队分成四支分别攻城，定国节度使宋渥攻南门，河阳节度使崔彦进攻北门，彰信节度使刘遇攻东门，定武节度使孟玄喆攻西门。赵光义每天都督促将士攻城，并增添攻城砲（抛石机）八百门，但辽军顽强坚守，宋军久攻不下，将士逐渐心生倦息。桂州观察使曹翰与洮州观察使米信作为预备队驻守在南京城的东南角，有士兵居然从土里掘出了一只螃蟹，曹翰对大家说："螃蟹，本是水物，今陆居，是家园丢失的缘故。螃蟹多足，这是敌人援军就要到来、此城不可拔的迹象。况且，蟹者，解也，我们班师回朝的时候到了。"

事情正朝着曹翰预料的方向发展。辽朝最重要的援军，由辽朝"战神"耶律休哥率领的五千精兵正日夜兼程抄小路驰往南京。

韩德让苦苦坚守了十天，最后的决战终于到来！

七月六日，宋辽两军在高梁河（今北京城西北）展开大决战。白天，耶律沙率军与宋军交战，不敌，退却。而耶律休哥的部队于夜幕降临时赶到，其人数不多，但耶律休哥素来沉着、善谋，他命令每个士兵手持两个火把，首尾相接，终而复始，宋军不知契丹军队到底有多少人，只看到火光绵延不绝，以为辽军人数远远多于自己，不禁大惊失色。而耶律学古也开门列阵，四面鸣鼓，居民也呐喊助威，声震天地，宋军于是更加无心恋战。此时，耶律休哥与耶律斜轸趁机分左右翼夹攻宋军，而幽州城内的守军也在韩德让的带领下杀了出来。

霎时间，宋军混乱不堪，只顾着四散逃命，辽军追杀三十余里，斩首级万余，获兵仗、器甲、符印、粮馈、货币，甚至宫嫔等，不可胜计。在这场混战中，还发生了一起严重事故，那就是赵光义大腿中了两箭！几名亲卫冒死救护，在夜色掩护下，太宗悄然南遁，到涿州（今河北涿州）时，不再骑马，而是换了便装、改乘驴车，从偏僻小道逃走。太宗的战马"碧云霞"，是著名的千里良驹，太宗逃命之时，不乘坐快马，反换乘缓慢的驴车，可见伤势不轻，已不能继续乘马颠簸。而在激战中，耶律休哥身上也三处受伤，不能骑马，而是改乘轻车，对赵光义紧追不舍，追到涿州，一看赵光义已无影无踪，只得放弃。

且不说辽朝主将善谋、应对迅速坚守得力，其实，宋朝这次北征失败的结局早有端倪。

宋朝君臣一开始就犯了战略上轻敌的错误。在攻下太原后，他们认为取幽州也易如反掌，并没有经过充分的休整与战前准备，就贸然继续北进，战略决策过于仓促、草率，且被局部胜利冲昏头脑，没有看到契丹的优势，对战争的艰苦程度预计不够,一旦不能"速攻",就起了倦怠。

宋朝军队还暴露出将士不肯用命、军纪不肃的弊端。二月出征,五月才攻下太原,帅老兵疲,将士都希望能班师回朝、论功行赏,当太宗说要继续乘胜追击北伐幽州时,绝大多数人都反对,但他们都知道太宗独断专行的性格,尽管反对,却不敢发表意见,只能以"非暴力不合作"的方式发泄不满。六月,太宗下令从镇州(今河北正定)继续北上攻燕,就出现了扈从军队不及时到达的情况,赵光义大怒,欲诛杀治罪,被马步军都军头赵延溥劝阻。况且,赵光义个人在生活作风方面也给全军当了一回反面教材。当宋军攻下北汉,赵光义命令把从北汉接手的所有妃嫔全都随军北征,以供自己享乐,上行下效,将士们也大肆掳掠北汉妇女充当军妓,这样沉醉享乐的军队,又如何能够战胜契丹的虎狼之师?

更为深层的原因在于皇位继承所造成的统治危机。赵匡胤死得蹊跷,赵光义得位不正,故太宗想借用兵幽云,转移臣民视线,并想收复燕云建立不世之功,以改变名声、提高威望和镇抚人心,最终巩固统治地位。

而北征中一场差点发生的"兵变"更有力地说明了太宗面临的皇权危机。由于宋军战争失利,赵光义下落不明,将士们都以为皇上伤重而亡。群龙无首,赵匡胤的旧臣,拜把兄弟、亲家石守信,以及太祖生前最信任的名将刘遇、史珪等谋议,准备发动兵变拥立太祖的长子德昭为帝,此时,皇弟廷美、宰相薛居正、卢多逊以下的文武大臣,大部分都在军中,竟然还出现拥立德昭的事,可见对太宗不满而怀念太祖的力量是何等之大。只是后来石守信他们知道了太宗的下落,兵变也就作罢。

战争的失败与兵变,深深地刺激了赵光义,颜面、威信扫地,皇位受威胁，又气又怒的太宗意识到，德昭兄弟是对他皇位的最大威胁，必欲除之而后心安。还没找到借口清算德昭之时，政治智商为零的德昭居然自己送上门来。

回到开封后，心情阴郁的赵光义久久没有对太原之战论功行赏，大家议论纷纷，将士们就更是满腹怨气。八月二十七日，此时最应该避嫌的赵德昭可能觉得自己有义务替大家说句公道话，毕竟他是前任皇帝的长子、现任皇帝的侄子，有一定威信，不然大家为什么要拥立他，他自觉心里无鬼，也就很坦然地跑去叔叔跟前请赏，没料到太宗勃然大怒地说："等你自己当皇帝了，再赏他们也不迟！"这句话等于宣判了德昭死刑，除了以死谢罪，德昭别无选择。惶恐不已的德昭回去后问左右的下人："你们谁带刀了吗？"下人推辞说宫中不敢带刀，德昭于是冲入茶果阁，关上门，用水果刀自刎而死，年仅28岁。赵光义听闻后赶来，抱着德昭的尸体大哭："痴儿，何至于此！"内心深处，太宗不由得如释重负。

这次对幽州的北征，使辽宋关系由友好转入敌对。战败、兵变，以及久治不愈的箭伤，极大刺激了赵光义，以后他对武将控制更严，他不再亲上前线，却不肯把指挥权全权赋予前线将领，而是企图以预定的战略、战术，来间接指挥战役，即"将从中御"，大将权威不振，执行作战计划的能力也连带受了影响，这或许是这次战役带来的最大损失。

除了猜忌武将，赵光义最不放心的还是威胁他皇位的人：他哥哥赵匡胤的儿子们和他的弟弟赵廷美。赵匡胤有四子，其中德秀、德林早夭，余下德昭与德芳二人，德昭虽已自杀，德昭的弟弟德芳也不可小觑。而按照坊间流传的"金匮之盟"（详见下章）所订立的誓约，赵匡胤需把皇位传给赵光义，而赵光义则需把皇位传给赵廷美。可赵光义自然是想把皇位传承给自己的儿子，而非弟弟，赵廷美也就成为赵光义的眼中钉。

宋太平兴国六年（981），德芳不明不白死去，年仅22岁。《宋史》说"德昭不得其死，德芳相继夭绝，廷美始不自安"，预示德芳也是不正常死亡。至此，赵匡胤的儿子全部死亡。宋太平兴国七年（982），在赵普的一手策划下，赵光义废黜赵廷美开封府尹之职，发往僻远的房州（湖北房县）安置，宋雍熙元年（984），赵廷美因忧悸成疾而卒，享年38岁。至此，对太宗皇位有威胁的人全部剔除。

皇位继承问题既已解决，接下来的目标就是征服燕云了。第一次北征失败的阴影始终萦绕心头，赵光义急需一场胜利来证明自己的英明神武。雍熙北伐就是在这种背景下呼之欲出的。

据说，赵光义下定第二次北伐的决心，缘于大臣们对辽朝国情的错误汇报。宋雍熙元年（984），宋朝的雄州知州贺令图、文思使薛继昭、崇仪副使侯莫陈利用等五人相继上奏："契丹主年幼，国事决于其母萧燕燕，萧太后对大将军韩德让极其宠幸，韩德让权势熏天，契丹人对他恨之入骨，趁他们内部不和，赶紧发兵夺幽蓟吧。"这个情报前部分描述基本属实，但后部分纯属臆测。

辽景宗去世时，辽朝的皇位继承并没有形成嫡长子继承制，契丹皇族觊觎皇位者大有人在。辽太祖就是在"诸弟"的反对声中"变家为国"、变可汗为皇帝。之后的皇位更迭，无论是太宗、世宗、穆宗乃至景宗、圣宗的即位，都是实力较量的结果。贺令图等上奏攻辽时，辽圣宗耶律隆绪年仅12岁，刚刚登基一年，契丹主年幼、萧太后主政属实。至于韩德让，也的确同萧太后关系密切。据说萧燕燕和韩德让年轻时就订有婚约，两人情投意合，只是后来辽景宗耶律贤对萧燕燕情有独钟，于是萧燕燕就成了景宗的皇后。我一直强调，虽然家世显赫，但韩德让个人能力绝对是出类拔萃的，辽朝官分南北，景宗在位时，他就已经升至辽朝南面最高官——南院枢密使，景宗驾崩之后，无论从个人情感还是国家大局上，韩德让都是萧燕燕最值得信赖的依靠。在景宗驾崩、契丹贵族对皇位虎视眈眈之时，也正是韩德让一手把年仅11岁的耶律隆绪推上皇帝宝座并很快稳定政局，萧太后跟韩德让两人同心协力，把辽国治理得一片大好。

所以，贺令图他们所谓辽朝统治上层不和的报告纯粹就是空穴来风。但这些人既是赵光义的亲信，情报内容如何其实并不重要，重要的是他们迎合了太宗的心意，我甚至怀疑，这种"相继"上奏本来就是太宗的授意，像侯莫陈利用，就是一个卖药的江湖郎中，他哪懂什么军事与敌我形势，只是因为用偏方治疗太宗箭伤颇有疗效，所以深受太宗宠溺，成为当时最炙手可热的人物，他的上奏很可能就是太宗一手导演的。

所以，雍熙北伐的起因根本不在于契丹形势如何，而在于赵光义觉得"夷虏"不灭，"龙颜"无光，故企图通过一场胜利来巩固与增添自己的"天威"，以洗刷高梁河大败的耻辱，报一箭之仇，所以，雍熙北伐势在必行。

当然，客观地说，赵光义对出兵的时机把握还是不错的，因为公元985年秋季以来，辽朝的两支东征军正分别在征伐高丽与女真。趁辽军兵力东调的短暂空当发动进攻，赵光义不可谓不聪明。

宋雍熙三年（986）春，北宋举全国之力发动了对辽朝的第二次北征。

吸取第一次北征仓促草率的教训，宋朝这次经过了充分的前期准备，参战的将士多达20万，几乎动员了本朝所有的精锐部队，将领无疑都是久经战场，并通过慎重的遴选，这些，都显示了赵光义对燕云势在必得的决心。

按赵光义的部署，二十万大军分兵三路。东路军，以曹彬为主帅，崔彦进、米信为副帅，从雄州出发，是进攻幽州的主力，领兵约10万；中路军，以田重进为主帅，从定州出发，自飞狐口趋蔚州，以切断契丹西去的通道，孤立山后诸州；西路军，以潘美为主帅，杨业为副帅，出雁门关，攻占山后云、应、寰、朔诸州。

赵光义分兵三路的作战策略是：第一步，"声东击西"，声言要取幽州，实际是取云州、应州，即东方造势，西方进攻。故曹彬的东路军主要任务就是虚张声势，以吸引、牵制辽军主力集结于幽州，使之无暇西顾，这样就能使潘美、杨业的西路军能顺利攻占山后诸州。这一步的关键就是东路军须"持重缓进"，不能贪功冒进，要等西路军完成进攻任务后方可直捣幽州。第二步，"全力向东"，东路军驻扎在雄州、霸州间，备足粮草、器械，等西路军完成作战目标，与田重进部会合，一起向东进军，东路军也直抵幽州，最后三路军会师幽州城下，共同攻下幽州，进而收复燕云十六州。

应该说，赵光义的设计，理论上讲还是可行的，但战场形势瞬息万变，事先的设计往往因为一个环节的脱钩而崩盘。

战争一开始，由于辽朝山后诸州守御力量较弱、辽军应援不及，宋朝西路军取得了迅速进展，三月十二日攻下寰州，至四月初，就轻松拿下寰、应、云、朔四州。跟西路军相比，中路军的进程比较艰苦，三月中旬，跟契丹军队在飞狐口展开了激战，宋军大胜，生擒辽方主将大鹏翼及监军马顾等千余人，斩首级数千，俘老幼七百人，获马畜甲铠累万计。大鹏翼是渤海人，相貌壮伟而勇健，名闻边塞，他一被擒，契丹士气大受影响。四月十七日，宋军乘胜拿下蔚州。

而东路军，一开始行进还是较为稳健，三月五日、十三日，分别攻下固安、涿州，并按照原定部署在涿州等待西、中路军的捷报。

再说辽朝的反应。得知宋朝大军来攻后，萧太后火速下令撤回东征军，并动员一切能战斗的部队，萧太后和辽圣宗也下诏御驾亲征。但辽朝并没有如宋朝计划那样仅仅死守幽州，而是迅速派耶律斜轸西进，堵截西路军潘美、杨业。保卫幽州、守卫幽州南面各城的任务，则由于越（一种尊荣，位百官之上，非有大功德者不授）耶律休哥负责，没错，此人就是赵光义第一次北征时遇到的克星，是辽朝的"战神"，这次仍将由他来终结太宗的复燕美梦。

由于辽朝援军还没到来，耶律休哥于是采取了骚扰战术对付曹彬的东路军：他每天晚上都派轻骑兵在宋军周围游荡，伺机斩杀落单或负伤的士兵，以威胁宋军造成恐慌；白天则以精锐部队大张声势地要进攻，一旦宋军做好防守就撤退，宋军一松懈就又过来进攻，如此来回往复拖得宋军疲惫不堪。最要命的是，耶律休哥还在树林中设伏，攻击宋军的后勤部队，断了他们的粮道。俗话说："兵马未动，粮草先行"，将士没有了粮食，军马没有了草料，这仗也就没法打了，十几天后，曹彬军粮尽，只能放弃涿州，退屯雄州。

赵光义听闻奏报，压下心头怒火，下令让曹彬率部休整，养精蓄锐，等到西路军攻克全部山后之地，中路军和西路军一起东进，到时东路军再出师北上攻打涿州，最后三路军合围幽州，必能全师制敌。

但西路军的顺利推进和中路军的累战获利深深刺激了东路军将领们，他们都觉得自己手握重兵却不能有尺寸功，实在窝囊，于是纷纷叫嚣着要北上杀敌，徒有稳健之名的曹彬无法控制这一局面，也就在诸将怂恿下率主力开进。

于是，四月下旬，曹彬又携五十日粮，二度攻下涿州。然而，天气出奇炎热，战士们每天手持重重的兵器，穿着重重的铠甲，与契丹人周旋拼命，晚上还要防止契丹人偷袭，一天天下来精疲力竭，所带的粮草眼看又要断供，甚至井水都干涸了，为了喝口水几乎都得出人命，于是曹彬听从了部将卢斌的建议，放弃涿州，准备南撤。

此时，萧太后御驾亲征的大军已经到来！闻曹彬退兵，辽军在后穷追不舍，看宋军队形散漫，就知道他们已经到了崩溃的边缘，如此良机岂能放过。

五月三日，在岐沟关（今河北涿州市西南三十里岐沟村），耶律休哥率队追上了宋军。力倦神疲的宋军毫无招架之力，很快就全线崩溃。曹彬收编残部夜渡巨马河，在易水（今河北易县）之南扎营，由于大家争先恐后，撤退完全没了秩序，人畜相践踏而死者不计其数。

耶律休哥追至易州，得知宋军还有数万人尚存，决定一举歼灭，宋军在易水边生火做饭时，被吓破了胆的士兵远远地看见尘土飞扬，就知道是契丹军追来了，于是争相渡河逃命，他们相互拥挤、推搡，掉进河里被人马踩踏而死的有一大半，以致易水里堆满了尸体，河水都因此断流。东路军十万主力全军覆没，怎一个惨字了得！

东路军一败涂地后，辽军重心转向西路，耶律斜轸率军一路向西，所向披靡，并攻下寰州作为继续反攻的据点。

东路军溃败之时，田重进的中路军在耶律斜轸军反击之下也不得不撤退，西路军孤立无援，百般不甘的赵光义只好下令西路军撤军。为了挖辽朝的墙脚，更是为了替自己挽回一点面子，赵光义居然下令让西路军务必带着云、应、寰、朔四州百姓一起撤。一边是训练有素装备精良且正雄赳赳气昂昂的数万契丹追兵，一边是扶老携幼牵牛赶羊手无寸铁的数十万百姓，祸端就此种下。

八月初，潘美、杨业奉命掩护四州百姓撤离，杨业的计划是尽量避免与辽军正面作战，避免不必要的牺牲，低调地掩护百姓撤退。在当时敌强我弱的形势面前，要完成任务，这是唯一的方案。

可是，监军王侁极力反对。王侁的父亲就是后周名臣王朴，他向柴荣进献的《平边策》，可与诸葛亮的《隆中对》相媲美，其"先易后难、先南后北"战略中饱含着循序渐进、稳中求胜的政治智慧。王侁虽系名门之后，却素来刚愎自用，他父亲的政治智慧丝毫没熏陶到他。

听了杨业的计划，王侁先是进行人身攻击："杨将军领数万精兵，却像个老妇人一样的畏懦怕事。"接着，他开始发表高见："在我看来，我们不仅不应该躲着契丹，还要大张旗鼓地主动向他们挑战，这才是我大宋军人该有的样子。"然后他阴冷地话锋一转："杨将军素号'无敌'，今见敌却逗挠不战，您不会是有了异心吧？"话已至此，杨业也只有以死明志一条路可走了！

要知道，杨业的身份很特殊。

杨业，戏剧中称杨继业，也即上文中的刘继业，生于陕西麟州，他二十来岁就跟着刘崇，精通兵法，骁勇善战，是刘崇的心腹爱将。公元951年，刘崇称帝建立北汉，杨业便成为北汉的开国将领，累迁至建雄军（今山西临汾市）节度使，屡立战功，被北汉人尊为"杨无敌"。这就是杨业前半生的简历。

赵光义素闻杨业威名，心仪已久，979年征太原时，便悬赏重金搜求杨业，后来杨业随北汉主刘继元出降，太宗赶紧召见，一见大喜。因杨业多年跟契丹打交道，太宗遂任命他为代州（今山西代县）兼三交（今山西太原城北）驻泊兵马都部署，在山西雁门关一带，抵御辽国。从此，杨业走上了七年抗辽的道路，战功累累，故契丹人后来一看见杨业的旗帜，就赶紧跑路。赵光义对杨业也就更为倚重，各种赏赐自然不在话下。

但树大招风人红招妒，杨业不过一员降将而已，皇上居然对他那么恩宠，其他戍边的将领嫉妒得眼睛发红，他们于是经常偷偷给赵光义打小报告，揭发杨业的各种"罪过"。性格本来就猜忌多疑的赵光义就真对杨业百分之百的信任吗？当然不是！赵光义每次看完这些小报告，既不处罚诽谤造谣者，也不处理杨业，而是把这些报告都封好交给杨业，这真是最高统治者最高明的统治艺术！

对杨业，太宗的用意至少有二：第一，你看我多信任你，无论谁诬陷你，我都不信。第二，你要明白自己的身份，最好不要有什么非分之想，那么多双眼睛在盯着你呢！对那些打小报告的官员，太宗的用意也至少有二：第一，杨业功劳比你们大，你们就嫉妒中伤，英明如我，又怎么会轻易相信。第二，你们帮我监督杨业，是帮我分忧，忠心可嘉。

正是在这种复杂的背景下,王侁才敢随意给杨业扣大帽子,说他有"他志",就是诬陷他跟契丹勾结,要投降契丹,毕竟,杨业也是有投降前科嘛,既然他能降宋,为何不能降辽?何况北汉原来就是辽朝的属国,杨业作为北汉的将领,跟辽朝也是有一定感情基础的。所以,降人的日子,别看表面风光,实际上都是苦不堪言,因为他一直活在周围人的猜疑和鄙视中。

另一监军刘文裕也和王侁站在一起,对杨业冷嘲热讽。杨业悲愤地说:"我杨业原本就是太原降将,早该当死!陛下不杀我,宠我为将,授我兵权,我难报陛下恩于万一。今天,我不是不想打,而是不想让将士们白白牺牲,这样日后才能寻找机会报效国家。既然诸公都责备我怕死,那我就先死在诸公前面。"

杨业知道此一战必凶多吉少,于是指着陈家谷口(今山西朔县南)说:"还望各位在谷口布置好步兵硬弩,等我转战到这里,就以左右翼夹击接应,否则一定会全军覆没。"潘美当即下令在谷口布好阵势,准备接应杨业。

宋军盲目出战,耶律斜轸求之不得,在侦知宋军的行动后,他命令部下事先埋伏好伏兵,然后领兵前去引诱宋军进入埋伏圈。两军接战,耶律斜轸佯装败退,久经战阵的杨业即使知道有诈,也只能选择奋勇向前,宋军果然陷入了契丹的重围。这一场恶战,杨业从中午一直激战到傍晚,当杨业率残部拼死退至陈家谷时,却发现谷口空无一人!

原来,王侁他们清早就在谷口等着,等了半天没等到人,王侁以为杨业赢了,急着去争功,就赶紧领着主力部队跑了,身为主帅的潘美根本不能制止。

看看寂静无人的谷口，再看看身后紧随而来的契丹大军，杨业不禁悲从中来，捶胸大哭，他不是为自己遭遇的不公哭，而是为战士们的白白送命哭，为从此再也不能为皇上效力哭。

很快，他平静下来，率领部下继续与契丹军拼命厮杀，他左冲右突，身上负伤几十处，身边的部卒一个一个地倒下，只有他，仍然顽强挺立，一个人还居然手刃敌人数十人。各位是不是很奇怪，杨业咋就能刀枪不入呢？那是因为，契丹统治者敬仰杨业，想把这位英雄纳入他的"彀中"，故辽圣宗有令：必须生擒杨业！所以，契丹将士不敢取他性命。

杨业打马冲进了密林，他的身影很快被茂密的树木掩盖。耶律斜轸率队紧追其后，细细寻找。这时，契丹的一位神箭手耶律奚低出场了，此人从来箭无虚发，他只是隐约看见了杨业的袍影，拉弓便射，除了利箭飞出的呼啸声，杨业的砰然堕马声也随之传来。契丹人一拥而上，杨业被擒。按理说耶律奚低把杨业射下马，应记大功，但因为他这一箭，杨业受了重伤，破坏了圣宗网罗英雄的计划，因此耶律奚低并未得到奖赏。

杨业被擒后，长叹着说："陛下待我恩重如山，盼望我能杀敌卫国，而今我却被奸臣所迫，打了败仗，还有何脸面活着！"于是箭疮发作，又绝食，三日而死。

杨业之死，表面看，是契丹人逼死的。然而，正是王侁、刘文裕之流，早就把他推上了绝路，又如潘美，乃至嫉妒杨业的那些同仁，又何尝不是帮凶？还有赵光义，难道就无辜？正是因为他对武将的不信任，才派心腹任监军，监军权力比主将都大，这才出现王侁可以颐指气使而潘美只能随声附和。

契丹把这场战役视为"朔州大捷",他们把杨业的头砍下来,用匣子装着,先是传给耶律休哥,然后又在诸军间传阅,并将朔州大捷在南京一道广为宣传,这既是对胜利的炫耀,也是对异心人的警诫。

宋朝原来守云州、应州的将士,听到杨业的死讯,都弃城而逃,西路军所攻克的山后诸州,又都归于辽。宋朝的第二次北征,陷于彻底的失败。

雍熙北伐的失败,彻底浇灭了赵光义的雄心壮志。辽朝最大的胜利,也莫过于从心理上瓦解了宋朝君臣的进攻意识,使北宋在对辽策略上从此转为消极防御、主和妥协。这以后,北宋朝廷丧失了独立收复幽燕的信念。

而辽朝经此一役,大为振奋,对宋策略从此转守为攻,开始频频伐宋。辽朝对宋朝最大的进攻发生于辽统和二十二年(1004)闰九月,辽圣宗与萧太后举国入侵,来势汹涌,其目的就是为了用武力攻取关南之地。然而契丹进军并不顺利,最终宋辽双方缔结"澶渊之盟",宋朝以每年给辽朝30万岁币的代价换得关南之地问题的暂时解决,而辽朝也赢得了与中原王朝北宋平起平坐的兄弟地位,之后,宋辽两国开始了长期的和平共处,直至宋徽宗时期毁盟交恶。

北宋看起来英雄豪迈、气壮山河的两次北征,却都以大败告终,这也从侧面印证了当初赵匡胤和平赎买政策的正确。其后的继承者,依然将宋太祖、宋太宗"收复燕云"视为战略目标,这在某种程度上也是一种"祖宗家法",只是,迫于辽朝强势,燕云情结只能暗藏心头。

为收复燕云,宋徽宗时,在童贯的主持下,北宋主动与女真族建立的金朝联合,宋宣和二年(1120),宋金双方达成南北夹击、共同灭辽的"海上之盟",靠着金朝的威力,这才勉强收复燕京六州。而北宋的约金攻辽之举无异于开门揖盗,北宋的虚弱腐败在女真统治者面前暴露无遗,金朝军队随即大举南下,宋靖康二年(1127),北宋覆亡。燕云地区对宋朝历史的影响不可谓不深刻,教训不可谓不惨重。

燕云,成为宋人心中永远的痛。

第九章

◎

千古之谜

赵匡胤于34岁当上皇帝,经过十多年的南征北讨,励精图治,新兴的赵宋王朝粗具规模,统一大业也胜利在望。看着自己描绘的壮丽蓝图一步步变成现实,赵匡胤不禁心花怒放,然而,正在他准备再展宏图的时候,宋开宝九年(976)十月,正直壮年的他却突然暴崩。令人诧异的是,赵匡胤的皇位不是"父死子继",而是"兄终弟及",太祖已经26岁的长子赵德昭、22岁的次子赵德芳均与皇位失之交臂,而他的二弟赵光义则继承了皇位,是为太宗。

关于宋太祖赵匡胤的猝死及赵光义的登基,一直流传着"烛影斧声""金匮之盟"的传说,由于官修正史的记载十分可疑,野史记载又对此大加渲染,后世史家争讼不断,二事遂成为宋朝历史中的千古谜团。

一、烛影斧声

关于赵匡胤之死,《宋史·太祖本纪》只有"帝崩于万岁殿,年五十"

这样一句简短的记载。不得不说，赵匡胤之死恐怕大有蹊跷。

宋神宗时的僧人文莹在他所著《续湘山野录》里描述了赵匡胤与一个法术高强的道士间发生的神奇事件，其中涉及赵匡胤的死亡，为免于断章取义，现录全文如下：

赵匡胤怀才不遇时，曾同一个道士一起游于关河地区，此道士姓名不详，有时自称"混沌"，有时又称"真无"。道士法术高强，每逢没钱的时候，他就伸手去行囊里取金，越取越有，取之不尽。赵匡胤成天和道士一起开怀畅饮，直至酩酊大醉，不亦快哉！道士常常喜欢趁着酒兴唱《步虚》为乐，声音能在喉间轻涌回转，突而又化作长啸激扬天际，有时唱出一两句，随着风儿，飘入赵匡胤的耳朵，歌词说："金猴虎头四，真龙得真位。"等他清醒时，赵匡胤向他追问歌词的含义，道士则说："醉酒人的梦话，岂能当真。"其实这正是赵匡胤日后将做皇帝的预言——赵匡胤登基日正是在猴年的正月初四，赵匡胤自此相信道士非同凡人。但自赵匡胤当了皇帝后，道士就销声匿迹了，赵匡胤曾经下诏在全国各地乃至杳无人烟的荒野去寻找他，但都未能如愿，只是偶尔听说有人在河南的辕辕山看见过他，也有人说他在嵩山洛水间出没。

16年后，即宋开宝九年（976）的上巳节（三月三），赵匡胤率群臣到西京洛阳的西沼去举行祓禊仪式，却看见道士醉坐于岸边树荫之下，笑着跟赵匡胤作揖："别来无恙？"真是"踏破铁鞋无觅处，得来全不费工夫"，赵匡胤一时大喜，连忙命贴身宦官将道士秘密引入后殿。担心道士又会突然消失，赵匡胤一结束仪式就心急火燎地赶回来相见，两人像十几年前一样推杯换盏抵掌豪饮。喝得差不多了，赵匡胤直言不讳地对道士说："我一直在找你，就是想请教，我还能活多久？"道士像早就准备好了答案似的说："得看今年十月二十日夜间的天气。如晴空无云，你就还能活12年。如不晴，你就得速速准备后事。"赵匡胤苦苦挽留，希望道士能多住些日子，并安排他在后苑住下。苑吏有时看见道士睡在树梢鸟巢中，然而几天后就不见踪影了。

赵匡胤将道士的话牢记在心。十月二十日夜间，他忐忑不安地登上太清阁观察天气。一看，天空晴明，星光灿烂，赵匡胤不禁如释重负地舒了口气。可一转眼，突然阴霾四起，天气陡变，顷刻间，大雪夹着冰雹骤然而降。赵匡胤心里咯噔一下，他匆匆走下楼阁，传旨开启宫门，召皇弟开封尹赵光义入宫。赵光义一到，太祖马上屏退宦官、宫妾，只留下他们二人对饮。不知发生什么事了，宫人们只能远远地看见，"烛光"摇曳中，赵光义"时或避席，有不可胜之状"。酒席散时，已是三鼓时分（约晚上十一点至凌晨一点），殿外的积雪已厚达数寸，太祖走出殿门，边用"柱斧"戳地，边对赵光义说："好做！好做！"于是便回殿解衣就寝，宫人们能听见他鼾声如雷。

当天夜里，赵光义也留宿宫中。将近五更时（凌晨三点至五点），值班的侍者遽然惊觉赵匡胤那边寂静无声，连忙过去一看，却发现赵匡胤已经驾崩！赵光义于是受遗诏，于他哥哥的灵柩边即帝位，是为太宗。等到天亮，赵光义登明堂宣读遗诏，读完时不禁悲痛失声，他又领着近臣瞻仰太祖"圣体"，只见太祖"玉色温莹如出汤沐"，即脸色光洁温莹，就像刚刚沐浴完一般。

以上就是僧人文莹关于太祖驾崩的记载，其中最让人联想浮翩的就是关于"烛影斧声"的描绘了。

文莹,大约生活在北宋真宗至神宗年间,他可不是一名普通的僧人,他多出入达官贵人之家,与他交游的多是北宋馆阁著名文士,如丁谓（96—1037）、欧阳修（1007—1072）、王安国（1028—1074）等,这些人多是朝廷要员,很有可能了解此事内幕。所以,文莹的记载一定程度上代表着当时名流士大夫对赵匡胤之死的看法,有较高的可信度,所以南宋著名史学家李焘认为文莹所言"不妄",以注文的形式录入《续资治通鉴长编》（简称《长编》）卷17,从而开启了这段千古之谜。

而以作信史为己任的北宋著名史学家司马光,他的《涑水纪闻》也对太祖之死有记载:

赵匡胤驾崩时天已四更（凌晨一点至三点）,宋皇后派内侍都知王继恩赶紧去把秦王赵德芳召来,王继恩认为赵匡胤素来就坚定地表示要把皇位传给晋王赵光义,于是没去召赵德芳,而是自作主张径直就跑到开封府找赵光义。等王继恩赶到开封府时,发现赵光义的另一心腹、开封府吏程德玄居然正坐在门口,问其缘故,程德玄说:"二更时,听见有人在叫门,说晋王召见我,我出来一看,却四周无人。我回去以后,又有人叫门,出来一看又没有人。如此重复者三次。我担心晋王有病,所以一早赶来府上。"王继恩非常讶异,便将赵匡胤驾崩的消息相告,于是两人一起叩门入府。赵光义听完二人的来意后,大惊失色,犹豫再三不肯前往,他对王继恩说:"此事我应当与家人商量一下。"结果入内后很久都没有出来。王继恩怕夜长梦多,便催促说:"耽搁时间久了,天下恐怕要被别人抢了。"赵光义于是与王继恩、程德玄一起冒雪赶往宫内。走到宫门时,王继恩请他们在外面稍候片刻，由他本人先进宫内通报，程德玄则说："应该直接进去呀，还等什么呢！"赵光义他们便一同进入寝殿。宋皇后听说王继恩回来，连忙询问："德芳到了吗？"王继恩回答说："晋王到了。"宋皇后一见赵光义，意外之极，惊呼道："我母子性命，都托付给官家了。"赵光义也哭泣着说："共保富贵，不用担心。"十月二十一日，赵光义继承帝位。

以上两种记载就是北宋关于宋太祖之死最权威最详尽的材料，故南宋著名史学家李焘将之纳入其史学名著《续资治通鉴长编》中。尽管赵匡胤究竟是怎么死的，是病死还是横死，还是迷雾重重，但文莹与司马光，一僧一官，两位都是有良知的人，他们虽没敢直白地说赵匡胤就是死于他人之手，但已在记载中留下了诸多蛛丝马迹。赵匡胤之死，赵光义绝对脱不了干系，或者说，哥哥就是被弟弟谋害至死。理由如下：

第一，赵匡胤是猝死的，且死前身体无大碍。赵匡胤驾崩前几个月，自四月到十月间还频频出外巡游，上巳节时还曾巡幸西京洛阳，死之前十四天，即十月初六，曾专门去了西教场，观看士兵演练抛石机发石炮，均说明他的健康无大问题，况且《宋史·太祖本纪》和《长编》，均没有赵匡胤死前患重病、医官看病或大臣探病的记载。但《长编》确实记载十月庚子（七日）后，因"上不豫"，以驿马传召道士张守真至皇宫，壬子（十九日），命张守真举行降神仪式。这说明他的确身体略有小恙，可能是前几日去西教场检阅受风寒所致。赵匡胤死前并无大碍，所以赵光义来宫里探视时还能一起饮酒，并且还能到殿外以柱斧戳雪，这显然不是一个病危者的表现。退一步说，即使赵匡胤死前并没有患病迹象，而是突然死于心梗、脑梗等，那么宋朝的官方文献为什么不明确记载呢？宋朝君臣为什么要在太祖之死的问题上讳莫如深呢？

第二，官宦王继恩的表现说明他与赵光义早有勾结、谋划。宋皇后让王继恩去召赵德芳，他却自作主张径直去了晋王府找赵光义，如果他事先和赵光义没有阴谋，怎么会有此反常举动，况且按《续湘山野录》的说法，赵匡胤临死前数小时，曾召赵光义入宫交代后事，当时太祖身边没有其他人，只有赵光义在场。这事本身就值得怀疑，按理说，关系到皇位继承这么大的事儿，当然是需要见证人才能证明其真实性、权威性，赵匡胤屏退左右只留赵光义一个人，这难道符合常理吗？所以，即使真有"屏退左右"的事儿，那也只能是赵光义干的，原因就是赵光义已经做好了下手的准备，所以他需要把其他人都支走。这原本并不容易办到，但如有赵匡胤的首席内侍王继恩支持，这个事儿应该不难，王继恩早就被赵光义收买了，成了赵光义安插在太祖身边的内线，所以《涑水纪闻》记载，宋皇后让王继恩去召赵德芳，他却自作主张径直去了晋王府找赵光义。王继恩是宋太祖身边地位最高、最受宠信的宦官，却选择了背叛赵匡胤，支持赵光义，这说明赵光义的策反手段相当高明。

而在赵匡胤死后，王继恩敦促赵光义赶快进宫，说耽误时间长了，恐怕天下就要被别人所有了。这个别人，应该是指赵德芳，如果赵光义是合法继承，他怎么会怕赵德芳去夺位？只能说，他要赵光义早点去夺赵德芳的位。由于王继恩在这个"大是大非"上对赵光义有关键性的功劳，所以赵光义登位后对他"宠遇莫比"。

第三，医官程德玄的表现令人生疑。既然他说是以为赵光义患病而来晋王府，无论是真病还是没病，他都得赶紧入府问个究竟，有病就抓紧治病，没病就赶紧撤退，为何还在风雪之夜傻傻地坐在府门外等？所以，合理的解释就是，这是赵光义让他在门口等王继恩的。应该是赵光义对他哥哥动了手之后仓皇逃回王府，也不知道赵匡胤到底有没有死，心里万分惶恐，所以赵光义让程德玄坐在门口等王继恩。一旦王继恩过来，有关赵匡胤生死的悬念就会揭晓。如果没死，赵匡胤必然会狠狠惩罚赵光义，这种惩罚当然是致命的，赵光义肯定不会甘心束手就擒，他会选择与太祖拼个鱼死网破。

赵光义是具备这个实力的。他早就着意培植自己的势力，除了关键小人物王继恩外，他还费尽心机拉拢朝中文武大臣。宋开宝四年（971）七月，赵光义曾派人给禁军将领控鹤指挥使田重进送礼，被拒绝。正因为田重进这种只认赵匡胤而不知晋王的人少之又少，"物以稀为贵"，才能在史籍中留下一笔，实际上，接收礼物与赵光义暗通款曲的大臣是个普遍现象。赵光义苦心经营十多年，羽翼渐丰，威望日高，他的晋王府，俨然就是一个独立的政治集团，拼一把的资本肯定是有的。

结果，如赵光义所愿，他哥哥真的死了。当从王继恩口里得到这个消息，赵光义表现出来的大惊是历尽艰险后成功唾手可得时的难以置信，他说要去跟家人商量，实际应该是跟他的智囊团，甚至是和埋伏在屋里的护卫商量，商量的内容，应是如何进宫接管权力：是带卫队过去，还是只身进宫？毕竟赵匡胤虽已驾崩，但京城里的各种武装力量不得不防，在充分评估各种风险后，他们决定，赵光义自己跟王继恩进宫最稳妥，医官程德玄跟随，医官的身份，入宫比较容易。到达宫门后，王继恩犯糊涂了，他让赵光义等通报后再进去，好在程德玄脑子清醒，知道"时间就是皇位"——谁第一个赶到太祖身边,谁就是皇位的继承者,所以径直就闯进去了,这就是为了避免夜长梦多。后来程德玄在赵光义手下异常得宠,就是赵光义论功行赏的结果。

第四,即使按《涑水纪闻》的说法,赵匡胤死时赵光义是在晋王府,并不在案发现场,但这并不表明赵光义就完全无辜。一方面,赵光义完全可能在谋杀了他哥哥之后立即逃回晋王府。另一方面,他也可以在晋王府中指挥他人谋杀。况且,如果事出正常,他为何不召集顾命大臣,一起去布置皇位接替之事,而是要单独行动,抢先进宫?

第五,从宋皇后的反应看,赵匡胤之死与赵光义直接相关。宋皇后,河南洛阳人,是左卫上将军宋偓的长女,宋开宝元年(968)二月,在赵匡胤第二位皇后孝明王皇后逝世5年后,被纳入宫为皇后,年仅17岁,至宋开宝九年(976)太祖驾崩,也才25岁。丈夫猝死,她派王继恩去召赵德芳,当王继恩带了赵光义回来,她为何"愕然"?为何说"吾母子之命,皆托于官家"?显然是因为她知道赵匡胤的死与赵光义有关,所以知道王继恩召来的人居然就是赵光义,她自然就会异常不安乃至恐惧,她也知道赵光义这个时候来就是继承皇位的,她与赵德芳的安危就系于赵光义手上了,所以她才会祈求赵光义保其母子性命。而且,从她派王继恩一事可以看出,她身边连个心腹都没有,她父亲宋偓当时远在邠州(今陕西彬州),她是没有可以依靠的势力兴风作浪的,所以,召赵德芳来即位应该是赵匡胤的意思,如果赵匡胤真的想把皇位传给赵光义,她又怎敢擅自阻拦?

第六,赵光义是提前预知赵匡胤死期的。十月十九日晚赵匡胤召赵光义饮酒,二十日清晨赵光义即派程德玄预先在府门前等候内侍召人,说明赵光义已提前预知太祖会死于二十日晨。赵光义之所以能提前预知，是因为他身边有"高人"，算出了这个日子是个"黄道吉日"。

赵光义素来喜交道士、医卜星象等旁门左道之士。《长编》记载：一位叫张守真的道士称可以祈请天神"黑杀将军"下凡降到他身上，所以他能未卜先知。赵匡胤生病时，召守真来朝，在设坛后，"神"借守真之口说："天上宫阙已成，玉锁开。晋王有仁心。"赵匡胤听了此话，当夜召见晋王，托以后事。

这位张守真之所以说"晋王有仁心"，就是因为他是赵光义的人，所以他假托神言，以证明赵光义的继位符合"天命"，为赵光义日后夺位造势。

另一位术士马韶，应就是为赵光义算日子的神人。《长编》载，马韶懂天文术数，且与赵光义的心腹医官程德玄私交很深，当时朝廷三令五申禁止百姓私自修习天文，程德玄怕马韶引来祸端，故叮嘱马韶不要来找他。宋开宝九年（976）十月十九日晚上，马韶忽然登门拜访，说："明天就是晋王的好日子！"程德玄又惶恐又震骇，把马韶留在家里，急忙去向赵光义汇报。赵光义大惊，命程德玄派人把马韶看管起来。天快亮时，赵光义进宫谒见，果然受遗诏继承了皇位。几天后，马韶也得到赦免。

马韶之流之所以认为十月二十日是个"好日子"，最重要的判断在于此时开封城内兵力空虚。因为在这年八月十三日，赵匡胤下令第三次伐北汉，以侍卫马军都指挥使党进为主帅，潘美为都监，率兵分五道攻伐；又命忻代行营都监郭进等，分攻忻州、代州、汾州、沁州、辽州、石州等州。这些领兵将领都是赵匡胤最信任的大将，北宋精锐部队几乎倾巢而出。九月初一，党进败北汉兵于太原城下，北汉主刘继元向辽朝求援。十月，北宋军队正处于与辽朝北汉军队鏖战中。大军外伐未归，当然是赵光义动手的最佳时机，万一需要与赵匡胤兵戈相见，他无疑有相当大的取胜把握。而且，机不可失时不再来，一旦党进他们平定了北汉，这就意味着北宋完成统一大业，以后就不再需要大规模出师外伐了，那汴京就不可能再有如此空当期了。赵光义成功即位两个多月后，一切尘埃落定尽在掌握，他才下诏让北伐大军还师。

而赵匡胤这个时候的"不豫"，正好给了赵光义集团动手的借口和推力，而且，十月二十日这天是休息日。唐朝时就实行十日一休的旬假制度，赵匡胤建国后一直忙于南征北讨，直到宋开宝九年（976）四月二十三日，他才下诏"自今旬假不视事，赐百官休沐"，也就是说，自那天之后，每月上、中、下旬的最后一天，皇帝不上朝，全体官员休假。赵光义选择这天动手，就可以有一整天的时间处理各种善后事宜及登基事宜。

而术士马韶，跟赵光义的心腹医官程德玄是死党，自然对赵光义的心思一清二楚，所以他才敢为赵光义预测大逆不道的"好日子"。赵光义上台后，马韶从一介平民超拔为司天监主簿，意在表彰马韶推算的高明，实际从侧面透露了太祖驾崩和赵光义继任是赵光义集团密谋策划的结果。

种种迹象表明，赵匡胤疑窦重重的暴死与赵光义急于篡夺帝位有着直接的因果关系，换句话说，赵匡胤很可能就是死于赵光义的谋杀，赵光义也是他哥哥死亡的直接受益者。

那赵匡胤的死因究竟是什么？一种说法是被赵光义用柱斧杀死的。宋末遗民徐大焯在《烬余录》说到，赵光义对后蜀主孟昶的妃子花蕊夫人费氏觊觎已久，多次在赵匡胤面前极力夸赞她才貌双全，宋乾德三年（965），

第九章 千古之谜

孟昶降宋，很快暴卒，赵匡胤召花蕊夫人入宫，为她的聪慧明敏深深折服，故纳她为妃，集万千宠爱于一身，留她在身边侍寝十余年（这是关于花蕊夫人结局的另一种说法，前面介绍过花蕊夫人被赵光义一箭射死的说法）。赵匡胤因病卧床，赵光义来探病并留宿宫中，半夜，赵光义故意喊赵匡胤好几声，赵匡胤都没有回应，赵光义以为他哥哥已熟睡，便色胆包天，趁机调戏觊觎已久的花蕊夫人，却没想到赵匡胤突然醒来，见此不堪场景暴跳如雷，操过身边的柱斧就猛地打向赵光义，最终体力不支，柱斧坠落地上，赵光义惶恐地逃回自己的王府，第二天太祖赵匡胤就升天了。

《烬余录》记载此宫廷秘事，仅仅描绘了其中的香艳情节，血腥部分是绝不敢冒死"妄言"的，也就留给后人无穷想象的空间。但我们可以联系前文的分析与《烬余录》的记载对赵匡胤之死做个大致"复原"。赵匡胤在用玉斧打赵光义时，赵光义拼命左右躲闪，这就是和尚文莹记载的，在烛光下，"太宗时或避席，有不可胜之状"，而赵匡胤说的"好做！好做！"应该就是赵匡胤斥责赵光义"看你做的好事！"赵光义知道，自己做出这等事来，这下无论如何都无法取得他哥哥的原谅与宽恕了，等待他的只有死路一条，于是一不做二不休，捡起地上的玉斧拼命打向病重中的大哥，眼看赵匡胤倒在血泊中，他才慌忙逃回府中。次日凌晨，宋皇后发现赵匡胤已经死去，惊慌万分，连忙叫王继恩去召赵德芳。赵光义做贼心虚，也不知道赵匡胤究竟是生是死，所以安排程德玄坐在王府门口等宫里来人，当然，他知道王继恩的分量，知道宫里来人必定是他。然而，宋皇后等来的是赵光义。

"烛影斧声"被指为宫廷血案，其凶险就在于"斧"字，在人们印象中，"斧"除了生活里砍柴外就是用来战场上砍人，如程咬金的绝招"三板斧"或黑旋风李逵的两把板斧等。斧既然跟"砍"这种暴力行为紧密相关，于是有人望文生义，把和尚文莹记载中的"斧"定义为杀人凶器，认为赵匡胤就是被赵光义用大斧子劈死的。这就有些瞎想了，就说赵匡胤的寝殿里，怎么会有那种体型庞大的凶器呢？赵光义要把这么个大家伙带进宫来也不太可能。况且，精巧好用的凶器有的是，赵光义如果真有心动武，他至于那么傻，扛着个大斧子进宫，唯恐别人不知道他要杀人吗？那文莹说的这把"柱斧"，究竟是把什么样的斧？可不可以当作杀人凶器？它出现在赵匡胤的死亡现场，又有什么必然性？

经学者考证，宋代柱斧至少有三种，一为武士所用，自然不能出现在皇帝寝宫。一为文房用具，难作杀人之具。一种就是民间日常用来掸拭尘埃和驱赶蚊蝇的柱拂子，即拂尘，由手柄与缨穗两部分构成，太祖手中常持之柱斧应就是这种。柱斧之柄，如果以玉石为之，又称为玉斧。赵匡胤有手持柱斧的习惯，就像许多明清士大夫不论寒暑都手持一把扇子一样。柱拂子上部柔软的缨穗部位是不适于打人，但柱斧的柄是有一定杀伤力的，在"帝王仁心"那章里我们讲过，赵匡胤曾经在一次暴怒之下，将柱斧柄扔掷到一个官员的嘴上，结果撞掉了对方两颗牙齿，这说明这柄很可能是坚硬的玉石，那么，运足十分力气，置人于死地则是毫无问题。

按这种逻辑，这是一场因赵光义调戏赵匡胤宠妃而引发的偶然事件，当然，偶发事件背后的必然性，则是兄弟俩长期的积怨以及赵光义对皇位的觊觎已久。情急之下，平日不离手的柱斧便要了赵匡胤的命。以斧柄这种钝器杀人，势必会在死者身上留下痕迹，文莹记载，天明后赵光义请近臣看太祖遗体，玉色温莹"如出汤沐"，似乎证明遗体是经过清洗整容的，反倒是有欲盖弥彰之嫌。

如果此推测属实，我们还不能忽视另一关键人物花蕊夫人，赵氏兄弟俩为了她大打出手并最终闹出人命，她很可能就是凶杀案的目击者。聪敏、美丽如她，陪伴孟昶多年，经历过后蜀亡国、孟昶暴亡、改侍新帝，屡遭磨难，饱经沧桑，见过各种大世面，看过太多丑恶，也早就练就虚与委蛇、八面玲珑，对于赵光义弑君之事，她肯定不敢也不会对任何人吐露半句。但赵光义岂能放过她，被灭口就是她唯一的归宿，所以史书上才有了花蕊夫人死于赵光义之手的记载！花蕊夫人既然是被赵光义射杀的，背后的隐秘或许就是"烛影斧声"之谜。

赵光义有没有可能调戏花蕊夫人呢？答案是很有可能。赵光义好色这一点，并不像"烛影斧声"事件那样讳莫如深，倒是留下不少记录。如南宋初年的王铚在其《默记》中写到，赵光义在当开封府尹的时候，有个青州（今山东青州市）人带着他十来岁的女儿来府衙办理地产事务，结果赵光义一下子就被那个小女孩迷住了，他想把这个小女孩买下来，但人家父亲不肯，于是赵光义的手下有个叫安习的，主动向赵光义请缨，把这小女孩强偷了过来。这么小的女孩儿，赵光义都不放过，可见其渔猎女色之不择手段。当然，赵光义最为人津津乐道的桃色事件就是朝野皆知的《熙陵幸小周后图》，"熙陵"就是指宋太宗赵光义，因为他死后葬在河南巩县的永熙陵。据说赵光义继位之后经常召小周后来侍寝，甚至找来宫廷画师，将当时场面画下来，由此产生了这幅画作。有人考证此画是元代人的伪作，但画是真是假倒不重要，重要的是其历史原型应该是存在的。《默记》也记载，小周后经常被赵光义一留就是好几天，回来后便大哭，骂李煜无能让自己遭受如此侮辱。我在上章也写过，赵光义伐灭北汉后，就不客气地把北汉的妃嫔全部接收，并带着她们北伐幽州，可见其耽于女色的事实。从这点反证，赵光义调戏垂涎已久的花蕊夫人完全是有可能的，并因此引发了血案。

还有一种可能，赵匡胤是被赵光义毒死的。这个在史料当中并没有明确记载，但确实不失为最容易也是最隐秘的杀人法，况且，也最能体现医官程德玄的价值，跟赵光义即位后程德玄所受的恩宠也相符合，因为，很有可能这种毒药，就是精于医术的程德玄给配制的。我们可以按照这种思路"复原"赵匡胤暴亡的整个过程。宋开宝九年（976）十月二十日是术士马韶预测的"好日子"，十九日晚上，拿着程德玄配制的毒药，赵光义去找他哥哥饮酒，在支开所有的近侍后，赵光义趁赵匡胤不备，把毒药倒在了哥哥的酒杯中，这种药的毒性当然不能太快，否则赵匡胤在与赵光义饮酒时当场暴亡，赵光义直接就会以弑君罪遭逮捕，所以，毒性最好在饮酒数小时之后发作最好。夜深人静，当赵光义告辞离宫时，他交代王继恩密切关注赵匡胤动态，一有情况立即向他报告，同时又令程德玄在门口等待，他自己则进去同心腹们商量下一步的对策。

酒中下毒是赵光义的惯用伎俩，这背后，当然少不了程德玄的技术支持。史书记载直接被赵光义毒死的皇帝就有两位：李煜和吴越国王钱俶。而医官程德玄之所以能被赵光义宠遇非常，推其原因，可能是用他的"专业知识"帮助了赵光义得偿所愿地登位。

《默记》所载赵光义次子赵元僖被毒死之状，可为赵匡胤死于毒酒提供佐证：赵光义的长子赵元佐因为不满父亲对叔父赵廷美赶尽杀绝，抑郁成狂后被废，赵光义就把继承大业的希望全部倾注在次子元僖身上，但赵元僖很不喜欢因政治联姻而娶的正室夫人李氏，而是极其宠爱迷恋侍妾张氏，张氏恃宠而骄，就想毒死李氏自己好转正。宋淳化三年（992）冬至日，在早朝前，夫妇之间要敬酒庆祝节日，张氏早就准备了两杯酒，一杯普通酒给元僖，一杯毒酒给李氏，但是元僖与李氏互相敬酒，酒就换着喝了，结果毒酒被元僖喝了下去。元僖喝完酒后就去上朝，来到大殿就觉得神志不清，被人搀扶着回到府邸后就一命呜呼。

可见当时在酒中下毒，让人于不知不觉中饮下，却不即刻毒发，并非一件难事。因此，赵光义有可能是在与赵匡胤喝酒时乘隙下毒，喝完酒出宫，而一代雄主赵匡胤却于睡梦中不知不觉毒发而亡。故程德玄深夜在晋王府外等待，其用意也就可以解释了。

也有学者从医学和遗传学的角度，认为赵氏家族有遗传性的躁狂症或抑郁症，赵匡胤因此突患脑溢血死去，属正常死亡，而"烛影斧声"之谜，乃是后人捕风捉影的虚妄猜测。此说不失为一家之言，但其论据似并不充足。

无论赵匡胤是怎么个死法，应该都和赵光义脱不了干系。由于赵光义登基后干预"国史"修订，严密控制舆论，赵光义之后的北宋皇帝也都是他这一系的子孙，当然也会极力维护赵光义的形象，所以宋朝史官修正史肯定是要回避此事的。但悠悠之口，岂能尽封，宋朝的"家丑"也远扬到了北面的辽朝，辽朝的史官自然没有什么避讳，于是在《辽史·景宗纪》里对赵氏兄弟皇位交接的记载为："宋主匡胤殂，其弟炅自立"，"炅"即赵光义,是他即位之后改的名,"自立"两字,何其巧妙地点出了太宗得位不正!

二、金匮之盟

要全面了解赵匡胤猝死的真相,还得进一步剖析与赵光义继承皇位合法性息息相关的"金匮之盟"。按照中国传统的皇位继承法则,皇位传承都应该采取"嫡长子继承制",以保持皇室血统的纯正,并避免流血争斗,稳定统治秩序。"金匮之盟"指的是赵匡胤母亲昭宪杜太后要求他传位于赵光义的一份临终遗嘱,即所谓"昭宪顾命",又因这一顾命文件曾封藏于金匮之中,故通称"金匮之盟"。

不同于古代汉族女性"女子无才便是德"的脸谱化形象,杜太后是个聪明智慧颇有见地的女人。赵匡胤即位后,杜氏被尊为皇太后,赵匡胤率众臣在朝堂上礼拜太后,向她贺喜,一般的女人不说欢天喜地,至少也得眉开眼笑吧,可杜太后却脸色肃穆,郁郁不乐。有个大臣进言说:"臣听说'母以子贵',您的儿子做了皇帝,您为什么还闷闷不乐呢?"杜氏说:"我听说'为君难',皇帝管理着亿万兆民,如治国有方,则皇位可尊;一旦国家失去驾驭,即使想当一介平民也是不可能了,这是我所忧虑的啊!"大臣们听了不由得肃然起敬,赵匡胤再次向杜氏拜道:"我一定听从您的教诲,当一个好皇帝。"而且,在治理国家方面,她还经常帮她儿子出主意。对于最重要的辅臣赵普,她极尽笼络、安抚,目的就是希望赵普能尽心尽力辅佐在她看来尚不经世故的儿子。

这么一位深谋远虑的母亲,经历过五代乱世,自然希望她儿子的皇位能传承千秋万代,而不是像五代诸朝那样,几年十几年就被人改朝换代了。所以,赵匡胤建立北宋的第二年,也就是宋建隆二年(961)六月,杜太后身患重病,孝顺的赵匡胤亲奉汤药,不离左右,病危之际,杜太后召赵匡胤、赵普听受遗命。当着赵普的面,杜太后问赵匡胤:"你知道你为什么能得到天下吗?"赵匡胤呜咽着不能作答。太后说:"我是正常的生老病死,哭徒劳无益。我刚才跟你说的可是国家大事,你身为一国之君,怎么只知道哭呢?"她又问刚才那个问题,赵匡胤回答说:"我之所以能得天下,是父祖先辈与太后积德行善的福报所致。"杜太后说:"不对!你之所以能得天下,完全是因为周世宗柴荣让幼儿继位以至于人心离散的结果。如果后周有一个年长的君主,天下哪会归你所有?你和光义都是我生的,你百年之后应当把皇位传给你的弟弟。国家幅员广大,政事繁杂,能有一个年长的人当君主,实在是国家社稷的福分啊!"赵匡胤听罢连连叩头拜谢,哭着说:"我一定遵从太后的教诲。"太后命令赵普记下她的遗命,作为将来皇位继承的依据。赵普随即在太后床榻前写好誓书,并在末尾署上"臣普记"三个字。赵匡胤将此誓书藏于金匮之中,并命令由谨慎可靠、守口如瓶的宫人掌管。这就是关于"金匮之盟"最基本的来龙去脉。

以上是李焘《长编》的记载,另外私人撰述如司马光的《涑水纪闻》、王禹偁的《建隆遗事》,官方编修史书如《太祖新录》《太宗实录》等也有记载,但由于官私文献对"金匮之盟"的产生经过、具体内容、尤其是皇位传承顺序的记载存在重大差异,以至于许多研究宋史的名家都撰文指称"金匮之盟"破绽太多,不合逻辑,不近人情,实际是赵光义的杜撰和虚构。他们的理由主要有以下几点:

第一，杜太后嘱立"金匮之盟"的动机不合情理。杜太后的理由是为了不重蹈柴荣传位幼子丢失天下的覆辙，但杜太后死时60岁，而她的大儿子赵匡胤才35岁，如果赵匡胤健康状况堪忧，两人商议遗诏完全可能。但事实是，赵匡胤的身体很好，屡次出兵亲征，杜太后这时就讨论其身后事，这不是咒儿子短命吗？况且，皇子赵德昭年已11，只要赵匡胤不短命，就不存在幼子即位的危险。进一步说，赵匡胤比赵光义大12岁，杜太后有没有考虑到赵匡胤长寿的可能性？假如赵匡胤长寿，赵光义也将老朽，难道要舍去青壮年而任用垂垂老者去巩固政权？总之，赵匡胤的寿命是无法预知的，他驾崩时会不会出现柴荣传位幼子的前提是无法确定的，此时即使杜太后与赵匡胤议论皇位继承，也只能做几种分析而已，决无理由只认定一种可能性就轻率立遗诏。

第二，如有"金匮之盟"，赵匡胤临终前必然会布置人打开金匮；即使突然死亡，宋皇后，以及掌管金匮的宫人也应知道此事，为何要等到赵匡胤死后六年才由赵普揭出？

第三，如有"金匮之盟"，赵普既为署名誓约者，为何于赵光义即位之际不敢宣布，从而坐失立功良机？既有此盟约，赵光义也不可能不知道，也不应该不将全文昭告天下，因为这是证明他即位合法、堵众人之口的最有力证据，然而为何始终未见公布，留下来的也只有大概意思，而且各种记载内容还很不一致。如果不是伪造，何必闪烁其词？

第四，按杜太后所说立长的原则，赵光义之后理应传位给赵廷美或赵德昭，但他偏偏传给比弟侄还幼的儿子，这一切皆可证明遗诏是伪造的。伪造者即赵普，他伪造遗诏的目的是为了投靠赵光义，恢复相权，报复政敌。

总之，这些学者认为，"金匮之盟"与"烛影斧声"二者是紧密联系在一起的，是一个问题的两个方面，前者是为篡弑制造舆论，后者是把篡弑付诸行动。

后来又有学者对以上全盘否定"金匮之盟"存在的观点进行重新思考，并基本形成共识："金匮之盟"确实存在，但"金匮之盟"的内容存在"独传约"和"三传约"两种不同版本。也就是说，赵匡胤死后，皇位传承有两种办法："独传约"，是赵匡胤传给其弟赵光义；"三传约"，是赵匡胤传给赵光义，赵光义再将皇位传给三弟赵廷美，然后再由赵廷美将皇位复传给赵匡胤的大儿子赵德昭。两个版本的区别是，一个只规定了皇位传给赵光义，一个则规定了赵光义或赵廷美必须要将皇位传回赵匡胤之子赵德昭。

"金匮之盟"（"三传约"版本）的产生是有其特殊历史背景的。

首先，也是最重要的，就是五代十国乱世的政权频繁更迭，给了杜太后与赵匡胤最直接最深刻的历史教训。五代时期，14位皇帝，没有一个当皇帝超过十年的，只有后梁末帝朱友贞勉强当了十年，却最终弄了个亡国亡命的结局；与此同时，五代天子大都寿命不长，其中一半死于非命，尤其是柴荣壮年猝死，由年仅7岁的幼主即位，赵匡胤才有机会夺得帝位。在此情况下，一国之君是否为一个成熟的、有威望和才干的领导人，与国家的存亡安危息息相关，"议立长君"就成为当时人的一大共识。

其次，五代十国时期，皇位传立中，传弟、传侄者屡见不鲜，如后晋高祖石敬瑭立成年之侄石重贵，而不是立幼子石重睿为继承人。南方十国中的吴国、楚国、吴越、南汉等国，都存在兄终弟及的现象，这不仅是受五代十国乱局的影响，也是与门阀政治崩溃后，人们价值观中，更崇尚个人才品而不是血缘门第。宋朝作为紧接五代而立的一个王朝，自然也无法摆脱这种历史氛围的影响。

最后，杜太后于赵匡胤壮年时讨论嗣位人选，欲立"长君"，还基于宋朝初建，形势堪忧的现实状况。北宋开国之初，不仅四方割据，强藩军权未削，中央集权局面也尚未形成，而北方的契丹占据燕云十六州，对新生的北宋虎视眈眈，在此内忧外患形势下，需要一位有丰富阅历及威望的君主来承担君临天下、统一四方的重任。因此，杜太后所谓的"长君"，并不单纯是一个年龄上的概念，而是需要把年龄与经验、威望、贡献等结合起来考察，赵光义年长德昭十岁，其社会阅历、文武才干、功绩贡献，岂是赵德昭所能比拟的。而在"立长君"的原则下，同为皇弟的赵廷美被安排为继位人之一，也就容易理解了。

因此，只要结合当时的历史背景，从五代宋初的实际情况出发，就会发现杜太后的"国有长君，社稷之福"，是颇有忧患意识的明智之论，据此而立下的"赵匡胤传赵光义，赵光义传赵廷美，赵廷美传赵德昭"的继位顺序，实属正常心态下的明智之举，并无什么离奇之处。

"金匮之盟"一事在相当长的时间内并未在大范围内正式公开，而只有部分皇室成员和个别大臣正式知晓。有证据表明，"三传约"版本是原始的、真实的"金匮之盟"，赵光义即位六年后，即宋太平兴国六年（981），他与赵普联手公布的"独传约"版本则是对原始"金匮之盟"的篡伪。

赵普是赵匡胤时期在宋朝政坛里呼风唤雨的人物，太祖朝17年中，他执政时间长达14年之久。宋朝开国之初，赵匡胤、赵光义与赵普之间也曾亲密无间,并留下"雪夜定策"的历史佳话,那时候,三人围着炽红的炉火席地而坐,大碗喝酒大口吃肉,何其酣畅何其痛快。然而随着时间的推移,往日的密友渐成陌路甚至敌人。

宋开宝六年(973),独相十年之久的赵普,好日子到了头。这年八月,52岁的他被免去宰相,出为河阳三城(今河南孟县)节度使。至于罢相原因,宋朝官样文章"罢相制"中说赵普为朝廷殚精竭虑操劳了十几年,太过劳神,需要休养。据《宋史·赵普》记载,赵普犯了三件事:第一,他收受了吴越国王钱俶的贿赂瓜子金,被赵匡胤发现;第二,赵普违禁贩卖陕西、甘肃的木材牟利,被赵玭举报;第三,赵普包庇中书堂吏不法之事,被雷有邻诉讼。然后,赵普就被罢相了,似乎赵普是因为贪赃枉法而致。实际上,赵普的专权乃至权高震主,导致赵匡胤对他心生防范乃至忌惮,才是他被罢相的根本原因。对于赵普的各种"不法"之事,赵匡胤是可以容忍的,但对于赵普相权对皇权的侵犯,赵匡胤是绝对不容许的。宋开宝五年(972)九月,赵匡胤听说赵普与枢密使李崇矩结成了儿女亲家,心里就很不爽,要知道,赵普是宰相,掌政权,李崇矩是枢密使,掌军权,二人合起来那就等于掌握了宋朝的最高军政大权,这在当时的特殊环境下是十分忌讳的。于是,不久之后,赵匡胤就罢掉了李崇矩的枢密使之职,出为镇国(今陕西华县)节度使,第二年,赵普也被罢相。

而赵光义与赵普二人最大的矛盾就是赵光义想要继承哥哥的皇位,极力培植、膨胀自己的势力范围,而宋乾德二年(964)就已出任宰相的赵普坚决支持"传子不传弟",有意对赵光义的势力加以削弱和打击。

宋初著名直臣王禹偁所作《建隆遗事》记载:赵匡胤去世前一日,遣宦官急召宰相赵普、卢多逊入宫，在寝殿接见两人说："我知道自己这病好不了了，将你们召来，是因为我有几件重要的事已经没办法施行，你们按我的意思记录下来，等我死后务必切实执行，如此我才会死也无恨。"于是赵匡胤口述，赵普等依言记录。所谓数事，都是济世安民的治国之事，赵普等呜咽流涕着说道："这些大事我们一定谨遵谟训而施行，但是还有一件大事，未见陛下处置。"赵匡胤于是询问何事，赵普便说："储嗣未定，陛下倘若有一天驾鹤西去，诸王中当立何人？"赵匡胤回答："可立晋王。"赵普等劝谏说："陛下艰难创业，今天下升平，自有皇子当受命，未可议及昆弟也。臣等恐大事一去，卒不可还，陛下请仔细思量啊。"赵匡胤则回答说："我上不忍违太后慈训，下要为海内百姓考虑，还是得由年长的君主来治理国家，我意已决，愿公等好好为我辅佐晋王。"于是拿出宫中珠玉金器分赐给赵普和卢多逊，让他们归第。第二天，赵匡胤驾崩于长庆殿中。

虽然说《建隆遗事》所载时间有谬误，宋开宝九年（976）赵匡胤驾崩时赵普已罢相三年，出为河阳三城节度使，但其有关赵普坚持皇位继承"传子不传弟"的记载是正确的。因此，赵光义对赵普深深忌恨。赵普受到雷德骧父子与卢多逊等人坚持不懈的攻讦，真正的幕后推手正是赵光义，赵普的罢相让赵光义喜出望外。赵光义就曾经对赵普说："要是你一直占据相位，我还当不了皇帝呢。"

在赵光义与赵普的斗争中，权谋术士卢多逊是绝对主力。卢多逊早就跟赵光义相亲近，所以在朝中跟赵普处处为敌，宋开宝六年（973）赵普被外贬为节度使，卢多逊则一路官运亨通，赵光义即位后，卢多逊更是升为宰相，权倾朝野。

被罢相的赵普失去了往日的荣光，树倒猢狲散、墙倒众人推，不仅身边的人悉数散去，不少人还争着踩他一脚，等到"宿敌"赵光义当了皇帝，日子就更加煎熬。宰相卢多逊仍然不放过任何打击赵普的机会，不仅极力阻止赵普重返朝廷，对赵普的身边人也毫不手软，赵普的妹夫侯仁宝就是间接死于卢多逊之手，赵普的儿子赵承宗回京城成婚，未满月，卢多逊就上奏赵光义让新郎官回到千里之外的潭州（今湖南长沙）赴任，赵普因此对卢多逊愈加怀恨。

蛰伏的赵普一直在等待东山再起的机会，当然，决定他命运的只有一个人，那就是当今的皇上赵光义。然而，赵光义与赵普结怨已久，在赵匡胤晚年，二人几乎达到势不两立的地步，要让赵光义重新接纳他绝非易事。赵普必须"对症下药"，献出一份足够分量的大礼才是。老谋深算的赵普太知道赵光义的软肋在哪儿了，那就是赵光义即位的合法性问题。

多年来，得位不正的舆论如顽石一般重重压在赵光义的胸间，让他倍感郁闷。尽管也有史料记载他即位时，是宣读了赵匡胤的"遗诏"，然而，当时群情危疑，众口悠悠，除了他的人之外，没有人会相信这遗诏是真的。当他如愿以偿地当上皇帝，"三传约"金匮之盟关于皇位继承的规定又让他倍感压抑，如他哥哥当年一样，他自然是希望把皇位传给自己的儿子，而不是弟弟赵廷美以及侄子赵德昭、赵德芳他们，所以他时刻警惕着这几位的一举一动。宋太平兴国四年（979）高梁河战役之后，赵德昭被迫自杀，两年之后，赵德芳也相继不明不白地死去，可赵光义日夜紧绷的神经并未放松，因为，按盟约，他的皇位是要传给弟弟赵廷美，这才是最大的威胁。

赵廷美生于后晋统治的最后一年（947），比赵光义小8岁。赵光义即位之初，为了给自己正名，为了安抚赵廷美，为了堵住悠悠之口，尚不敢马上废止"三传约"，故不得不按"三传约"所预定的程序给赵廷美以"皇储"的地位，不仅马上任命赵廷美为开封尹，还将赵廷美的儿子称作皇子，女儿称作公主，宋太平兴国四年（979），又将赵廷美晋封为齐王，后封秦王，"亲王尹京"，这实际就是宣告赵廷美皇位继承人的地位（在五代十国时期，有个不成文的规矩，凡是亲王出任开封尹，基本上就确定他是准太子了）。然而，这只是赵光义采取的权宜之计。六年之后，当赵光义的统治地位已经稳固，赵廷美的实际继承人地位，成了他的心病，不得不除。但要除掉赵廷美，有两个问题必须解决，一是由谁出面最为合适，二是怎么处理最为稳妥。毕竟，"三传约"版本即使没公开，但是皇室内部的几位成员以及元老大臣赵普等应该都是知道的，这样一来，如此"皇家秘事"自然也很容易在朝野间传播开来，要除掉赵廷美，必须考虑到舆论影响，所以，在这种情况下，最稳妥的办法就是由当年参与订立"金匮之盟"、今仍对相位朝思暮想的元老重臣赵普出面。

宋太平兴国六年（981）九月，如京使柴禹锡等人向赵光义告发秦王赵廷美将会有不可告人的阴谋发生，于是赵光义宣赵普入朝。而心领神会的赵普清楚赵光义给他机会的意图就是让他协助排挤、迫害有着"皇储"地位的赵廷美，故马上表示愿意留在太宗身边以协助制止这场"奸变"。所以，当赵光义假惺惺地把自己要传位于自己弟弟的意思告诉赵普时，赵普说："太祖已误，陛下岂容再误邪！"言外之意，就是反对赵廷美即位，这当然与赵光义一拍即合。于是，赵普先献上了"独传约"版本的"金匮之盟"，即杜太后临终前所言："你（指赵匡胤）与光义都是我生的，你百年后当传位于你弟弟。"这个"独传约"不仅为赵光义继位补上了一份即位的合法证据,更是从源头上否定"三传约"的存在,也就从法定依据上将赵廷美排除出了继位人的序列,当然,这也为赵光义随后对赵廷美的实际迫害创造了条件。为了皇位,赵光义甚至编造说赵廷美是奶妈耿氏跟其父亲赵弘殷私通所生,赵匡胤、赵光义、赵廷美都为杜氏所生,史有明证且早成定论,但赵光义为了排除赵廷美的皇位继承权,甚至不惜往其父亲身上抹黑,把"家丑"宣示于天下臣民。

赵普既然贡献了这么一份厚礼,帮赵光义除去了最后一块心病,保证了皇位在赵光义儿子间传袭,赵光义也就对赵普尽释前嫌且投桃报李,九月十七日,赵光义以赵普为司徒兼侍中,再次出任宰相,赵普正式回到了政治权力的中心。宋太平兴国七年(982)三月,赵廷美被出为西京(今洛阳)留守。

赵普"独传约"金匮之盟的厚礼得到了赵光义的欢心,在帮助赵光义清除赵廷美的同时,他也顺便把宿敌卢多逊捎带上了。复相不久,他就如愿地"查"得了卢多逊与赵廷美私通的所谓"事实",并添油加醋地向赵光义汇报:卢多逊巴不得赵光义早日驾崩,好让赵廷美即位。于是赵光义大怒,当即下诏让御史台查实此事。在赵普的幕后主使下,四月,太子太师王溥等74人又联名上书,状告卢多逊与赵廷美诅咒太宗是为大逆不道,请求削官夺爵、依律斩杀。结果,赵廷美被勒归私第,其子女不再称皇子、公主,卢多逊被流放到崖州(今海南三亚)。

五月,为了彻底解除赵光义的心头之患,赵普唆使开封府李符上书,告赵廷美在西京洛阳期间不思反悔,言多怨望,请求朝廷将他徙往边郡,以防他变。于是，赵光义下令将赵廷美削王爵，降为涪陵县公，远徙房州，并命地方官严密监视。宋雍熙元年（984）正月，到房州仅一年半的赵廷美就因"忧悸成疾"而卒，年仅38岁。赵廷美的悲剧是赵光义和赵普一手导演的，这其中，赵光义是当之无愧的主谋，而赵普则充当了帮凶。

总之，金匮之盟并非事后编造，且"三传约"的版本是客观存在的。无论宋太祖还是宋太宗，即位之初还是想遵守"传弟"的约定，故赵匡胤封赵光义为开封尹，赵光义封赵廷美为开封尹，但不久后，二人都想推翻此盟约，把皇位传给自己的儿子而不是弟弟，所以二人都刻意地把此盟约隐藏起来。太祖隐藏盟约，是为了给自己日后悔约留退路；太宗隐藏盟约，是因为"三传约"不符合他传子的愿望。直到宋太平兴国六年（981），在赵德昭已经自杀，而赵光义即将要对自己的三弟赵廷美下手之时，才与赵普把金匮之盟公布为"独传约"。这个"独传约"版本的盟约，是赵光义与赵普之间互惠互利的政治交换，赵光义可以"名正言顺"地把赵廷美排除于皇位继承之外，从而使皇位能传于自己的儿子，而赵普也重回相位，并解决宿敌卢多逊。赵普的作为导致了赵廷美的悲剧，但也不可否认，皇位在赵光义及其子孙一系间的稳定传承，对日后朝廷的稳定是有益的。

其实，还需要补充的是，宋开宝九年（976）十月二十日夜，赵匡胤驾崩。第二天，赵光义登上皇位，由于事发仓促，史料中并未留下他举行典礼仪式的记载。第三天，即二十二日，赵光义发布了"即位诏书"，但令人诧异的是，赵光义的《即位大赦诏》现见有两份。据邓广铭先生考证，两份有原版和修订版之别。

《宋大诏令集》《宋朝事实》所载便是赵光义即位时颁行海内的原版，

因诏文是在匆忙之中所草成，且必定是由赵光义临时找来与他素来关系密切却未必擅长做这类诏文的人所写，而赵光义即位仓促，注意力放在如何掩盖"烛影斧声"以及如何保全篡逆得来的皇位上，也就不及仔细推敲文字、语气，故此诏书中，有许多欠斟酌或不合他当时身份的内容，如"小子""冲人"等词向来都用于年幼皇太子即位的诏书中，而此诏书却屡屡用于指代已经38岁且借口兄终弟及登大位的赵光义。

《长编》《太平治迹统内》所载则是经过精心篡改然后颁藏史馆的修改版。这是在赵德昭、赵德芳、赵廷美皆被阴谋除去后，皇位已经稳固的赵光义，便把注意力转移到书籍史册对他的记载上，他不仅把《太祖实录》一再重修到他满意为止，又对《即位大赦诏》大加改动，把那些有失体统的词语概予删除，改完后颁至史馆收藏，后又编入实录、国史。但此前已经颁行于海内的原版诏书，却不可能再下令收回或禁止传抄、收藏，因为这种行为无异于"此地无银三百两"。也是因为赵光义对史书大加篡改，修改后的《即位大赦诏》中全未提及对他不利的"三传约"金匮之盟，也就可以理解了。

三、余音绕梁

赵光义弑兄即位，并逼死侄子赵德昭、赵德芳及弟弟赵廷美，如愿使皇位在他的子孙间传承，从真宗—仁宗—英宗—神宗—哲宗，再到徽宗—钦宗，均是太宗一系子孙。但"烛影斧声""金匮之盟"之余波未绝，赵匡胤子孙虽"失位"，有关"太祖之后，当再有天下"的谶言却一直在北宋社会上传播，直到北宋灭亡南宋建立，此谶言居然果真成了现实。

宋徽宗宣和二年（1120），受恢复燕云的情结驱使，在童贯的主持下，北宋主动与女真族建立的金朝联系，签订了宋金南北出兵共同"灭辽复燕"的"海上之盟"，盟约规定，金人取辽的中京（今内蒙古宁城西大明城），宋方取南京（今北京），至于西京（今山西大同），宋方希望由金人攻打，灭辽之后，燕京一带的土地归宋朝，当然，宋人天真地以为，"燕云"素来是一个整体，燕京自然包括云州一带在内，但金人显然不这么认为。

宋朝这种无视自己绵羊般羸弱而女真人虎豹般强悍的现实，只是一厢情愿想"借刀杀人"，却从不考虑自己是否会遭反噬的弱智之议，遭到许多北宋大臣的激烈反对，他们从道义、人情、祖宗传统的对辽政策等方面，苦口婆心地加以劝阻，有人甚至不惜以"背盟亡国遭天谴"的诅咒来刺激宋朝的最高统治者，希望他们放弃这种极端错误的决策，但是，宋徽宗他们铁了心地想借女真之力以实现自己祖宗的光荣与梦想，对这些滔滔的反对之声置若罔闻。

然而，北宋的表现实在让人大跌眼镜。先是害怕辽朝报复，没有如约出兵跟金朝夹攻辽朝，直到宋宣和四年（1122）正月金军攻取辽中京、四月又攻下西京后，宋人才匆忙组织了两次对燕京的战争，结果均以失败告终。宋人两攻燕京无果，然而，当十二月金军兵临燕京城下，燕京城内官兵却主动开门投降了，金人兵不血刃就占领了燕京，这真是一物降一物。而早在1116年到1120年间，金人已经先后攻占了辽朝的东京和上京。至此，辽朝五京均落入金人手里。

鉴于盟军的糟糕表现，金人当然不会那么痛快地把燕云地区还给宋朝。金朝只同意归还宋朝燕京及其六州土地，云州一带土地，金朝压根就没想给宋朝。而且，燕京一带土地，也是宋朝花了大价钱买回来的！经谈判，宋朝除把每年给辽朝的50万岁币给金朝外，还须另交100万贯，作为燕京六州二十四县的代税钱。宋宣和五年（1123）四月，宋金双方交割燕京，金兵大肆掳掠洗劫，将富民、金帛、人口等席卷而去，于是，待宋朝接手时，偌大的燕京城，十室九空，整座城池几如废墟。联金是为复燕，却以覆亡告终，北宋终于吞下了自己酿造的苦酒。

北宋的海上之盟，无异于开门揖盗，北宋的虚弱和腐朽在金人面前展露无遗。金天会三年（1125）二月，金军于应州（今山西应县）境内俘获辽朝末帝天祚帝，辽朝灭亡。所谓唇亡齿寒，辽朝既亡，北宋也就直接暴露于金人的利齿之下。十月，金朝分东西两路对北宋发起了进攻，东路军攻下燕京渡过黄河，直逼开封城下。面对如此威胁，宋徽宗急忙一面下"罪己诏"，号召天下勤王，并把皇位让给太子赵桓（宋钦宗），一面带领蔡京、童贯南逃镇江避难。在赵桓同意割地赔款后，金兵撤退。

然而，金军一撤退，赵桓等人就反了悔，不仅严惩议和派，还关押金朝使者、策动契丹人反金，彻底点燃了金人的怒火和欲望。宋靖康元年（1126）秋，金军再次大举南下。如果说，第一次攻宋，金人还只是想要财物和部分土地，那么，这次攻宋，就是带着灭宋的决心而来。结果开封城被攻破，赵佶与赵桓父子被擒。四月，金将完颜宗翰、完颜宗望带着被俘获的徽钦二帝和皇子皇孙、妃嫔宫女、帝姬驸马、文武百官、宫人内侍、女乐工匠等2万人众，连同宋朝的仪仗礼器、文物古玩、图书典籍以及数不胜数的金银珠宝等回归金国。赵佶的32个儿子、34个女儿，除九子赵构受命为河北兵马大元帅在外勤王外，都成了金人的战利品，北宋灭亡，此所谓"靖康之耻"。

宋建炎元年（1127）五月，赵氏皇子之中唯一漏网之鱼——宋徽宗赵佶第九子赵构在应天府（今河南商丘）建立南宋，他是赵光义一系唯一的传人。

赵构，生于1107年，登基为帝时年仅21岁，历史吊诡的是，年纪轻轻的他却断了后，无奈之下，他不得不在赵匡胤一系中寻找合适人选继承皇位。

赵构原本有个儿子名赵旉，生于宋建炎元年（1127）六月。赵构登基刚一个月就喜得皇子，这就意味着大宋皇室后继有人，可以想象他的心情有多灿烂。然而，赵构即位之初，政权处于存亡未卜的危险境地，外有金兵锲而不舍地南下追杀，内有游寇和义军的虎视眈眈，财政紧蹙，政治混乱。宋建炎三年（1129）三月，两位统军将令苗傅与刘正彦发动"苗刘兵变"，逼迫赵构禅位，退居显忠寺，扶持两岁的皇子赵旉即位，改年号为明受。虽然赵构很快平定这场兵变并复得皇位，但年幼的赵旉因惊吓过度而患了病。祸不单行，七月，一位宫人不小心踢翻了宫中的金炉，炉子骤然倒地发出的刺耳响声，再次让幼小的赵旉心理受到巨大刺激，他的病情很快加剧，不久便不治身亡。

唯一的皇子赵旉不幸夭折，赵构悲痛之余不得不考虑立储的问题。按理说，赵构此时不过23岁，正常情况下，再生几个皇子传宗接代也不是什么难事。但对赵构来说，生儿子还真是个不可能完成的政治任务，据说这还是拜万恶的金军所赐。

金军一心亡宋，并一心想把北宋皇室一网打尽，对于辽阔的北宋国土，金人是想扶持一个听话的傀儡政权来代为统治的。金人未曾想到，俘虏名单中漏掉了九皇子赵构，更让他们无法接受的是，赵构居然不经过自己允许就登基称帝，金人岂可容忍，故金军于建炎元年、二年、三年数次南下，就是以消灭赵构政权为己任。而赵构也就一路南奔，宋建炎三年（1129）二月，赵构正在扬州，金军突袭而来，正在临幸妃子的赵构接到急报，惊吓过度，从此丧失了生育能力，故此后"后宫皆不孕"。

但宋朝有帝王即位后就立储的传统，何况当时兵荒马乱，早日立储可防不测。宋绍兴二年（1132），赵构接受了臣下的建议，从赵匡胤七世孙、秦王赵德芳六世孙中选了6岁的赵伯琮养在宫中，以备后嗣之缺。两年后又把赵匡胤六世孙秉义郎赵子彦的儿子、时年5岁的赵伯玖接入宫中，一起备选。

据说赵构下决心立赵匡胤之后为储是跟一个梦有关，这是见于正史明确记载的，而非胡编乱造。《宋史·孝宗本纪》说：皇子赵旉薨后，高宗未能诞下儿子，宋哲宗的第一位皇后孟皇后曾经做了一个奇异的梦，她把这个梦秘密地告诉赵构，赵构大悟。恰逢宰相右仆射范宗尹也密请此事，赵构说："太祖以神武定天下，子孙不得享之，遭时多艰，零落可悯。朕若不效法仁宗，为天下计，又如何能够告慰在天之灵！"于是下诏选赵匡胤之后入宫备为皇储。

尽管史料并未详细记载孟皇后所梦何事，但从赵构的回答和行动来看，可推知一定与赵匡胤、赵光义的皇位传承问题有关，而宰相范宗尹所请也应为在赵匡胤子孙中立储。太后、宰相反映的正是当时朝廷大多数人的意见，可见"太祖之后，当再有天下"的传说具有深厚的舆论基础，而赵构则是顺势而为。这也再次说明,北宋皇室对赵光义继位的不正当性是心知肚明的。

尽管赵伯琮与赵伯玖被选入宫备为皇储,但赵构长期以来并未正式选立他们为太子,应该说,他还是对自己抱有"希望"。随着岁月的流逝,赵构终于对自己的生育能力彻底绝望,而朝廷大臣也一再催促立储以定"根本",宋绍兴三十二年(1162)五月,已经56岁的赵构才正式下诏立赵伯琮为皇太子,改名眘。六月,赵构禅位,赵眘即位,是为孝宗。

赵构下令在赵匡胤的后代中选有"贤德者""育于禁中",但首选却是赵德芳这一支的后裔,而非赵德昭的,这其实并非偶然,而是与前文所言赵匡胤驾崩后,宋皇后派王继恩去召赵德芳来即位的事密切相关。

为什么宋皇后会支持赵德芳而不是赵德昭,有人说这是出于宋皇后的私心。因为赵德昭生于951年,赵匡胤驾崩时德昭已经26岁,比宋皇后还大一岁,显然不好控制,而且宋皇后入宫时,赵德昭就已经出居宫外藩王府,两人关系较为疏远。而赵德芳生于959年,宋皇后入宫时,赵德芳才10岁,在宫中与"母后"相处几年,应有一定的感情基础。赵匡胤驾崩时,赵德芳18岁,心智应不如他哥哥赵德昭成熟,所以从宋皇后自己的考虑来说,选择一个对自己有一定感情且自己能控制的人入继大统,对自己的将来才是有利的。

这种猜测显然是高估了宋皇后的政治智慧或者说政治野心,在赵匡胤驾崩的关键时刻,她不仅没有一丁点儿的警惕心,而是把全部希望寄于一个并不了解的宦官身上,傻傻地等着他去召赵德芳来,除此之外,竟然没有采取其他任何防患于未然的预警措施,这样的智商,实在与皇后的身份不相符。应该说，召赵德芳，其实是赵匡胤的主意。赵德芳，才是赵匡胤中意的接班人。

与官修史书明确记载赵德昭之母为贺皇后不同的是，赵德芳的母亲却没有任何记载，这就让人心生疑窦，即使她身份低如尘埃，但作为太祖皇帝仅存的两个儿子的母亲之一，史官修史时也应该会有所记录，所以，造成史书失载局面的唯一解释就是，赵德芳的生母被人刻意抹去了，为什么要这么做？当然是为了政治斗争。

据学者考证，赵德芳的生母就是赵匡胤的第二位皇后——孝明王皇后。

赵匡胤一共封了三位皇后，除了第三位孝章宋皇后外，还有贺皇后、王皇后。第一位孝惠贺皇后就是他的第一任夫人贺氏，生了秦国、晋国二公主与魏王赵德昭，病逝于后周显德五年（958），年仅30岁，赵匡胤登基后追为皇后。

第二位孝明王皇后，是958年贺氏去世之后被赵匡胤聘为继室，赵匡胤即位就被册封为皇后，崩于宋乾德元年（963）十二月，年仅22岁。关于其生养情况，《宋史》说"生子女三人，皆夭"，然而《文献通考·帝系考八》却说：王皇后"生岐王德芳"，经考证，王皇后确实应该是赵德芳的生母。而宋朝官史之所以对王皇后与赵德芳的母子关系刻意讳避，其实就是因为这与赵匡胤、赵光义兄弟皇位授受的宫廷隐秘密切相关。

宋建隆二年（961），在母亲杜太后的强烈干预下，出于对母亲的孝心与尊重，赵匡胤不得已答应待自己百年后把皇位传给弟弟赵光义，然而随着皇位的巩固、兄弟间矛盾的激化，尤其是中国古代约定俗成的"父子相传""家天下"观念的根深蒂固，赵匡胤逐渐产生了把皇位传给儿子而不是弟弟的想法。他的两个儿子中，赵德芳是更合适的继承人。

这是因为，赵匡胤的贺、王两位皇后虽以先后之序排列，贺氏位列王氏前面，但实际上，因贺氏早逝，王皇后于赵匡胤称帝当年（宋建隆元年，960年）八月就被册封为皇后，是大宋第一位真皇后，而贺皇后则是死后于宋建隆三年（962）四月被追封的皇后，所以两人地位不可同日而语。在宋乾德元年（963）王皇后崩后，赵匡胤下诏让太常寺设后庙，在排位次时，就按照王皇后是真正"母仪于天下"而居"上室"，而贺皇后是"追尊"所以居"次室"，王皇后位次在贺皇后之上。以传统礼制而言，"子以母贵"，王皇后之子赵德芳就是继承王朝大统的"嗣子"。赵匡胤就要根据此传统礼制与"金匮之盟"相抗，从而强化"嗣子"赵德芳为继承人的合法性，所以，赵匡胤一直着力培养赵德芳。他为赵德芳配置了专门的侍讲官，并叮嘱侍讲官说："帝王之子应当好好读书，知治乱大体，不必学写那些没用的文章"，知"治乱大体"，一看就是为培养继承人而设定的目标。就连赵匡胤宴见大臣时，也常让赵德芳一起参加，其用意就是为了历练这位未来的继承人。

总之，赵匡胤的既定继承人当是其子赵德芳，而不是其弟赵光义。所以，在司马光记录的"烛影斧声"事件中，"性柔顺好礼"的宋皇后才会在赵匡胤猝死之后，派王继恩去召赵德芳入宫继位。赵光义自然也很清楚他哥哥的心思，所以预谋已久夺权，所以"烛影斧声"不过是一次预谋已久的夺权事件。

继赵德昭被逼自杀之后，赵德芳也逃不过被毒害的厄运，《宋史》言"德昭不得其死，德芳相继夭绝，廷美始不自安"，就可推知赵光义与赵德芳之死脱不了干系。由此，得位不正的赵光义强力干预"国史"撰写，并多次亲自加以"润色"，重构了有关赵德芳的历史，着意泯灭王皇后与赵德芳的母子关系，以抹煞赵德芳的继承权，也就不难理解了。

宋绍兴三十二年（1162），赵德芳的六世孙赵昚登基，宋朝皇帝的位子终于再次回到了赵匡胤这一支。

这一年，距赵匡胤驾崩、赵光义继位，已过去了整整186年。

宋祥兴二年（1279）三月，在与元军的崖山海战中，宋军全军覆灭，陆秀夫背着时年8岁的宋卫王赵昺跳海而死，赵匡胤一手建立的宋王朝至此灭亡。

结　语

"创业垂统"之君赵匡胤

《宋史·太祖本纪》对赵匡胤一生的评价是："建隆以来，释藩镇兵权，绳赃吏重法，以塞浊乱之源。州郡司牧，下至令录幕职，躬自引对。务农兴学，慎罚薄敛，与世休息，迄于丕平。治定功成，制礼作乐。在位十有七年之间，而三百余载之基，传之子孙，世有典则。遂使三代而降，考论声明文物之治，道德仁义之风，宋于汉、唐，盖无让焉。呜呼，创业垂统之君，规模若是，亦可谓远也已矣！"

《宋史》是元朝人脱脱主编的，盖棺定论，为什么赵匡胤，一个从幼儿寡妇手中抢得皇位的篡位之君，却受到如此高的评价？

让我们再把目光移回到混乱的五代：后梁龙德元年（921），刚刚接完班的李存勖在德胜城（今河南濮阳）与后梁打了一仗，这场规模不大的遭遇战中，统领后唐军左翼的叫李嗣源，负责扰乱敌军的叫李从珂，一位英勇杀敌的将军叫石敬瑭，他坐骑的披甲却被砍断，万分危急中，一个叫刘知远的亲兵将自己的马换给了石敬瑭，战斗的结果是后唐军大败后梁军队。

细心的您一定会发现很多熟悉的名字：李存勖、李嗣源、李从珂、石敬瑭、刘知远。三个朝代的五位皇帝在一支部队里并肩作战，而整个五代的14位皇帝中，至少有8人是军人出身，国家的政权由军人掌控，社会动荡也就可想而知。

所以，赵匡胤一生最大的贡献就是一举结束了安史之乱以来近二百年的藩镇割据和军阀战乱局面，让饱经战火摧残的百姓终于有了一个和平安宁的生产生活环境，他虽然是靠篡位登基，但如果真的继续让后周的幼儿和寡妇治理天下，只会给更多的野心家提供机会，"五代"也就可能变成"六代""七代"……只会带来更多的杀戮和灾难。因此，赵匡胤为建立统一的中央集权国家所付出的诸多努力，是应该给予高度评价的。

作为"创业垂统"之君，赵匡胤奠立了宋代三百余年之基。

因为对五代时期的"君弱臣强"深有感触，登基后他奉行"右文抑武"的基本国策，通过"杯酒释兵权""削弱相权""强干弱枝""三年一易""设置通判""稍夺其权，制其钱谷，收其精兵"等政策，巧妙地把军权、行政权、司法权、财政权牢牢控制在自己手里。

他深知文人治国的重要，故设立"誓牌"，尊孔崇儒，完善科举，创立殿试等措施，给了文人一展平生抱负的机会，"与士大夫共治天下"，使他建立的宋朝以鲜明的文人政治特色而登上中国文治盛世的顶峰。

他并不像大多数"篡位"的君主，成为皇帝后就开始享受胜利果实，而是发奋图强，励精图治。他减轻徭役，以法治国，兴修水利，发展生产，澄清吏治，劝奖农桑，实现了著名的"建隆之治"。

他还有令人赞叹不已的人格魅力，宽仁大度，虚怀若谷，好学不倦，勤政爱民，严于律己，崇尚节俭，对整个社会起到了极大的示范效应。

这么一位雄才大略的君王，在宏图大展之时却壮年猝逝，身后留下"烛影斧声""金匮之盟"两大疑案，以及北汉未取、燕云未复两大遗憾。宋朝廷根据他的一生功过德行，定谥号为"英武圣文神德皇帝"。

实至名归。

后 记

十几年前，我第一次读到《辽史》卷八《景宗纪上》的一条史料：保宁八年（976）"十一月丙子，宋主匡胤殂，其弟炅自立，遣使来告。"心中当时就对"自立"两字充满了疑惑。后来，对宋史也慢慢有了些了解，我才逐渐明白这两字的深意，而我的理解，便融汇在本书最后一章"千古之谜"里。

学历史最大的妙处，是可以与古人共舞，尽管隔着千年时空，那一个个有血有肉的历史人物，他们的一言一语，一举一动，依然鲜活。我想尽最大努力还原真实与生动的他们。"真实"倒还好说——多年的科班训练，使我们养成了"不敢妄言"的自觉。而"生动"，就有些难度了——也正是科班的严谨，让我们习惯了中规中矩甚至曲高和寡的"高冷"叙事模式，所以，我时刻提醒自己要从一个普通读者的角度来"监督"自己的文字。至于"去高冷化"的效果如何，就要请读者们来检验了。

赵匡胤先生，你知道千年之后的人们都想穿越到你开创的皇朝去看看吗？

蒋金玲

2020 年 11 月 15 日于长春